편집부 통신

최근 전 세계에서 심각한 폭염과 폭우, 가뭄 등의 이상기후가 점점 더 빈번하게 관측되고 있습니다. 특히 올해 6월에는 전례 없는 폭염으로 유럽과 미국 일부 지역의 기온이 섭씨 50도에 육박했고, 추운 지역의 대명사로 꼽히는 시베리아도 기온이 40도까지 올라 관측 사상 가장 더운 6월로 기록되기도 했는데요. 이러한 이상기후 현상이 원인이 되어 세계 곳곳에서는 건조해진 날씨 탓에 대형산불이 발생한 후 몇 개월간 진화되지 않는가 하면, 기록적인 폭우가 내리면서 동반된 홍수로 막대한 피해를 입기도 했죠. 이에 지난 7월 안토니오 구테흐스 유엔 사무총장은 "지구온난화(Global Warming)의 시대는 끝났다. 이제 지구열대화(Global Boiling)의 시대가 도래했다"고 표현했습니다. 단순히 지구의 기온이 올라가는 것을 넘어 '끓어오른다'고 표현할 만큼 기온상승의 심각성이 커졌으며, 이로 인해 이전까지 인간이 경험하지 못한 위기가 찾아올 것이라고 강하게 경고한 것입니다. 이처럼 2023년 우리가 경험한 극단적인 이상기후 현상들은 기후위기와 환경보호가 더이상 국가 차원에서만 책임지고 해결해야 하는 문제가 아니라 전 세계 모든 사람이 관심을 갖고 동참해야 하는 의무가 됐다는 사실을 상기시키고 있습니다. '나 하나쯤이야' 하는 안일한 생각이 아니라 '나부터 실천하자'라는 마음이 무엇보다 중요해진 만큼 미래세대와 더불어 현재를 살고 있는 나를 위해서라도 환경보호를 위한 적극적인 행동을 실천해야 할 때인 것 같습니다.

발행일 | 2023년 10월 5일   발행인 | 박영일   책임편집 | 이해욱   동영상강의 | 조한   편집/기획 | 김준일, 김은영, 이보영, 이세경, 남민우, 김유진
표지디자인 | 김지수   내지디자인 | 장성복, 채현주, 곽은슬, 윤준호   창간호 | 2006년 12월 28일   마케팅홍보 | 오혁종   대표전화 | 1600-3600
편저 | 시사상식연구소   발행처 | (주)시대고시기획   홈페이지 | www.sdedu.co.kr   주소 | 서울시 마포구 큰우물로 75[도화동 538번지 성지B/D] 9F
등록번호 | 제10-1521호   인쇄 | 미성아트

재취업 성공을 위한 마지막 단계

평판조회

기업이 신입보다 경력직 채용을 선호하는 이른바 '대이직 시대'다. 이런 상황에서 지원자는 자신의 커리어를 더 탄탄하게 쌓는 것이 중요해졌고, 기업은 지원자의 이력서에 적힌 표면적인 내용 그 이상을 보고 싶어 한다. 아울러 기업은 지원자가 어떤 직장에 다녔는지를 넘어 어떻게 직장생활을 했는지도 궁금해 한다. 이제는 지원자 또한 직장에서의 평판을 관리할 필요가 생긴 것이다.

○ 어떤 평판을 조회할까?

1 서류에 기재된 정보의 진위여부	**4** 전·현 직장에서의 업무성과
2 업무와 관련해 보유한 역량	**5** 조직관리능력과 대인관계
3 위기관리능력과 의사결정능력	**6** 성격과 업무를 대하는 태도, 퇴사 사유

○ 많은 기업들이 평판조회를 필요로 한다!

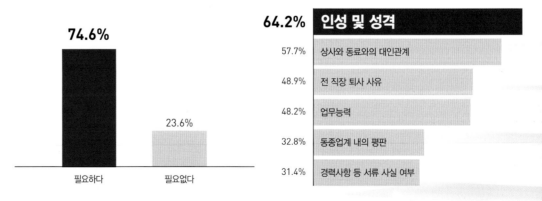

74.6% 필요하다
23.6% 필요없다

평판조회가 필요하다고 생각하는가

64.2% 인성 및 성격
57.7% 상사와 동료와의 대인관계
48.9% 전 직장 퇴사 사유
48.2% 업무능력
32.8% 동종업계 내의 평판
31.4% 경력사항 등 서류 사실 여부

평판조회로 일고 싶은 것(복수 응답)

기업 369개사 조사/자료 : 사람인

평판조회는 어떻게 이뤄지나?

▸ **사전동의 필요** : 지원자에게 알리지 않은 평판조회는 개인정보보호법과 근로기준법에 저촉될 소지가 있다. 반드시 입사지원 전에 지원자에게 사전동의를 받아야 하며, 동의 없이 평판조회를 하는 기업은 지원 시 배제하는 것이 좋다.

▸ **지명과 비지명 방식** : 동의만 받았다고 해서 마음대로 평판조회를 할 수 있는 것은 아니다. 평판조회에는 지원자가 전 직장에서 자신의 평판을 전달해줄 사람을 직접 지명하는 '지명 방식'과 기업이 전 직장의 상사나 동료직원 중 평가자를 선정하여 진행하는 비지명(블라인드) 방식이 있다. 물론 비지명 시에도 지원자에게 사전동의는 받아야 한다.

평판조회 시장에 도전하는 기업들

▸ 과거에는 평판조회가 '뒷조사'와 유사하게 인식되기도 해 이를 꺼리거나 은밀하게 이뤄지는 경우가 많았지만, 전반적으로 이직이 늘어나면서 평판조회 시장이 형성·확대되기 시작했다. 특히 기존의 '헤드헌터'들이 기업을 위한 평판조회 서비스를 속속 오픈했으며, '사람인', '인크루트' 같은 채용정보 플랫폼에서도 평판조회 시장에 뛰어드는 모양새다.

평판관리 비결은?

▸ **이력서를 부풀리지 마라** : 이력과 전 직장에서의 성과는 조회를 하는 순간 훤히 드러나는 요소 중 하나다. 이력이 허위이거나 부풀려졌을 경우, 신뢰는 떨어지고 당락은 금세 결정된다.

▸ **평소 대인관계에 힘써라** : 기업은 지원자의 인성과 성격, 대인관계에 대해 가장 알고 싶어 한다. 직장도 결국 사람과 사람이 협업하고 부딪히는 곳이기 때문이다. 인성은 보통 대인관계에서 드러나기 마련이다. 평소에 무난한 대인관계를 유지하는 것이 필요하다.

▸ **근태 관리에 힘써라** : 근태는 성실함을 평가할 수 있는 가장 기초적인 지표이니 신경써야 한다. 특히 무단결근·퇴사나 입사 결정 후 출근하지 않는 등의 행동은 절대 금물이다!

Reference Check?

평판조회란?

평판조회는 지원자의 서류와 면접에서는 알 수 없는 전·현 직장에서의 업무성과와 업무태도, 대인관계 등을 종합적으로 수집·파악해 채용여부를 결정하는 절차다. 즉, 지원자에 대한 강력한 검증도구라고 할 수 있다.

10 October

SUN	MON	TUE	WED	THU	FRI	SAT
1 부천국제애니메이션 페스티벌 관객심사단 모집 마감 / 세류주 물금전 서포터즈 모집 마감	**2**	**3** 국제청년센터 유니버스 봉사자 모집 마감 / 한국보건의료정보원 필기 실시	**4** 전남평평관광박람회 유니인제이지 부스운영 자원봉사자 모집 마감	**5** 용마폭포문화예술축제 자원봉사자 모집 마감	**6** BALANX 서포터즈 1기 모집 마감 / 국립중앙도서관 청년 디지털 봉사단 모집 마감	**7** 경제인문사회분야 출연연 공동채용·울산테크노파크·하나은행 필기 실시
8 기업회계, 세무회계 1·2·3급, 전산세무회계 제1·2급 실시	**9** 아시아청년 미래포럼 참가자 모집 마감	**10**	**11**	**12** 승가원 기부하이킹 참가자 모집 마감 / 한국도로공사 필기 실시	**13** 블루로드 트레킹 페스티벌 참가자 모집 마감	**14** 러브라인 : 환승여행 참가자 모집 마감 / 광주광역시·부산광역시 공공기관 통합채용 필기 실시
15 LH SNS 서포터즈 모집 마감 / 국방기술진흥연구소 필기 실시	**16** 한국산업단지공단 미래형 산업단지 아이디어 공모전 접수 마감	**17**	**18** 서울중구치매안심센터 전문봉사자 모집 마감 / 한국해양수산개발원 필기 실시	**19** 월드비전 필기 실시	**20** 경기도 광고홍보제 공모전 접수 마감	**21** 한국에너지공단·한국항공우주·용인시 공공기관 통합채용·금융결제원 필기 실시
22	**23**	**24**	**25** 자격증 활용 우수사례 공모전 접수 마감	**26**	**27**	**28** 동남권원자력의학원·울산 지방직 9급 필기 실시 / 제34회 공인중개사 실시
29	**30** KYPA 라온소 대학생 해외봉사단 모집 마감	**31** TVCF 대학생 광고공모 가던 모집 마감				

대외활동 Focus 15일 마감

2nd YOUNG CREATORS
LH 한국토지주택공사

LH SNS 서포터즈
LH 한국토지주택공사에서 SNS를 기반으로 활동할 'LH 영 크리에이터' 서포터즈를 모집한다. 대학생을 대상으로 총 20팀을 모집하며 LH 홍보 카드뉴스, 영상물을 제작해 SNS에 업로드 한다.

채용 Focus 14일 실시

부산광역시
BUSAN METROPOLITAN CITY

부산광역시 공공기관 통합채용
부산광역시에서 2023년 하반기 공공기관 통합채용을 실시한다. 15개 공공기관에서 174명의 정규직·공무직 직원을 선발하며, 10월 14일 필기 시험을 치른다.

SUN	MON	TUE	WED	THU	FRI	SAT
			1	2 공 광주광역시 오메나 캐릭터 기념품 공모전 접수 마감	3 대 문화톡앗이 대표 프로그램 자원봉사자 모집 마감	4 자 관광종사원 필기 실시
5 자 브레인트레이너 실시 자 전산회계운용사 1급 실시	6 공 이매일리 아이디어 유니버시아드 대회 접수 마감	7 자 전산회계운용사 1급 실시	8	9	10 공 국립중앙도서관 데이터 활용 콘텐츠 공모전 접수 마감	11 공 태양광 발전량 예측 경진대회 접수 마감
12 공 어구야! 돌아와줘! 국민 공모전 접수 마감 자 CS리더스 관리사 실시	13	14	15 공 청양군 포토 스팟 발굴 공모전 접수 마감	16	17 공 대구 서구 SNS 콘텐츠 공모전 접수 마감 공 통계메이터센터 활용 수기 공모전 접수 마감	18 공 국제 혁신 정학생 선발대회 접수 마감 자 회계관리, FAT, TAT 1·2급, 재경관리사 실시
19 공 우리동네 1.5°C 낮추기 공모전 접수 마감	20 공 여성사랑 유튜브 공모전 접수 마감	21	22	23	24	25 자 ERP정보관리사 실시
26	27	28	29	30 대 경기도 청년 생명사랑 모니터단 모집 마감		

대 대외활동 재 채용 공 공모전 자 자격증

공모전 Focus | 10일 마감

국립중앙도서관

공모전 Focus

국립중앙도서관 데이터 공모전

국립중앙도서관의 데이터를 활용한 콘텐츠를 제작해 공모하는 대회가 열린다. 도서관 데이터의 문화콘텐츠·정보통신 기술을 융합해 새로운 디지털 융합 콘텐츠를 제작해 공모할 수 있다.

자격시험 Focus | 4일 실시

관광전문인력 관광in

관광종사원

관광종사원 자격인 국내여행안내사, 호텔관리사, 호텔서비스사 자격의 필기시험이 치러진다. 접수는 Q-net을 통해 가능하며, 관광전문인력 포털 '관광in'에서도 상세정보를 얻을 수 있다.

❖ 일정은 향후 조율될 수 있습니다. 참고 뒤 상세일정은 관련 누리집에서 직접 확인해주세요.

2023
이슈&시사상식

VOL.198

CONTENTS

HOT
ISSUE

교육부와 국회는
현장의 목소리 반영하여
정책 개정하라
서울교육대학교 서초구 초등학교 교사 49재 학내 추모주간
교사들의 억울한
죽음, 진상을
규명하라

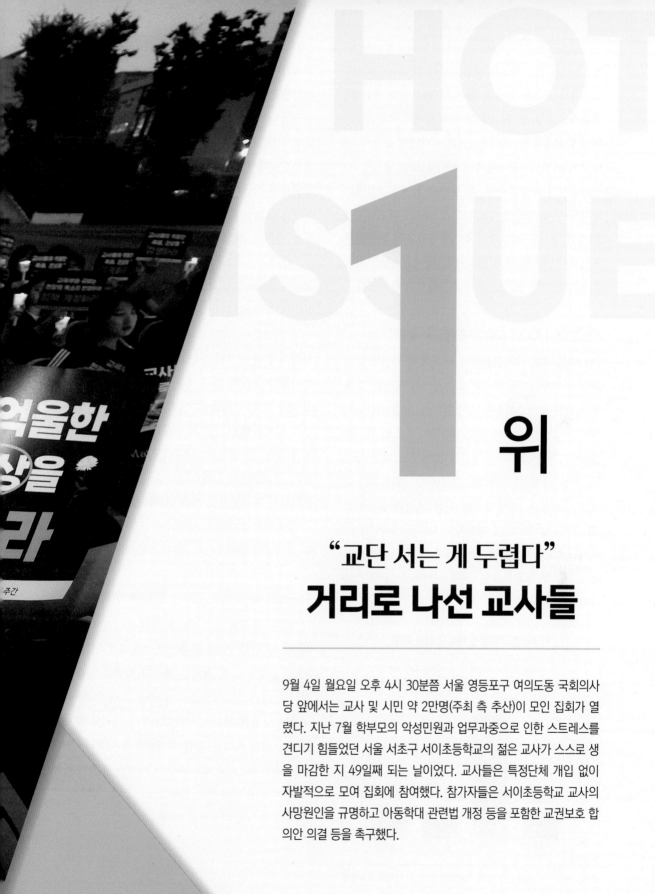

HOT ISSUE

1위

"교단 서는 게 두렵다"
거리로 나선 교사들

9월 4일 월요일 오후 4시 30분쯤 서울 영등포구 여의도동 국회의사
당 앞에서는 교사 및 시민 약 2만명(주최 측 추산)이 모인 집회가 열
렸다. 지난 7월 학부모의 악성민원과 업무과중으로 인한 스트레스를
견디기 힘들었던 서울 서초구 서이초등학교의 젊은 교사가 스스로 생
을 마감한 지 49일째 되는 날이었다. 교사들은 특정단체 개입 없이
자발적으로 모여 집회에 참여했다. 참가자들은 서이초등학교 교사의
사망원인을 규명하고 아동학대 관련법 개정 등을 포함한 교권보호 합
의안 의결 등을 촉구했다.

7월 18일 서울 서초구 서이초에서 한 젊은 교사가 교내에서 스스로 목숨을 끊은 채 발견됐다. 8월 31일과 9월 1일 경기 고양과 전북 군산에서도 두 명의 초등교사가 또 목숨을 끊었다. 서이초 교사의 사망 49일째였던 9월 4일에는 중학교 교장 출신인 제주도교육청 과장이 숨진 채 발견됐다. 9월 7일에도 대전에 이어 청주에서도 비보가 들려왔다. 심지어 2021년 경기도 의정부시 호원초등학교의 4~5년차 초임교사이자 5학년 담임교사 두 명이 6개월 간격으로 사망한 것도 언론을 통해 최근에서야 알려졌다.

6년간 교사 100명 사망 … 초등교사 절반 이상

7월 30일 국회 교육위원회 소속 정경희 국민의힘 의원실이 전국 17개 시·도 교육청에서 취합한 교육부 자료를 보면 2018년 1월 1일부터 올해 6월 30일까지 공립 초·중·고 교원 100명이 스스로 목숨을 끊었다. 지역별로 보면 경기가 22명으로 가장 많았고, 서울(13명), 부산(9명), 경북(8명), 충남(7명) 등으로 나타났다. 연령별로는 가장 열정적이어야 할 20~30대 교사가 전체 사망자의 38%를 차지했으며, 학교급별로 보면 초등학교 교사가 57명으로 가장 많았다. 그 외 고등학교는 28명, 중학교는 15명으로 나타났다.

학교급별 교육활동 학부모 침해 비율

2019~2022학년도 전국 17개 시·도 교육활동 침해사례 9,163건 기준

자료 / 교육부

교육계에서는 이러한 슬픈 현실이 교사들이 겪고 있는 3중고를 반영한다고 본다. 조성철 한국교원단체총연합회 대변인은 "최근 교사들은 학생에게 매까지 맞는 교권, 존중받지 못하는 풍토, 실질임금은 점차 감소하는데 희생만을 강요당하는 사회분위기에 무기력해진 상태"라고 지적했다. 이어 "교사를 극단적 선택으로 모는 건 학생지도의 어려움과 학부모의 과도한 민원이 급증한 탓"이라고 강조했다.

교육부에 따르면 교권침해는 코로나19가 유행한 2020년과 2021년을 제외하고 거의 매년 2,500건 정도 발생한다. 교육부 관계자는 "학교 교권보호위원회가 열려 심의된 건수만 고려된 것이라 교권보호위원회가 열리지 않은 사례까지 고려하면 실제 발생 건수는 더욱 많을 것"이라고 설명했다. 의료계에서도 교권침해로 인한 교사 우울증을 심각한 문제로 보고 있다. 한 정신과 의사는 "교사인 환자들이 크게 늘어 교권침해가 심각하다는 걸 체감했다"며 "최근 학부모는 자녀문제로 계속 민원을 넣고 교사들은 그런 학부모를 상대하기 어렵다며 그만둬 힘들다는 교감 선생님이 찾아오기도 했다"고 전했다.

지도하면 '아동학대' 고발 … 도 넘은 학부모 갑질

교사들은 학교현장을 어렵게 하는 요인 중 1순위로 학부모의 악성민원과 무분별한 아동학대 신고를 꼽는다. 충북도내 한 교사는 자신의 자녀를 사랑해주지 않는다는 얼토당토않은 억지를 부리며 수업 중 교실에 난입한 제자의 아버지로부터 학생들이 보는 앞에서 심한 폭언과 함께 폭행위협을 당했다. 또한 해당 학부모는 이후에도 자신이 저지른 행위는 빼놓은 채 학교와 교육청에 지속적인 이른바 '폭탄 민원'을 넣는 것으로 괴롭힘을 이어갔다.

학부모의 악성민원은 이뿐이 아니다. 도벽이 있는 학생을 가르치자 "촌지를 주지 않아 그러냐"며 학부모가 학교에 민원을 제기하거나, 학부모가 교사에게 사적으로 "술을 마시자"거나 "돈을 빌려 달라"고 연락하는 경우도 있었다. 심지어 아파 조퇴를 하고 병원에 간 교사에게 학부모가 밤늦게 술을 마시고 전화를 해 조퇴를 했다고 따지는가 하면 쉬는 시간에 학부모와 공적인 사유로 문자를 주고받는 일을 가지고 '근무 중 딴짓을 했다'며 시비를 걸어오는 일도 비일비재하다. 심지어 교사가 낀 반지를 문제삼아 아이들이 상처를 입을 수 있다며 학교에 민원을 넣은 경우도 있었다고 교사들은 설명하고 있다.

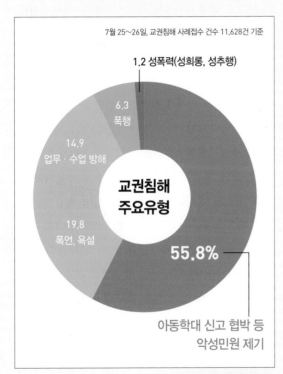

7월 25~26일, 교권침해 사례접수 건수 11,628건 기준

1.2 성폭력(성희롱, 성추행)

6.3 폭행

14.9 업무·수업 방해

교권침해 주요유형

19.8 폭언, 욕설

55.8%

아동학대 신고 협박 등 악성민원 제기

자료 / 한국교원단체총연합회

특히 **학부모가 교사를 괴롭히는 흔한 형태 중 하나는 아동학대 신고 협박**이다. 한 교사는 자녀 진학에 지장이 생길 것을 우려한 학부모로부터 학교생활기록부(학생부)의 '지각' 기록을 지워줄 것을 요구받았다 거절했는데, 이후 또다시 지각한 그 학생에게 "내

일은 일찍 등교하라"고 했던 말을 아동학대로 신고하겠다는 협박을 받았다. 정당한 교육활동에 대한 사과요구를 거부한 한 교사는 결국 아동학대로 신고를 당했고, 한 달여 간 각종 조사로 지옥 같은 시간을 보낸 뒤 결국 무혐의 처분을 받기도 했다. 한 고등학교 교사는 학생부에 '불성실하다'는 내용을 썼다가 학부모로부터 민사소송을 당하기도 했다.

이런 상황이지만 일선 학교 교사들은 학부모 갑질 등 교권침해에도 속수무책으로 당할 수밖에 없었고, 조사·소송·재판 등 일련의 과정이 오르지 교사 개인의 책임하에 이루어졌다. 교장·교감은 물론이고 해당 교육청은 교사를 지원해주지 않았을 뿐 아니라 일단 소송이 진행되면 진위 여부를 따지기도 전에 직위해제·정직 등의 처분을 내려 교사를 이중으로 힘들게 만들었다.

민감한 학생부 기록 … 모든 책임은 교사에게만

교사들은 학생부 기록에 대한 학부모들의 갑질이 증가한 데는 '학생부에 학교폭력(학폭) 가해사실을 기록하는 방안' 도입됐기 때문이라고 입을 모은다. 학폭사실의 학생부 기록은 2011년 12월 대구에서 중학생이 집단괴롭힘으로 자살하는 사건이 발생한 이후 처음 도입됐다. 학생부 기록내용은 초등학교와 중학교는 졸업 후 5년, 고등학교는 졸업 후 10년간 보존해 대입자료로 활용할 수 있도록 했다. 이 같은 엄벌주의 학폭원칙을 수립한 장본인이 당시 이명박 정부에서 교육과학기술부 장관을 지낸 현 이주호 교육부총리다.

이후 박근혜·문재인 정부를 거치며 학생의 인권보호를 위해 교육적 해결을 우선해야 한다는 여론이 우세해지면서 학폭 가해자의 학생부 기재기간이 2년으로 단축(2013)되고 반성하면 졸업과 동시에 삭제할 수 있으며 이어서 서면사과, 접근금지 등 교내 선도형 조치를 받은 가해자에 한해 학생부 기재를 유보(2019)할 수 있도록 변경됐다. 그러나 공직자 후보자들 자녀 학폭사건이 잇달아 도마에 오르면서 정부는 올해 4월에 발표한 '학교폭력 근절 종합대책'에 학폭 가해자의 처분기록 반영을 명시하고 중대한 학폭의 기록의 경우 보존기간을 기존 2년에서 최대 4년으로 늘린다는 내용을 담았다. 올해 학생부 기록 보존기간 연장에 앞장선 인물도 윤석열정부의 교육 부총리인 이주호 전 교육과학기술부 장관이다. 11년 만에 이주호식 엄벌주의가 부활한 것이다.

"교권 법안 의결하라"

교사들은 초등교사들의 소통 플랫폼 인디스쿨에 공지된 게시글 하나로 시작된 7월 22일 1차 집회부터 매 주말 서울 도심에서 자발적 대규모 집회를 열어왔고, 서이초 사망 교사의 49재일이었던 9월 4일을 '공교육 멈춤의 날'로 이름 붙이고 전국 각지에서 사망한 교사를 추모하며 교권회복을 요구하는 집단행동을 펼쳤다.

사망 교사 분향소에서 오열하는 동료 교사

집회는 온라인 플랫폼을 거점으로 시작됐고, 이후 소통 역시 온라인을 중심으로 이루어졌다. 집회운영진을 모으고, 집회내용을 선정하고, 그 결과를 배포하는 데 있어 온라인 교사 커뮤니티와 카톡 오픈채팅방, 패들렛, 노션 등이 다양하게 활용됐다. 또한 온라인의 특성상 관련 정보가 순식간에 확산됐고, 의견수렴 또한 빠른 시간 내 이루어져 1주일 단위로 수만명이 열리는 집회가 가능하도록 만들었다. 여기에 여름방학이라는 시기 특수성도 더해져 집중과 확산의 기세는 배가 됐다. 1,500명이 한번에 들어갈 수 있는 집회 관련 오픈채팅방은 수십개가 만들어졌고, 여론확산에 힘을 보탰다.

이들은 잇따른 교사 사망의 원인으로 학부모의 악성 민원과 업무과중으로 인한 스트레스를 지목하며 진상규명을 요구하는 동시에 교사들의 열정이 아동학대 무고로 악용되는 아동학대처벌법의 개정과 무분별한 아동학대 신고에 대한 교원 면책권을 포함하는 초·중등교육법 개정을 요구했다.

9월 13일에는 한국교원단체총연합회, 교사노동조합연맹, 전국교직원노동조합, 새로운학교네트워크, 실천교육교사모임, 좋은교사운동 등 169개 교원 단체·노조가 교육위 법안심사소위가 열리는 국회 앞에서 '공교육 정상화를 위한 국회 입법 촉구' 기자회견을 열고 교권 관련 법안을 9월 정기국회 1호 법안으로 통과시킬 것을 촉구했다. 이들 단체는 "수십만의 선생님들이 거리로 나와 절규했고 교원단체도 공동결의문을 만들어 입법을 촉구했지만 현장은 달라진 것이 없다"며 "선생님들은 여전히 학생의 문제행동과 과도한 민원, 아동학대 고소에 그대로 노출되어 있다"고 말했다.

그러면서 "교사가 교육에 집중할 수 있도록 교육활동 보호법안과 아동학대 관련 개정 법안을 9월 정기국회 1호 법안으로 통과시킬 것을 촉구한다"며 "정부와 여야가 현장의 절박한 요구를 외면한다면 30만을 넘어 50만 전체 교원의 준엄한 함성을 마주하게 될 것"이라고 말했다. 이들 단체는 ▲ 교육위 법안심사 소위에서 논의 중인 '교권 4법(초중등교육법·유아교육법·교원지위법·교육기본법 개정안)'의 조속한 통과 ▲ 분리학생 지원 인력·재원 마련 법안 개정 ▲ 교권보호제도 뒷받침을 위한 예산 확보 ▲ 무분별한 아동학대 신고로부터 교원을 보호할 아동복지법과 아동학대처벌법 개정 등을 요구했다.

교육 정상화를 위한 교사들의 집회(경복궁 사거리)

아동학대법 vs 학생인권조례 … 원인 두고 이견

이에 정부는 학부모의 민원으로부터 교사를 보호하기 위해 시·도 교육청과 함께 민원 응대매뉴얼을 만들고 현재 담임교사가 전담하고 있는 민원을 정부의 통합민원센터와 같이 전담관리하는 방안을 추진하며, 학부모를 포함한 외부인사가 교원을 면담하는 절차를 선진국처럼 제도화하는 안을 추진하기로 했다. 아울러 교사들이 아동학대 신고만으로 직위해제되는 관행을 개선하고, 가해학생을 즉시 분리하며, 중대한 교육활동 침해사항은 학생부에 기재하도록 하는 방안도 검토 중이라고 밝혔다.

더불어 서이초 교사 사망 이후 서울 지역 보수와 진보 교직단체들이 한목소리로 "무분별한 아동학대 신고에서 교직원을 보호할 수 있는 아동학대범죄의 처벌 등에 관한 특례법(아동학대처벌법) 개정"을 최우선 과제로 요구하고 나선 것과 달리 정부는 '학생인

권조례*의 사실상 축소 및 폐지에 나서는 모양새다. 이주호 장관이 "학생의 인권이 지나치게 강조되고 우선시되면서 교사들의 교권은 땅에 떨어지고 교실 현장은 붕괴되고 있다"며 "시·도 교육감들과 협의해 학생인권조례를 재정비하겠다"고 밝힌 것을 시작으로 보수성향 교육감이 있는 교육청을 중심으로 폐지 움직임을 보이고 있는 것이다.

학생인권조례

학생의 존엄과 가치 및 자유와 권리를 보장하기 위해 제정된 대한민국의 각 지방자치단체 혹은 시·도 교육청들의 조례로 2010년 경기도에서 처음 제정됐고, 2011년 지자체에 전면적으로 도입됐다. 두발과 복장 규제, 체벌, 일괄적 소지품 검사를 금지하고 성별과 종교, 성적지향을 이유로 학생을 차별할 수 없도록 해 학생과 청소년 인권신장에 기여했다는 평가를 받고 있다.

그러자 교사들은 교사의 생활지도를 아동학대로 보는 그릇된 인식, 사교육 성행과 맞물린 공교육의 붕괴 등 복합적 원인으로 교육활동 침해가 발생했다고 주장한다. 또한 "체벌을 금지했기 때문에 교권이 추락했다면 체벌을 다시 허락하면 교권이 올라가나"며 정부가 학생 체벌을 조장해서는 안 된다고 비판했다. 이윤경 참교육학부모회 회장은 "현재 학생인권조례에는 타인의 권한을 침해해도 된다는 내용은 없다"며 "그런데도 조례개정을 교육활동 보호 대안으로 거론하는 것은 앞뒤가 맞지 않는다"고 지적했다. 청소년인권운동연대도 "결국에는 차별받지 않을 권리가 축소되는 등 반인권적인 쪽으로 내용이 개정되는 모습이 보인다"고 지적했다. 전문가들은 제도 개선보다 제대로 운영하는 것이 더 중요하다고 지적했다. 또한 분리학생을 위한 별도 교실과 교사, 학부모 대응팀 신설을 위해서는 예산이 확보돼야 한다고 목소리를 높인다. 한편 정부는 2024년도 유아 및 초·중·등 교육예산을 2023년 대비 7조 1,000억원 감액 편성했다. 시대

2위

후쿠시마 오염수 방류 개시,
방류철회는 괴담 선동?

일본이 8월 24일 개시한 후쿠시마 제1원자력발전소 오염수의 1차 해양방류가 9월 11일 종료됐다. 오염수 방류는 2021년 4월 스가 요시히데 당시 일본총리가 오염수 처분방식으로 해양방류를 결정한 지 2년 4개월 만이며, 2011년 3월 11일 동일본대지진으로 후쿠시마 원전사고가 발생한 지 약 12년 반 만에 개시됐다. 이번 방류는 국내외 각계각층의 잇따른 우려와 논란 속에 진행됐다. 그런데 방류정책 대응에 대한 우리 국책연구기관 협동보고서가 방류 전 비공개됐고, 또 해당보고서에 방류가 해양생태계와 우리 국민건강에 악영향을 끼칠 수 있다고 기재됐던 것으로 드러나 논란이 됐다.

1차 방류 종료, 2차 방류 개시일정은 미정

정부는 9월 11일 일본 후쿠시마 제1원자력발전소 오염수 방류와 관련해 "오늘 이송설비 내부의 잔류오염수 세정작업을 마치면 최종적으로 1차 방류분 방출이 종료된다"고 밝혔다. 박구연 국무조정실 국무1차장은 이날 정부서울청사에서 열린 일일브리핑에서 "어제 오후 2시에서 3시 사이에 오염수 이송펌프 작동이 정지됐음을 확인했다"며 이같이 말했다.

박 차장은 "8월 24일 방류를 시작한 후 총 7,763m^2 (776만 3,000L)가 방류됐고 여기에 포함된 삼중수소는 총 1조 2,440억 베크렐(Bq)이었다"며 "긴급차단밸브 작동이나 수동정지 등 이상상황은 없었다"고 설명했다. 이어 "원전부근 10km 이내 14개 정점에서 채취된 시료를 분석한 결과 삼중수소 농도가 방출중단 판단기준보다 훨씬 낮은 수준임을 확인했다"고 밝혔다. 박 차장은 "2차 방류 개시시점은 미정으로 확인됐으며 정보가 들어오는 대로 브리핑을 통해 설명하겠다"고 밝혔다.

국민 불안감에 정부·여당은 "과학 믿어달라"

방류가 개시된 날 한덕수 국무총리는 "일본정부에 대해 앞으로 30여 년간 방류과정에서 투명하고 책임감 있게 정보를 공개하기를 기대하고 촉구한다"고 밝히면서 "국민 여러분이 정부를 믿고, 과학을 믿어주시기를 부탁드린다"고 호소했다. 이어 한 총리는 "(일본에 협조요청해) 국내 전문가가 후쿠시마 현지 국제원자력기구(IAEA) 사무소에 2주일에 한 번씩 방문해 안전사항을 점검하기로 했다"며 "국제사회가 우리국민의 건강과 안전을 그만큼 중요하게 생각하고 있으며 다른 어떤 국가의 국민보다 두터운 보호를 받게 된다는 의미"라고 평가했다. 한 총리는 여전한 국민 우려에 대해서는 "과학적 기준과 국제적 절차에 따라 처리·방류된다면 국민께서 과도하게 걱

정하실 필요는 없다는 것이 전 세계 전문가들의 공통된 의견"이라면서도 "일본산 수산물에 대한 수입규제조치도 견고하게 유지하겠다"고 밝혔다.

오염수 방류 관련 대국민담화 발표하는 한덕수 총리

여당인 국민의힘은 방류개시와 함께 더불어민주당이 괴담을 유포해 수산업계가 피해를 보고 있다며 여론전을 펼쳤다. 방류 규탄 촛불집회 등으로 대정부 총공세에 나선 민주당을 괴담을 퍼뜨리는 '반국가세력'으로 규정하는 동시에 수산업계 피해상황을 점검하고 지원을 약속하는 현장행보로 차별화에도 나섰다. 김기현 국민의힘 대표는 "수산물에 방사능 색칠을 해서 어민과 수산업 종사자 생계에 타격을 주는 것은 결코 허용할 수 없는 반국가적 행위나 다름없다"며 "민주당의 괴담으로 경제적 피해를 보고 있는 우리어민과 수산업종사자에게 실질적으로 도움이 되도록 예산상 지원대책을 정부와 함께 집행해 나가겠다"고 밝혔다.

또 국민의힘은 오염수의 명칭을 '오염처리수'로 공식화하겠다고 8월 30일 밝혔다. 유상범 국민의힘 수석대변인은 "일본에서 오염된 걸 처리해 방류하니 오염처리수로 불러야 할 것"이라며 "IAEA에서 쓰는 공식용어"라고 부연했다. 이에 수산업계에서는 '오염'에 대한 거부감을 감안해 아예 '처리수'로만 불러야 한다는 목소리도 나왔다.

정부, 부정의견 담긴 국책보고서는 비공개

정부·여당이 야권의 오염수 방류철회 행동을 '가짜 뉴스 유포와 괴담선동'으로 규정지은 가운데 정부가 국민적 우려에 대응해 '후쿠시마 오염수 10가지 괴담'이라는 제목의 홍보책자를 KTX와 SRT 고속열차에 배포해 논란이 일기도 했다. 해당 책자는 문화체육관광부(문체부)가 그간 설이나 추석명절 등에 배부하던 정책주간지 'K-공감'을 대체한 것이다. 이에 야권 등 일각에서는 정부가 오염수에 대한 국민적 불안을 '괴담' 취급하며 홍보에 나서고 있다는 비판도 나왔다.

KTX에 비치된 '후쿠시마 오염수 10가지 괴담' 책자

또한 문체부는 정부의 오염수 관련 유튜브 정책광고 영상의 조회수 의혹을 보도한 MBC를 상대로 정정보도를 청구하기도 했다. 지난 7월 정부 유튜브 채널에 공개된 '국내최고 전문가들이 말하는 후쿠시마 오염수의 진실' 영상물의 조회수 논란이 불거졌는데, 야당은 해당 영상조회수가 게시 두 달도 안 된 시점에 1,600만여 회를 기록한 것은 비정상적이란 점 등을 지적했다. 이에 MBC의 '뉴스데스크'는 지난 8월 25일 보도에서 해당 논란을 언급하며 "해당 영상의 시청자 중 대다수는 초반 5~6초만 시청한 것으로 나타났다"고 덧붙였다.

한편 오염수 방류대응을 위한 **국책연구기관***의 협동연구보고서가 비공개 처리돼 야권이 의문을 제기하기도 했다. 한국해양수산개발원의 주관으로 3개 연구기관과 협동해 진행한 이 연구보고서는 2022년 9월 완성됐으나 비공개 처리됐다. 9월 4일 강훈식 민주당 의원이 공개한 자료에 따르면 이 보고서에는 **"일본의 방류계획은 인류전체가 보전하고 지속가능하게 이용해야 하는 '공해 생물다양성'과 해양생태계에 실제적·잠재적 위협을 줄 수 있다"**는 내용이 담긴 것으로 알려졌다. 또한 "우리국민의 건강과 안전, 수산업, 해양관광산업 등에 환경적·사회경제적으로 부정적인 영향을 끼칠 수 있음이 우려된다"고도 진단했다.

정부출연연구기관

정부가 출연하고 연구를 주목적으로 하는 기관으로 국무총리 산하의 기타 공공기관에 해당한다. 크게 경제인문사회연구회와 국가과학기술연구회 소관으로 분류된다. 각 연구분야와 소관에 알맞은 국가가 정책적으로 육성하는 사업이나 또는 그 정책을 연구한다. 대표적으로 한국개발연구원(KDI)이 있다.

보고서에는 "오염수가 해양방류되지 않도록 정부가 다각적인 노력을 기울여야 하며, 방류된다면 오염수로 인한 안전피해를 방지하고 그의 영향력을 예측·평가하기 위한 역량을 제고해야 한다"는 내용이 담겼다. **현 정부의 오염수 정책과 대조적인 제안도 담긴 것**이다. 보고서 비공개와 관련해 논란이 일자 정부는 연구기관에서 자체적으로 비공개를 결정한 것이라며 "보고서에 오염수 방류의 영향에 대한 자연과학적인 심층분석은 포함되지 않았다"고 설명했다. 또 보고서 비공개가 '일본 눈치보기'라는 야권의 지적에 "근거 없는 사실"이라고 반박하며, "보고서의 내용은 정책결정에 참고할 뿐 반드시 이행하는 것은 아니"라고도 덧붙였다. 〈시대〉

3위

이념논쟁으로 퇴색된 영웅
홍범도 흉상 이전 논란

'민족의 영웅'으로 불리는 독립운동가 홍범도 장군 등 독립전쟁 영웅 5인의 흉상을 육군사관학교(육사)에서 철거하는 문제를 놓고 논란이 일었다. 육사 출신인 이종섭 국방부 장관 휘하 군 당국자들과 장성 출신인 국민의힘 신원식 의원, 육사 총동창회 등이 홍 장군의 소련공산당 가입 이력 등을 이유로 육사의 정체성에 맞지 않다고 판단돼 외부로 이전해야 한다고 주장한 것이다. 이에 대해 독립운동단체들은 홍 장군을 비롯한 독립운동가들의 흉상 철거가 "반역사적·반민족적 범죄행위"라며 거세게 반발했다.

"독립운동 부정 아냐 … 독립기념관 모실 것"

이종섭 국방부 장관은 8월 25일 육사가 홍 장군 등 독립전쟁 영웅 5인의 흉상 철거를 추진하는 것과 관련해 "북한을 대상으로 전쟁을 억제하고 전시에 이기기 위해 필요한 인력을 양성하는 곳에서 공산주의 이력이 있는 사람이 있어야 하느냐는 문제가 제기됐다"고 밝혔다. 이 장관은 이날 국회 국방위원회 전체회의에 출석한 자리에서 야당 간사인 더불어민주당 김병주 의원이 "한일관계를 좋게 하기 위해 (동상을) 철거하는 것이 아니냐는 의혹이 있다"는 질문에 이같이 답했다.

이 장관은 "육사 교내에 있는 기념물을 다시 정비할 계획을 갖고 있다"며 "가능하면 육군 또는 육사의 창설, 군과 관련된 역사적 인물들을 하는 방향이 좋겠다는 것"이라고 부연했다. 이어 "그렇다고 독립운동을 부정하는 것은 아니다"라며 "독립기념관에 그분들을 모신다는 것"이라고 했다. 이 장관은 또 최근 한일관계 개선을 추진 중인 정부의 기조에 맞춰 흉상 철거를 추진하고 있는 것 아니냐는 김 의원 질의에 대해서는 "최근이 아니고 지난해부터 검토된 것으로 안다"고 답했다.

"육사 정체성에 부적절" vs "이념갈등 조장"

실제 군은 지난해 11월부터 육사 종합강의동 충무관 앞에 설치된 독립운동 영웅인 홍범도·김좌진·지청천·이범석 장군과 신흥무관학교 설립자 이회영 선생의 흉상을 철거하는 방안을 검토해온 것으로 알려졌다. 국방부는 8월 28일 입장문을 내고 "공산주의 이력이 있는 홍 장군의 흉상을 육사에 설치하여 기념하는 것은 육사의 정체성 고려시 적절하지 않다"며 "홍 장군은 청산리 전투에서 같이 싸웠으나 무장해제를 거부하고 만주로 돌아간 김좌진·이범석 장군 등과는 다른 길을 간 것"이라고 밝혔다.

국방위 출석한 이종섭 국방부 장관

육사 총동창회도 입장문을 내고 "역사적 평가가 상반되는 인물에 대한 조형물 배치는 신중을 기해야 한다. 특히 6·25전쟁을 일으키고 사주한 북한군, 중공군, 소련군 등에 종사하고 대한민국의 정통성을 훼손한 사실이 분명히 확인된 인물이 포함되어서는 안 된다"고 주장했다. 육사 내 흉상과는 별개로 국방부는 용산 국방부 청사 앞에 설치된 홍 장군 흉상도 이전을 검토하고 있으며, 해군 잠수함 '홍범도함'의 함명도 필요하면 변경하겠다는 방침을 밝혔다. 이에 대해 대통령실과 여당은 "국방부와 육사가 알아서 결정할 일"이라고 선을 그었다.

반면 독립운동단체들은 군이 국가수호라는 본연의 임무를 등한시하고 때아닌 이념논쟁에 뛰어들어 갈등을 조장하고 있다고 규탄했다. 독립운동가 선양단체로 구성된 항일독립선열선양단체연합(항단연)은 8월 27일 오후 2시 육사 정문 앞에서 기자회견을 열고 흉상 철거 철회를 촉구했다. 항단연은 군의 흉상 철거방침에 대해 "어떤 이유로도 부정할 수 없는 고귀한 역사와 전통을 무시하고 말살하려는 의도는 반국가적, 반역사적, 반민족적 범죄행위라는 것을 국방부와 관계자들은 명심해야 한다"고 강조했다.

육사, 홍범도 흉상 외부 이전 결정

논란이 커지자 육사는 8월 31일 "홍 장군 흉상은 육사의 정체성과 독립투사로서의 예우를 동시에 고려해 육사 외 독립운동 업적을 잘 드러낼 수 있는 적절한 장소로 이전하고, 홍 장군 외 5위의 흉상은 육사 교정 내 적절한 장소로 이전할 것"이라고 밝혔다. 이어 "구체적인 사항은 육사 내 '기념물 종합계획'이 완료되는 대로 시행할 계획"이라며 "기념물 재정비는 육사 졸업생과 교직원 등의 의견을 들어 육사의 설립목적과 교육목표에 부합되게 육군사관학교장 책임하에 추진한다"고 덧붙였다. 2022~2023년 육사 요람에 따르면 충무관 앞 5인의 흉상을 '독립전쟁 영웅 5인 흉상'으로 지칭하고 있다. 그러나 군과 정치권 일각에서 특정시기의 특정집단에 속한 인물들만이 육사 내 가장 중요한 공간인 충무관 앞에 전시된 것이 부당하다는 목소리가 제기됐다.

특히 소련공산당에 가입한 전력이 있는 홍 장군에게 비난의 화살이 집중됐다. 청산리·봉오동 전투의 영웅인 홍 장군은 1927년 소련공산당에 입당 후 연해주의 고려인 지도자로 활동했으나 1937년 고려인 강제이주로 카자흐스탄으로 이주해 정미소 노동자로 일하다가 1943년 영면했다. 국방부는 또 홍 장군이 1921년 6월 러시아 공산당 극동공화국 군대가 자유시에 있던 독립군을 사살한 **자유시참변***과 관련이 있다는 '의혹'을 제기하기도 했다. 그러나 국방부가 주장하는 홍 장군의 자유시참변 관여 여부는 지속적인 학계연구를 통해 '홍 장군의 명망과 권위를 파쟁에 이용한 것'이라는 주장이 어느 정도 인정받고 있는 상황이다. 독립운동사를 연구한 대다수 학자는 현재의 관점에서 역사를 판단해서는 안 되며, 역사주의적 관점에서 국방부가 문제 삼는 홍 장군의 '공산주의' 이력이 6·25전쟁 이후 '반공', '빨치산' 등으로 우리 사회에 각인된 공산주의 개념과 다르다는 입장이다. 또 당시 시대상황과 용어의 정확한 의미를 무시한 채 현대의 정치적 잣대만으로 역사를 평가하는 것은 무책임한 행동이라고 비판하고 있다.

2018년 당시 육사에서 열린 전쟁 영웅 5인의 흉상 제막식

홍 장군은 이미 박정희정부 시절에도 '공산주의' 이력이 확인됐으나 소련공산당에 가입한 뒤 독립운동에 적대적 행위를 하거나 당원으로서 적극적으로 활동한 이력도 없고, 1962년 건국훈장 2등급인 대통령장을 받으며 만주에서 독립군을 지휘하며 김좌진 장군과 함께 '혁혁한 공적'을 올린 것이 인정된 바 있다. 이 때문에 공산주의 경력을 이유로 홍 장군을 폄하고 흉상을 철거해야 한다고 주장한다면 남조선로동당 조직책 출신으로 알려진 박정희 전 대통령 역시 이 같은 논란에서 자유로울 수 없다는 것이 흉상 철거를 반대하는 이들의 입장이다. 그러면서 백선엽, 박정희 같은 일본군, 만주국 출신을 국군의 뿌리로 보는 현 정부의 '뉴라이트(일제 식민지를 통해 한국이 발전했다는 식민지근대화론)' 역사관과 독단적인 이념정책을 꼬집었다. 〈시대〉

4위

흉기난동에 살인예고까지 …
이상동기범죄로 사회불안 최고조

7월 21일 발생한 서울 신림역 흉기난동 사건에 이어 8월 3일 분당 서현역에서도 비슷한 사건이 발생하면서 **이상동기범죄***에 대한 사회적 불안감이 갈수록 높아지고 있다. 여기에 유사한 유형의 사건이 추가로 발생하거나 온라인상에 살인을 예고하는 글이 잇따라 게재돼 혼란이 이어졌다.

서현역 흉기난동 현장에 놓인 추모 꽃다발

이상동기범죄

범행동기가 뚜렷하게 드러나지 않거나 일반적이지 않은 동기를 가지고 벌이는 범죄를 지칭하는 용어다. 흔히 '묻지마 범죄'라는 말로 표현돼왔으나 전문가들은 이러한 명칭이 범죄 원인 파악과 예방대책 마련을 어렵게 한다고 지적했다. 이에 2022년 1월 경찰이 '이상동기범죄'라는 공식용어를 발표하고 관련 범죄 분석 및 통계 수집, 대응책 마련 등에 나서면서 사용되기 시작했다. 이상동기범죄를 저지르는 피의자들은 대부분 개인적 실패의 원인을 사회나 불특정 다수에게 전가해 자신의 범죄를 합리화하는 것으로 알려졌다.

잇단 흉악범죄에 정부·지자체 협력해 대응 강화

다수의 사상자가 나온 신림역 사건과 서현역 사건의 충격이 채 가시지 않은 가운데 전국 곳곳에서 비슷한 흉악범죄가 또다시 발생했다. 거리에서 일면식 없는 시민을 흉기로 위협하거나 술에 취해 옆자리 이용객들을 대상으로 흉기를 휘둘러 사망자가 발생하는가 하면 지하철 내에서 발생한 소란을 두고 흉기난동으로 오인해 승객들이 대피하는 상황이 벌어지기도 했다. 또 경찰이 8월 4일부터 18일까지 보름간 범죄 우려가 큰 다중밀집장소를 중심으로 특별치안활동을 실시한 결과 흉기 관련 범죄 227건을 적발해 이중 46명을 특수상해, 살인미수 등 혐의로 구속했다.

이처럼 연이은 강력범죄로 국민불안이 고조되자 행정안전부(행안부)는 연석회의를 열어 이상동기범죄와 관련된 치안상황을 보고 받는 한편 대응방안을 지방자치단체(지자체)에 설명하고 협조를 구했다. 이에 지자체는 폐쇄회로(CCTV) 추가 설치, 이상동기범죄 대응 태스크포스(TF) 구성, 방범용품 지원 사업, 관계기관과 업무협약 체결 등을 통해 치안활동 및 대응체계를 강화하며 총력을 다하고 있다. 경찰 역시 순찰과 실시간 모니터링 등을 체계화해 대응역량을 높이기로 했다. 시민·지자체와의 협조를 통해 순찰을 강화하고, 다중밀집장소와 인근 우범지역을 중심으로 특별치안활동을 전개하고 있으며, 차량순찰이 불가능한 구간은 도보나 드론순찰을 병행해 활동을 강화할 계획이다.

검찰도 잇따르는 불특정 다수를 대상으로 한 흉기난동 범죄를 '공중에 대한 테러 범죄'로 규정하며 관련 사건을 철저히 수사하겠다고 밝혔다. 또 일반인에 대한 안전을 침해·위협하는 '공중협박행위'를 테러 차원으로 가중처벌할 수 있는 법령 개정이 이뤄질 수 있도록 법무부에 요청하기로 했다. 아울러 온라인으로 살인 등 강력범죄를 예고한 피의자는 원칙적으로 정식 기소하라는 방침을 일선 검찰청에 지시했다. 대검은 "살인예고 범죄는 사회적 불안을 야기하고 치안·행정력의 낭비를 초래해 정작 필요한 범죄

대응에 경찰력이 투입될 수 없게 만든다"며 "재발방지를 위해 엄정대응할 필요가 있다"고 설명했다. 특히 살인예고 범죄 피의자 중 상당수를 차지하는 소년범에 대해서도 기소유예 처분을 지양하겠다고 밝혔다.

강남역 인근에 배치된 경찰특공대

전문가들 "고위험군 선별·개입할 수 있어야"

전문가들은 이상동기범죄를 예방하기 위한 방안을 제시하면서 '고위험군'을 사전에 선별해 강력하게 개입할 수 있는 장치를 마련하는 게 최우선이라고 조언했다. 김도우 경남대학교 경찰학과 교수는 "묻지마 범죄로 불리는 무동기·이상동기범죄를 저지른 사람은 대부분 사회에 강한 불만이 있다는 게 공통점"이라고 설명했다. 이 때문에 지역사회에서 과도하게 폭력적인 성향과 분노를 드러내는 등 정신건강에 어려움을 겪는 사람을 지속 관찰하고 면담해 이들이 극단적 범행을 저지르는 상황에 이르지 않도록 관리가 필요하다는 것이다.

사전에 이상징후를 포착해 공권력이 적극개입하고 더 큰 범죄로 확대되지 않도록 조치해야 한다는 목소리도 나왔다. 이건수 백석대학교 경찰행정학과 교수는 "112신고가 들어왔을 때 출동으로 끝날 게 아

니라 적극적으로 수사하고 범죄이력을 확인해 입건하는 조치가 필요하다"며 "특히 정신건강 고위험군에 대해서는 입원과 치료, 교정이 다 이뤄질 수 있는 시스템을 마련해야 한다"고 강조했다. 다만 처벌수위를 높이는 데 대해서는 효과가 크지 않을 것이라는 쪽으로 전문가들의 의견이 기울었다. 가석방 없는 종신형 등 엄벌주의가 정치권에서 대안으로 제시되고 있지만, 이상동기범죄를 저지르는 범인의 특성을 고려하면 처벌수위가 높다고 해서 이들이 범행을 포기하지는 않는다는 것이다. 특히 온라인에 살해예고글을 올리는 게시자의 경우 '잠재적 위험군'으로 보고 적극적으로 추적·검거해 강력처벌해야 한다고 강조했다.

살인예고 알림 사이트

HOT ISSUE **5위**

해병대원 사망사건 수사 미스터리 … 진실과 윗선외압 의혹

집중호우 실종자 수색에 구명조끼도 없이 투입됐다가 급류에 휩쓸려 순직한 고(故) 채모 상병 사건수사를 두고 논란이 이어지고 있다. 박정훈 전 해병대 수사단장(대령)은 채 상병 사건과 관련, 해병 1사단장 등 8명이 과실치사 혐의가 있다는 내용의 수사결과

를 국방장관 결재하에 경찰에 인계하려 했으나 국방부는 인계보류로 방침을 바꿨고, 박 대령이 이에 따르지 않자 그를 '항명' 혐의로 입건했다. 그러자 박 대령은 사건을 축소하라는 외압이 있었다고 주장하며 군검찰수사를 거부하는 등 반발했다.

박정훈 전 해병대 수사단장

여 "명백한 항명", 야 "대통령실 외압 있었을 것"

채 상병 사건수사에 대한 의혹을 놓고 여야는 8월 21일 국회 법제사법위원회와 국방위원회에서 공방을 벌였다. 국민의힘은 박 대령이 사건을 경찰에 이첩하지 말고 보류하라는 국방부 지시를 어긴 것은 명백한 '항명'이라고 강조했다. 반면 더불어민주당은 이종섭 국방부 장관이 결재까지 한 수사결과의 이첩을 다시 보류하라고 지시한 데는 대통령실 등 윗선의 외압이 있었을 것이라는 의혹을 제기했다. 민주당 안규백 의원은 "장관이 7월 30일 해병대 수사단의 조사결과를 결재했고, 이튿날 오전에 예정된 언론브리핑을 취소한 사이에 명시적으로 달라진 점은 해병대로부터 안보실로 언론브리핑 자료가 넘어간 것뿐"이라며 "대통령실에서 지침이 있었다는 것이 자연스럽지 않나"라고 했다. 이에 대해 이 장관은 "결재할 때도 확신이 있어서 한 것은 아니었다"면서

"결재 당시 의아하게 생각했던 부분에 대해 좀 더 검토를 해봐야겠다는 판단을 한 것"이라고 주장하며 외압의혹을 부인했다.

박 대령 측 "비장의 무기는 진실"

박 대령은 8월 28일 국방부 검찰단에 출석해 외압의혹과 관련한 사실관계 진술서를 제출했다. 진술서에 따르면 김계환 해병대사령관과 박 대령은 7월 30일 오후 4시 30분께 이 장관에게 경북경찰청에 이첩해야 할 수사결과를 보고했다. 그런데 이튿날인 7월 31일 정오께 언론브리핑을 위해 국방부 근처에 대기하던 중 김 사령관이 급하게 전화해 "언론브리핑이 취소됐다"며 부대복귀를 지시했다고 한다.

김계환 해병대사령관

이어 국방부 대변인이 해병대사령부 공보정훈실장에게 전화해 "취소사유에 대한 논리를 개발하라"고 했고, 공보정훈실장이 "국방부 지시로 취소됐다고 하겠다"고 하자 대변인은 "절대로 안 된다"며 막았다는 것이다. 같은 날 오후 3시 18분께는 유재은 국방부 법무관리관이 박 대령에게 전화해 사건서류에서 "혐의자와 혐의내용을 다 빼라, **업무상 과실치사*** 혐의 제목을 빼라"고 했다고 한다.

6위

이에 박 대령이 김 사령관에게 "도대체 국방부에서 왜 그러는 것입니까"라고 묻자 김 사령관은 "오전 대통령실에서 VIP 주재 회의간 1사단 수사결과에 대한 언급이 있었고, VIP가 격노하며 장관과 통화한 후 이렇게 됐다"고 말했다고 한다. 박 대령이 "정말 VIP가 맞습니까?"라고 묻자 김 사령관은 고개를 끄덕이며 맞다고 했다고 명시됐다. 군검찰은 진술서 내용을 확인하기 위해 이날 김 사령관을 조사했으나 김 사령관은 "그런 사실이 없다"고 진술했다.

박 대령은 9월 5일 군검찰의 소환에 응해 11시간 조사를 받았다. 박 대령의 법률대리인 정관영 변호사는 출석에 앞서 "있는 사실 그대로 진술할 예정"이라며 "비장의 무기는 진실이다. 진실의 힘이 강하기 때문에 그것으로 방어권을 충분히 행사할 수 있다고 확신한다"고 말했다. 박 대령이 외압을 증명할 결정적 녹취록을 갖고 있을 가능성에 대해서는 "확인해보겠다"면서도 "박 대령은 메모를 꼼꼼히 했기 때문에 타임라인이 분(分) 단위로 있다"고 언급했다.

국방부 검찰단에 출석하는 박정훈 전 해병대 수사단장

정부, 2024년 예산 발표 … 유례없는 세수결손에 대응 마련

8월 29일 기획재정부가 2024년 국세수입 예산안 및 **조세지출예산서***를 발표했다. 예산안에 따르면 정부는 지출증가율을 2005년 통계 정비 이래 최소폭인 2.8%로 편성했지만, 세수감소로 수입이 2.2% 줄면서 재정수지 악화를 피할 수 없을 전망이다.

조세지출예산서

조세감면, 비과세, 소득공제, 세액공제, 우대세율 적용 또는 과세이연 등 조세특례에 따른 재정지원에 대해 직전 회계연도 실적과 당해 회계연도 및 다음 회계연도의 추정금액을 기능별·세목별로 분석한 보고서다. 우리 정부는 '국가재정법'에 따라 2010년부터 직전·당해·다음연도의 국세감면 실적 및 추정금액을 작성한 조세지출예산서를 예산안과 함께 국회에 제출하고 있다.

내년 관리재정수지 적자 92조원, GDP 대비 3.9%

정부는 내년 통합재정수지 적자가 44조 8,000억원으로 올해 예산(13조 1,000억원)보다 31조 7,000억원 늘고, 국내총생산(GDP) 대비 통합재정수지 적자 비율도 0.6%에서 1.9%로 높아질 것으로 예상했다. 즉, 세금 등으로 벌어들일 총수입보다 예정된 총지출이 45조원가량 많다는 뜻이다.

통합재정수지에서 사회보장성 기금수지를 제외한 것으로 실질적인 나라살림 상태를 보여주는 관리재정수지 적자는 92조원으로 올해 예산(58조 2,000억원)보다 33조 8,000억원 늘어날 것으로 봤다. 관리재정수지 적자비율은 올해 2.6%에서 내년 3.9%로 1.3%포인트(p) 높아졌는데, 이는 정부가 법제화를 추진 중인 재정준칙 한도(3.0%)를 넘어서는 수준이다. 재정준칙이 내년 이후 예산 편성분부터 적용될 예정인 만큼 법적인 문제는 없지만, 정부로서는 정식 도입하기도 전에 스스로 만든 기준을 지키지 못하는 곤혹스러운 상황을 맞게 됐다. 지난해 8월 정부가 중기 재정전망을 할 때는 2024년 관리재정수지 적자를 58조 6,000억원(GDP의 2.5%) 수준으로 관리할 수 있을 것으로 예상했으나, 재정수입 전망치가 당시 기대했던 것보다 줄어든 탓이다.

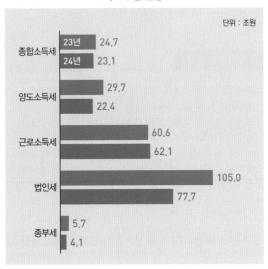

국세수입 전망

단위 : 조원

자료 / 기획재정부

국가채무는 올해 1,134조 4,000억원에서 내년에는 1,196조 2,000억원으로 늘어나면서 GDP 대비 국가채무 비율도 50.4%에서 51.0%로 오른다. 다만 국가채무 증가폭(61조 8,000억원)은 2019년(47조 2,000억원) 이후 가장 작다. 정부는 내년에 158조 8,000억원의 국고채를 발행할 계획이다. 108조 5,000억원은 차환 발행, 50조 3,000억원은 순발행이다.

내년 세수 341조원 … 역대급 세수펑크 불가피

정부는 내년도 국세수입을 올해(400조 5,000억원)보다 59조 1,000억원(14.8%) 감소한 341조 4,000억원으로 예측했다. 지난해 세입실적(395조 9,000억원)보다도 54조 5,000억원(13.8%) 적은 수치다. 올해 세수감소에 따라 내년 세수도 연쇄적으로 줄어든 것이다. 올해 상반기까지 국세수입은 178조 5,000억원으로 작년 같은 시점보다 39조 7,000억원(18.2%) 적다. 기저효과와 양도소득세 등 자산 관련 세수의 감소, 법인실적 부진 등으로 올해 상반기 국세수입 감소분은 역대 최대를 기록하고 있다. 올해 남은 기간 작년과 같은 수준으로 세금을 걷는다고 하면 연간 세수는 356조원가량으로 예측된다.

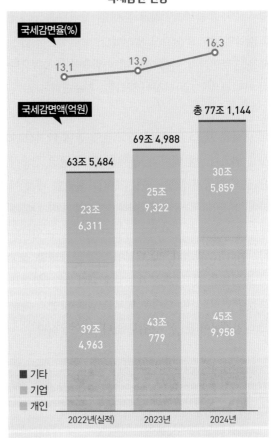

국제감면 전망

국세감면율(%)

13.1　　13.9　　16.3

국세감면액(억원)

	2022년(실적)	2023년	2024년
총	63조 5,484	69조 4,988	총 77조 1,144
기타	23조 6,311	25조 9,322	30조 5,859
개인	39조 4,963	43조 779	45조 9,958

■ 기타
■ 기업
■ 개인

자료 / 기획재정부

내년 국세감면액은 77조 1,000억원으로 올해 전망치(69조 5,000억원)보다 11.0% 늘어날 것으로 봤다. 임시투자세액공제 재도입 등으로 역대 최대 규모의 국세감면이 이뤄진다고 예상했다. 예산(656조 9,000억원)과 조세를 통한 내년 정부 지출이 734조원가량 되는 셈이다. 이에 따른 내년 국세감면율은 16.3%다. 이는 직전 3개년 국세감면율 평균에 0.5%p를 더해 산출하는 국세감면율 법정한도(14.0%)를 2.3%p 넘게 되는 것으로 세수감소로 역대 최대 폭을 기록했다. 국세감면율 법정한도를 넘긴 사례는 2008년(1.0%p)과 2009년(1.8%p), 2019년(0.8%p), 2020년(1.2%p) 등이다. 글로벌 금융위기에 따른 유가환급금 지급, 코로나19 위기대응 등으로 감면한도를 넘어선 바 있다.

예산안 발표를 위해 이동하는 추경호 부총리

정부는 유례없는 세수결손분을 충당하기 위해 최대 규모의 기금자금을 투입할 계획이다. 여기서 기금(基金)이란 일반회계·특별회계와는 달리 특정 목적을 위해 운용되는 특정자금을 말한다. 통상 세수결손 재원으로는 활용되지 않지만, 이례적으로 상당액의 기금 여유재원이 생기면서 구원투수로 적극 검토되고 있다. 외국환평형기금(외평기금)에서 최대 20조원 확보가 가능해졌고, 총괄계정격인 공공자금관리기금(공자기금)으로 넘기면 일반회계 재원으로 활용할 수 있다. 일정 비율까지는 행정부 재량으로 공자기금 자금의 일반회계 전환도 가능하다. 정부는 2023~2027년 국가재정운용계획에서 각 기금·회계별 재정상황을 점검해 다른 회계·기금에 대한 자

금전출 및 공자기금 예탁을 적극 활성화하겠다고 밝혔는데, 이는 곧 국가채무를 추가로 늘리지 않고 올해 세수부족분을 메우겠다는 의미다.

7위

김만배-신학림 인터뷰 … 국민의힘 "대선공작 게이트" 반발

9월 1일 검찰이 신학림 전 언론노조위원장이 화천대유자산관리 대주주 김만배 씨로부터 '윤석열 대통령의 부산저축은행 사건수사 무마의혹'에 대한 허위 인터뷰 대가로 억대금품을 수수한 정황을 포착했다며 강제수사에 나섰다. 서울중앙지검 반부패수사3부(강백신 부장검사)는 오전 신씨의 **배임***수재 및 청탁금지법 위반 혐의와 관련해 주거지와 그가 대표로 있는 서울 종로구 업체 사무실 등 총 2곳을 압수수색해 휴대전화, 노트북, 출판 관련 서류 등을 확보했다. 검찰에 따르면 뉴스타파 전문위원이던 신씨는 김씨와 공모해 20대 대선 직전 윤 대통령과 대장동 사업에 관한 허위인터뷰를 보도한 혐의를 받는다.

배임

타인의 사무를 처리하는 자가 그 임무에 위배하는 행위로써 재산상의 이익을 취득하거나 제3자로 하여금 이를 취득하게 하여 본인에게 손해를 가하는 범죄를 말한다. 이와 유사한 횡령은 타인의 재물을 보관하는 자가 그 재물을 부정하게 유용하거나 반환을 거부함으로써 성립하는 죄다.

검찰 "신학림, 김만배에 돈 받고 허위인터뷰 해"

검찰은 신씨 압수수색영장의 범죄사실에 "김씨로부터 '부산저축은행 수사 당시 대검 주무과장이던 윤석열이 대출브로커 조우형을 직접 면담하고 범죄혐의를 임의로 덮어주는 봐주기 수사를 했고, 대장동

사업과 관련해 성남시장이던 이재명의 과다한 요구 때문에 큰 어려움을 겪었다'는 자신의 인터뷰 형식의 발언을 대선 직전에 보도해달라는 취지의 청탁을 받았다"고 적시했다. 이후 사적 만남을 가장해 김씨를 인터뷰하면서 그의 발언을 녹취한 후 2021년 9월 20일 김씨로부터 청탁이행과 결부된 대가로 1억 6,200만원을 송금받았다는 것이 검찰의 판단이다. 이후 신씨는 대선을 사흘 앞둔 2022년 3월 6일 뉴스타파를 통해 김씨의 육성발언을 보도했다.

당시 뉴스타파는 2021년 9월 15일 경기 성남시 판교 소재 한 카페에서 김씨가 신씨와 나눈 대화가 담긴 1시간 12분 분량의 음성 녹음파일을 확보했다며 그 내용을 보도했다. 보도에는 김씨가 2011년 부산저축은행 수사 당시 조씨의 부탁으로 대검 중수2과장이던 윤 대통령에게 박영수 전 특별검사를 소개해 줬다는 내용이 담겼다.

화천대유자산관리 대주주 김만배

여당, 대선게이트 고발하고 진상조사단 꾸려

9월 6일 국민의힘 미디어정책조정특별위원회(미디어특위)와 가짜뉴스·괴담방지 특별위원회는 김씨와 신씨, 뉴스타파·KBS·MBC 소속 기자 7명 등 총 9명을 다음 날 오전 서울경찰청에 고발하기로 했다고 밝혔다. '허위인터뷰 보도로 당시 국민의힘 소속 대선후보였던 윤 대통령의 명예를 훼손했다는

것'이 고발 이유다. 두 특위는 "이 땅에 다시는 대선공작이 발붙일 수 없도록 끝까지 책임을 물을 방침"이라고 밝히고, 언론매체에 대한 추가 법적조치도 예고했다.

신학림 전 언론노조위원장

아울러 국민의힘은 인터뷰의 진상규명을 위해 당 차원의 진상조사단을 발족하기로 했다. 윤재옥 원내대표는 9월 7일 국회에서 열린 '대선공작 게이트' 긴급대책회의에서 "가짜뉴스 대선공작은 정치공작 전문가가 준비하고 조직적으로 실행한 범죄이고, 그 배후에 정치권이 있었다고 볼 수밖에 없다"고 밝혔다. 윤 원내대표는 "그 규모나 치밀성을 봤을 때 도저히 김만배 혼자서 한 일이라 볼 수 없다"며 "아무리 간 큰 범죄자일지라도 대선결과를 뒤바꿀 이런 대형 대선공작은 정치적 뒷배 없이는 생각할 수도 없고 실행할 수도 없다"고 지적했다.

한편 윤두현 국민의힘 미디어특위 위원장은 대책회의 후 질의응답에서 KBS, MBC 등 일부 언론사 기자와 설전을 벌였다. 한 기자가 "아직 의혹 수준인데 고발처리를 하는 것이 빠른 것 아니냐"고 묻자 윤 위원장은 "그 말이 논리적 타당성이 있냐"며 "조우형 씨가 인터뷰가 사실이 아니라고 하는데, 법원 판단까지 기다리느냐"고 반박했다. 윤 위원장은 '이번 고발조치로 자유로운 언론이 막힐 수 있다'는 다른 기자의 지적에 대해서도 "거짓말할 자유가 있나"라고 맞받아쳤다.

경찰에 고발장을 제출하는 윤두현 국민의힘 미디어특위 위원장

*8*위

120여 년 만의 대재앙 …
강진에 무너진 모로코

북아프리카 모로코 서남부에 연이은 강진으로 지진 발생 나흘 만에 사상자가 5,000명을 넘는 극심한 피해가 발생했다. 그러나 험준한 산세와 취약한 도로 여건이 구조대의 발목을 잡으면서 실종자 구조·수색 작업에 어려움을 겪고 있다.

규모 6.8 강진 … 마을이 통째로 사라져

9월 8일(현지시간) 오후 11시 11분쯤 모로코 마라케시 서남쪽 약 71km 지점에서 규모 6.8의 지진이 관측됐다. 미국 지질조사국(USGS)은 1900년대부터의 지진기록에 따르면 이번 지진이 지난 120여 년간 이 주변에서 발생한 가장 강력한 지진이라고 밝혔다. 모로코 지진역사를 통틀어서도 1960년 모로코 남서부 아가디르*에서 발생해 수천명의 사망자를 낳은 지진 이후 가장 강력한 수준이다.

아가디르 지진

1960년 2월 29일 모로코 아가디르에서 라마단 기간 중 셋째 날에 발생한 대지진이다. 규모 5.8이었고, 진원의 깊이가 15km밖에 되지 않아 큰 피해를 낳았다. 급속한 개발에 따라 급증한 수요를 맞추기 위해 대다수의 건물들이 내진설계를 하지 않은 상태로 건설된 탓에 피해가 컸다. 탈보르트의 거주자 5,000명 중 생존자는 10명 미만이었고, 도시의 소방서도 대다수 무너지면서 화재를 진입할 소방대원들이 부족해 결과적으로 도시의 약 70%가 폐허가 됐다.

현지 매체인 '알 아울라TV'가 인용한 모로코 내무부 발표에 의하면 지진 발생 사흘 만인 10일 오후 4시까지 2,122명이 숨지고 2,421명이 다친 것으로 잠정 집계됐지만, 다시 하루 만에 사상자가 5,000명을 넘어섰다. 벽돌과 석재를 이용해 전통방식으로 지어진 건물이 많아 지진에 취약한 탓에 사상자가 쏟아진 것이다. 진앙이 주민이 잠자리에 든 심야의 산악지대였던 데다가 진원이 깊지 않을수록 지표면에 전달되는 에너지가 커 피해규모가 크다는 것을 감안했을 때 진원의 깊이가 비교적 얕은 18.5km 깊이에서 지진이 발생한 것도 피해의 규모를 키웠다.

모로코 강진 피해전망

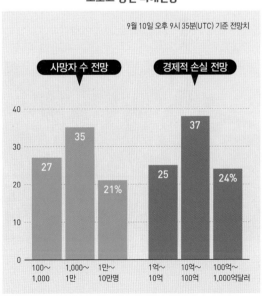

9월 10일 오후 9시 35분(UTC) 기준 전망치

자료 / 미국 지질조사국(USGS)

USGS는 이번 지진의 인명·경제 피해규모가 애초 예상보다 훨씬 증가할 것으로 보인다며 피해추정치 평가를 '적색경보'로 조정하고, 이번 재해로 인한 사망자가 1만명 미만일 가능성이 35%로 가장 높다고 분석했다. 이어 1만명을 넘어 10만명에 이를 가능성도 21%에 이르며, 10만명 이상이 될 확률은 6%라고 전망했다.

관광국 아성 무너질라 … 해외원조 외면·관광 재개

지진 충격이 가장 강했던 남부 산악지역에서는 산비탈에 세워진 건물들이 속수무책으로 무너져 내렸다. 일부 주민들은 전기와 전화가 끊기고 식품도 구하기 어려운 피해지역을 빠져나가기 위해 택시에 합승해 포장되지 않은 산악도로를 힘겹게 빠져나갔다고 에이피(AP) 통신은 전했다. 이들 피란인파가 피해상황을 파악하기 위해 이동하던 경찰차 등과 얽히면서 산악지역의 도로 곳곳이 마비되기도 했다. 이에 국제사회는 일제히 모로코 지진 희생자들에 애도를 표하고 지원을 약속했다. 특히 이웃나라 알제리와 지난 2월 강진으로 4만명 이상이 숨진 튀르키예는 즉각 강력한 연대감을 표시했다. 민간 구호단체들의 물자·인력 지원에 대한 약속도 쏟아졌다.

모로코 지진피해 수습현장

그런데 정작 모로코 정부당국이 대응에 소극적으로 나서면서 국내 여론은 물론 국제적으로 비난을 샀

다. 모로코 당국이 공식적인 지원요청을 하지 않아 곧장 파견될 태세를 갖췄던 일부 국제구호팀들이 마냥 모로코 정부의 공식 지원요청을 기다려야 했고, 피해지역에서는 장비가 없어 맨손으로 실종자들을 찾는 구조작업이 이어졌다. 이런 와중에 모로코 정부는 중세 역사도시 마라케시 관광을 재개했다.

이처럼 모로코 당국이 해외원조에 소극적인 이유는 자신이 스스로 재난을 극복할 수 있다는 것을 보여주기 위함이라는 분석이 나왔다. 인도주의단체 '기아대책행동'에서 근무했던 지리학 교수 실비 브루넬은 "모로코가 아프리카에서 신흥국으로서 권력의 지위를 열망하고 있다"면서 "모로코는 자신들이 수색과 구조를 위한 역량을 갖춘 것을 보여주고 싶어 한다. 가난한 국가인 것처럼 여겨지길 원치 않는다"고 말했다.

9위

이재명 대표 무기한 단식농성 … 폭정 막는 최후수단 vs 수사 막는 쇼

이재명 더불어민주당 대표는 8월 31일 "사즉생의 각오로 민주주의 파괴를 막아내겠다. 마지막 수단으로 오늘부터 무기한 단식을 시작한다"고 밝혔다. 이 대표는 이날 국회에서 연 당대표 취임 1주년 기자간담회에서 "오늘, 이 순간부터 국민의 한 사람으로서 무능 폭력정권을 향해 국민항쟁을 시작하겠다"고 말했다. 그는 윤석열 정권에 ▲ 민생 파괴·민주주의 훼손에 대한 대통령의 대국민 사죄 ▲ 일본 핵 오염수 방류에 반대입장 천명 및 국제 해양재판소 제소 ▲ 전면적 국정쇄신 및 개각단행 등을 요구했다.

이재명 더불어민주당 대표와 최고위원회

이 대표, "폭력정권 막을 다른 방법 없어"

이 대표는 9월 1일 무기한 단식농성과 관련해 "이것 외에는 할 수 있는 게 없다"고 말했다. 이 대표는 국회 본청 앞 단식투쟁 천막에서 열린 최고위원회의에서 "어제 많은 분이 이곳을 찾아주셨는데 '꼭 이렇게 해야 되느냐' 이런 말씀들이 많았다"며 "정권의 퇴행과 폭주 그리고 민생포기, 국정포기 상태를 도저히 용납할 수는 없는데 이 일방적인 폭력적인 행태를 도저히 그대로 묵과할 수는 없지만 막을 다른 방법도 없다"고 부언했다. 이어 "이게 정권만의 문제가 아니라 국민 삶의 문제, 민생문제, 정말 절박한 문제이기 때문에 그 고통에, 그 절망에 우리가 공감하고 함께하는 유일한 방법"이라며 "조금이라도 퇴행이 완화되고 정상적인 국정으로 돌아갈 수 있다면 할 수 있는 무슨 일이든지 다 하겠다"고 강조했다.

여당, '단식쇼'라며 십자포화 … 검찰은 출석 통보

한편 9월 1일 이 대표에 대해 국민의힘은 "방탄용 단식쇼", "국민모욕"이라며 십자포화를 퍼부었다. 윤재옥 원내대표는 국회에서 열린 원내대책회의에서 "사법처리 회피용 단식, 체포동의안* 처리를 둘러싼 내분차단용 단식, 당권사수를 위한 단식"이라며 "국회에서 해결해야 할 수많은 민생과제를 쌓아두고 뜬금없이 정기국회를 단식으로 시작한 것은 그야말로 국민에 대한 도전"이라고 했다. 이철규 사무총장은 "누가 봐도 자신의 범죄혐의에 대한 법치국가의 수사절차를 방해하는 방탄단식에 불과하다"고 비판했다.

국회의원 체포동의안

국회의원은 현행범인 경우를 제외하고는 회기 중에 국회의 동의 없이 체포 또는 구금되지 않는 등의 불체포특권을 갖는다. 법원에서 현역 국회의원의 구속이나 체포가 필요하다고 인정할 경우 체포동의요구서를 정부에 제출하고 정부는 다시 국회에 이를 넘긴다. 국회가 체포동의안을 표결에 붙이고 재적의원 과반수가 참석해 과반수가 찬성하게 되면 구속 전 피의자심문을 위해 해당 의원을 체포하게 된다.

이 대표가 단식에 돌입하면서 그의 재판일정도 차질이 예상됐고, 검찰도 조사를 위해 이 대표에게 출석을 재촉했다. 쌍방울 그룹의 대북송금 의혹을 수사 중인 검찰은 이 대표 측 변호인으로부터 12일 출석해 피의자 조사를 받겠다는 통보를 받았음에도 9월 9일 안으로 출석할 것을 6일 재통보했고, 이에 이 대표는 단식 중에도 9일 출석한 데 이어 재출석 통보에 따라 조율하지 않고 12일에도 6번째로 검찰에 출석했다.

이화영 전 경기도 평화부지사

쌍방울 대북송금 의혹은 김성태 전 쌍방울 그룹 회장이 2019년 이화영 전 경기도 평화부지사의 요청으로 경기도가 냈어야 할 북한 스마트팜 조성 지원사업비 500만달러를 비롯해 당시 북측이 요구한 경기도지사의 방북비용 300만달러 등 총 800만달러를 북한에 보냈다는 내용이다. 검찰은 당시 경기도지사였던 이 대표가 쌍방울의 대납에 관여한 것으로 보고 이 대표를 제3자뇌물 혐의로 입건했다. 한편 이 대표는 단식 19일째인 9월 18일 건강이 악화돼 앰뷸런스에 실려 인근 병원으로 이송됐다. 검찰은 이 대표가 병원에 이송됐음에도 형사절차는 별개라고 판단하고 신병확보를 위해 이날 구속영장을 청구했다. 이에 민주당 측은 "검사 독재정권의 폭거이자 잔인한 영장청구"라며 격양된 반응을 보였다.

더불어민주당 최고위원회의

10위

국민연금, 더 많이·더 늦게 낸다 …
보험료율 12~18%로 상향

국민연금 개혁안을 논의하는 정부 내 전문가위원회가 보험료율을 끌어올리고 연금지급 개시연령(수급시작연령)은 늦춘다는 내용의 보고서를 냈다. 보건복지부 산하 전문가위원회인 국민연금 재정계산위원회(재정계산위)와 기금운용발전전문위원회는 9월 1일 서울 코엑스에서 공청회를 열고 이런 내용의 '국민연금 제도개선 방향', '기금운용부문 개선사항' 보고서 초안을 공개했다.

국민연금 재정계산위원회 공청회

'더 많이·더 늦게·같은 수준'이 핵심

재정계산위는 '재정추계기간인 2093년까지 국민연금 적립기금이 소멸되지 않도록 한다'는 목표하에 보험료율, 연금지급 개시연령, 기금투자 수익률 등 3가지 변수에 대해 개혁시나리오를 제시했다. 기준소득월액에 대해 연금보험료를 부과하는 보험료율과 관련해서는 1998년 이후 계속 9%인 것을 12%, 15%, 18%로 각각 올리는 시나리오를 내놨다.

2025년부터 1년에 0.6%포인트(p)씩 5년간 올려 12%로, 10년간 15%로, 15년간 18%로 올리자는 것인데, 이렇게 되면 현재 2055년으로 예상되는 기금 소진 시점은 각각 2063년, 2071년, 2082년으로 늦춰진다. 연금지급 개시연령과 관련해서는 66세, 67세, 68세로 각각 늦추는 3가지 상황을 제시했다. 연금지급 개시연령은 2013년 60세였으나 2033년까지 5년마다 1살씩 늦춰져 65세까지 조정되는 중이다. 올해는 63세인데 2033년 이후에도 5년마다 1살씩 늦추자는 방안이다. 기금소진 시점은 지급개시연령이 66세면 2057년, 67세면 2058년, 68세면 2059년이 된다. 마지막으로는 국민연금 기금의 투자수익률을 현재보다 0.5%p, 1%p 상향시키는 경우도 상정했다. 각각 2057년, 2060년으로 기금소진 시점이 늦춰진다.

국민연금 제도개선방향

연금보험료율 조정시		
구분	수지적자 시점	기금소진 시점
현행 9%	2041년	2055년
12%(0.6p씩 5년간)	2047년	2063년
15%(0.6p씩 10년간)	2053년	2071년
18%%(0.6p씩 15년간)	2060년	2082년

※ ( ) : 2025년부터 적용

연금 지급개시연령 조정시		
구분	수지적자 시점	기금소진 시점
63세*	2041년	2055년
66세	2042년	2057년
67세	2043년	2058년
68세	2043년	2059년

* 2023년 연금지급 개시연령 63세, 2033년 65세

자료 / 국민연금 재정계산위원회, 기금운용발전전문위원회

소득대체율 빠지며 위원들 사퇴

재정계산위는 노후소득보장 방안으로 ▲ 소득활동에 따른 노령연금 감액제도 장기적 폐지 ▲ 유족연금 지급률(기본연금액의 40~60%) 60% 상향 ▲ 가입연령 상한과 수급 개시연령 순차적 일치 ▲ 출산 크레딧 첫째아 출산 적용 ▲ 군복무 크레딧 복무기간 전체 인정 등을 제안했다. 소득보장 강화의 핵심인 **소득대체율*** 부분은 논의가 파행을 겪다가 결국 제외됐다. 소득대체율 상향을 담은 시나리오를 '소수안'이라고 명시하려는 움직임에 일부 의원들이 반발했고, 결국 관련 부분을 보고서에 넣지 않기로 한 것이다.

이후 보장성 강화를 주장하는 위원 2명이 공청회를 하루 앞두고 사퇴했다. 사퇴 의원 중 한 명인 남찬섭 동아대 사회복지학과 교수는 9월 6일 국회 토론회에서 소득대체율 인상안이 빠진 국민연금 개혁안에 대해 "국민연금이 본질적으로 갖는 노후보장성 강화보다 재정안정을 강조했다"며 더 큰 효과를 발휘하기 위해서는 소득대체율을 인상해야 한다고 거듭 주장했다.

> **소득대체율**
>
> 연금 가입기간의 평균소득을 현재 가치로 환산한 금액대비 받게 될 연금액의 비율을 말한다. 연금의 보장성을 보여주는 지표로 국민연금은 40년을 기준으로 소득대체율을 정하고 있다. 월 연금수령액을 연금 가입기간의 월 평균소득으로 나눠서 구하는데, 만약 소득대체비율이 50%라면 연금 가입기간 평균소득의 절반 정도라는 의미이다.

윤석열정부의 국정과제인 기초연금 인상(30만원 → 40만원)과 관련해서는 수급액을 올리는 대신 현재 소득 하위 70%인 수급대상을 축소하는 쪽으로 방향을 잡았다. 또 기금운용발전전문위원회가 발표한 별도의 보고서에서는 국민연금공단 조직에서 실제 연금기금을 굴리는 부문을 따로 떼어내 공사(公社) 형태로 만들자는 제안도 나왔다. 다만 이와 관련해서는 자본시장의 논리에 따라 기금이 운용될 것이라는 우려가 많아 논란이 예상됐다. 복지부는 이들 보고서를 토대로 정부개혁안이 담긴 국민연금 종합운영계획을 만들어 10월 국회에 제출한다.

11위

2023 브릭스 확대 …
미국 주도 경제질서에 도전

브라질, 러시아, 인도, 중국, 남아프리카공화국 등 신흥 경제 5개국이 뭉친 브릭스(BRICS) 회원국 정상들이 8월 24일 특별 기자회견을 열고 11개국으로 회원국을 확대했다고 발표했다. 이로써 글로벌 경제의 지정학적 구도가 주요 7개국(G7)과 양분하는 모양새가 됐다.

사우디·UAE 등 가입, 11개국으로 세력 확장

이번에 브릭스 협력 메커니즘에 참여하도록 초대받은 국가는 사우디아라비아, 아르헨티나, 아랍에미리트(UAE), 에티오피아, 이란, 이집트다. 세계 최대 산유국인 사우디아라비아를 비롯해 중동 주요 산유국인 아랍에미리트(UAE)와 이란이 포함되고, 이집트와 에티오피아 등 아프리카 주요국과 **글로벌사우스***(Global South)에 속하는 아르헨티나가 합류하면서 거대한 세력을 형성했다는 평가를 받는다.

글로벌사우스

북반구의 저위도나 남반구에 위치한 아시아, 아프리카, 남미, 오세아니아의 개발도상국과 신흥국을 아울러 이르는 말이다. 미국, 유럽 등 북반구의 선진국을 일컫는 글로벌노스(Global North)와 대비되는 개념으로 1969년 미국의 정치활동가 칼 오글즈비가 베트남전쟁에 관해 "글로벌사우스에 대한 (노스의) 지배가 … 견딜 수 없는 사회질서를 만들어냈다"고 지적하면서 처음 등장했다. 오늘날에는 인도·사우디아라비아·브라질·멕시코 등 120여 개국이 글로벌사우스로 분류되며, 세계 2위 경제대국인 중국을 제외한 개도국의 의미로 쓰이기도 한다.

코로나19 대유행 이후 처음으로 대면방식으로 열린 제15차 브릭스 정상회의에서는 신규 회원국 가입논

의 외에도 포용적 글로벌 경제회복과 지속가능한 발전, 다극화된 세계에서 아프리카와 남반구 저개발국(글로벌사우스)과 상호이익 파트너십 강화 등에 대해 의견을 교환하고, 진보적 다자주의 강화, 글로벌 거버넌스 개혁, 평화 프로세스에서 여성역할 과소평가 문제 대응, 평화와 발전 환경 육성 방안 등 다양한 의제에 대해 논의한 결과를 담은 '요하네스버그 Ⅱ 선언문'을 채택했다.

브릭스 정상회의 참석한 회원국 대표들

브릭스는 회원국이 11개국으로 늘더라도 기존 5개 회원국 이름의 첫 알파벳을 딴 명칭은 유지할 가능성이 큰 것으로 전해졌다. 2009년 브라질, 러시아, 인도, 중국 등 4개국을 주축으로 하여 '브릭(BRIC)'으로 출범했고, 2010년 남아공이 가세하며 현재의 '브릭스(BRICS)'가 됐다. 유엔개발회의(UNCTAD)에 따르면 브릭스는 현재 5개 회원국만으로도 이미 전 세계 인구의 42%, 영토의 26%, 국내총생산(GDP)의 23%, 교역량의 18%를 차지한다.

'G7' 패권에 도전장

외연확장으로 신흥국·개도국의 세를 규합한 브릭스는 유엔 개혁 등 글로벌 거버넌스의 개혁을 촉구하고 나섰다. 유엔 안전보장이사회(안보리), G7 등

이 주도하는 현재의 국제질서를 신흥국·개도국의 목소리가 더 반영되도록 개편해야 한다는 주장이다. '요하네스버그 Ⅱ 선언문'에서 "유엔 안보리 회원국에서 개도국의 대표성을 높여 글로벌 도전에 적절히 대응할 수 있다"고 밝힌 것도 같은 맥락이다.

브릭스는 세계 무역시장에서 미국달러 중심의 결제구조를 바꿔야 한다고도 목소리를 높였다. 미국을 중심으로 한 서방과 중국·러시아와의 대립이 심화하면서 중러 등을 중심으로 시작된 탈(脫)달러 시도 연장선상의 논의다. '브릭스 공동통화 도입'은 시기상조라는 판단에 이번 정상회의의 공식의제에 포함되지 않았지만, 회원국들은 대신 회원국 간 역내 통화 활용을 늘리는 식으로 달러화 비중을 낮출 필요가 있다고 입을 모은 만큼 주요 석유 수출국과 수입국을 모두 회원으로 확보한 것을 바탕으로 석유시장의 달러지배력에 더 초점을 맞춰 대응할 것으로 보인다. 지난 1월 중국은 이미 미국달러화로만 원유를 사고파는 현 '페트로 달러' 체제에 반기를 들며 최대 원유 수입처인 사우디아라비아에 무역대금 결제용 위안화를 푼 바 있다.

브릭스 확장추세

기존 회원국	브라질, 러시아, 인도, 중국, 남아프리카공화국
신규 회원국	아르헨티나, 이집트, 에티오피아, 이란, 사우디아라비아, 아랍에미리트
공식 가입 요청국	6개국 포함 23개국
비공식 가입 희망국	40개국

브릭스 11개국 경제규모

국내총생산(GDP)	28.99%(종전 25.77%)
인구	46%(36억명 이상)
국토면적	지구 육상면적의 32%
글로벌 구매력 평가	21%(종전 18%)
석유매장량	44.35%

한편 브릭스 외연확장에 시진핑 중국 국가주석이 결정적 역할을 한 것으로 알려졌다. 경제·안보 분야에서 미국의 견제와 압박을 받는 중국과 우크라이나 전쟁에 따른 고립을 탈피하려는 러시아도 애초부터 브릭스 외연확장에 적극적이었다. 결국 이번 외연확장으로 사우디아라비아·아랍에미리트(UAE)·이집트가 미국과 대척점에 있는 중국·러시아와 밀착하게 됨으로써 지정학적 긴장이 한층 고조될 수 있다는 관측도 나온다.

12위

정부, 저출산대책 발표 …
다자녀혜택·주거지원 확대

국내 인구감소 및 저출산문제가 심각한 사회문제로 떠오른 가운데 중앙정부와 지방자치단체(지자체)가 저출산문제를 해결하기 위한 지원대책을 발표했다. 양육부담을 낮추고 일과 육아를 병행할 수 있도록 하겠다는 것이 핵심이다.

다자녀혜택 기준 3자녀 → 2자녀로

우선 정부와 지자체의 다자녀혜택 기준이 3자녀에서 2자녀로 완화된다. 만나이가 적용되는 제도에도 변화가 없다. 이는 대통령직속인 저출산고령사회위원회가 올해 3월 발표한 '저출산·**고령사회*** 정책과제·추진방향'에 맞춰 다자녀 가구의 양육부담을 실질적으로 낮춰줄 방안으로 고안된 것이다. 이에 따라 사회 관계 부처들의 다자녀혜택 기준도 3자녀에서 2자녀로 완화된다.

고령사회

국제연합(UN)은 65세 이상 인구가 전체 인구에서 차지하는 비율이 7% 이상이면 고령화사회로, 14~20%는 고령사회로, 20%를 넘으면 초고령사회로 구분한다. 통계청에 따르면 우리나라는 2001년 65세 이상 인구비율이 7.2%로 '고령화사회'에 진입한 데 이어 2018년 14.4%로 '고령사회'로 들어섰으며, 2025년에는 20.6%로 '초고령사회'에 들어설 전망이다.

국토교통부는 공공분양주택 다자녀 특별공급(특공) 기준을 올해 말까지 2자녀로 바꾸고, 민영주택의 특공기준 완화도 검토할 예정이다. 행정안전부는 그간 3자녀 가구에만 제공하던 자동차취득세 면제·감면 혜택을 2자녀 가구에 제공할 수 있도록 지방세특례제한법을 정비할 계획이다. 문화체육관광부는 국립극장과 박물관 등 국립문화시설의 다자녀 할인혜택 기준을 2자녀로 통일하고, 우대카드 외에 가족관계증명서 등도 증빙서류로 허용할 예정이다. 전시를 관람할 때 영·유아 동반자가 우선 입장할 수 있는 신속처리제(패스트트랙) 도입도 검토한다. 교육부는 초등돌봄교실 지원대상에 다자녀 가구를 포함하고, 여성가족부는 아이돌봄서비스 본인부담금을 자녀수에 따라 추가할인하여 양육부담을 덜어줄 방침이다.

지자체들도 다자녀혜택 확대에 힘을 보탠다. 각 지자체는 3자녀 이상 가구의 셋째 자녀부터 주로 지원하던 초·중·고 교육비를 2자녀 가구, 혹은 첫째 자녀부터 지원하는 방향으로 개선할 방침이다. 부산시와 대구시는 조례를 개정해 올해 10월과 내년 1월부터 다자녀 기준을 2자녀로 바꾼다. 이에 따라 전국 17개 광역자치단체의 다자녀 기준이 사실상 '2자녀'로 통일된다.

정부 다자녀 혜택 3자녀 → 2자녀 기준 완화

전국	전국 17개 광역자치단체 다자녀 기준 2자녀로 통일 예정
특별공급	공공분양주택 다자녀 특별공급 기준 2자녀로 조정 및 민영주택 특공 기준 완화 검토
자동차 취득세	면제·감면 혜택 2자녀 가구에 제공(관련 법 정비 예정)
국립문화시설 (국립극장·박물관)	다자녀 할인혜택 기준 2자녀로 통일, 영유아 동반자 전시 관람 우선입장 신속처리제(패스트트랙) 도입 검토
초등돌봄교실	지원대상에 다자녀 가구 포함
아이돌봄서비스	자녀수에 따라 본인부담금 추가할인

자료 / 교육부

육아휴직 늘리고 주거도 지원

또한 일·육아 병행을 위해 육아휴직 급여기간을 12개월에서 18개월로 확대하고, 부모가 공동휴직시 급여 인센티브를 월 최대 450만원으로 확대한다. 육아를 위한 근로시간 단축이 적용되는 자녀 연령은 만 8세에서 만 12세로 확대하고, 기간도 최대 36개월까지 가능하도록 한다. 중소기업에서도 일·육아 병행이 활성화되도록 근로시간 단축에 따른 업무분담자에게 사업주가 일정보상을 지급하도록 지원하는 '업무분담 지원금(월 20만원)'을 신설한다.

주거 면에서는 혼인 여부와 무관하게 출산가구에 대해 주택 구매자금 대출 소득기준을 현행 신혼부부 기준 7,000만원 이하에서 1억 3,000만원까지로 대폭 완화하고, 주택구입과 전세자금 모두 금리는 최저금리 수준으로 우대한다. 출산가구에 대한 주택공급은 공공분양 3만호, 임대 3만호, 민간분양 1만호까지 포함해 연 7만호 정도를 공급할 예정이다. 출산가구 양육비용 경감을 위해 만 0세, 1세 아동 가정에 지급되는 부모급여액은 각각 월 70만원에서

100만원으로, 월 35만원에서 50만원으로 상향된다. 자녀당 200만원씩 바우처 형식으로 지원하던 출산지원금 '첫 만남 이용권'은 첫째는 200만원, 둘째 이상은 300만원으로 차등·확대 지원하기로 했다.

권익위, '명절 농축산물 선물' 20만→30만원 상향 의결

국민권익위원회(권익위)가 공직자 등이 주고받을 수 있는 명절 농수산물·농수산가공품 선물가격 상한을 기존 20만원에서 30만원으로 상향조정하기로 했다. 여기에 농·축·수산물로 교환할 수 있는 온라인상품권(기프티콘)과 영화, 연극. 스포츠 등 문화관람권도 선물 가능한 상품에 포함된다.

권익위, 농축산물 선물가격 10만 → 15만원 상향

권익위는 8월 21일 정부세종청사에서 진행한 전원위원회(전원위) 회의에서 이 같은 내용의 '부정청탁 및 금품 등 수수의 금지에 관한 법률(청탁금지법, 김영란법*)' 시행령 개정안을 참석위원 11명 만장일치로 의결했다고 밝혔다. 공직자 등이 직무 관련자와

주고받을 수 있는 농축산물 가격을 기존 10만원에서 15만원으로 올리는 것이 이번 개정안의 주요 내용이다. 이로써 평상시 선물가액의 2배로 설정된 '명절 선물' 가액상한은 현행 20만원에서 30만원으로 올라간다. 이상기온과 집중호우, 고물가, 수요급감 등으로 어려움을 겪는 농·축·수산업계와 문화예술계를 지원한다는 취지다. 이처럼 2배가 가능한 명절선물 가능기간은 '설·추석 전 24일부터 설·추석 후 5일까지'다.

> **김영란법**
>
> 2015년 3월 27일 '부정청탁 및 금품 등 수수의 금지에 관한 법률'로 제정됐으며 줄여서 '청탁금지법'이라고도 한다. 2012년 김영란 당시 국민권익위원회 위원장이 공직사회 기강을 확립하기 위해 법안을 발의했다는 의미에서 '김영란법'으로 불린다. 크게 금품수수 금지, 부정청탁 금지, 외부강의 수수료 제한 등의 세 가지 축으로 구성돼 있으며, 금품을 받은 공직자뿐만 아니라 청탁을 한 사람도 과태료가 부과된다.

권익위는 또 김영란법 적용대상인 선물범위(최대 5만원)에 온라인·모바일 상품권과 영화, 연극, 공연, 스포츠 등 문화관람권도 포함하기로 했다. 현행법상 상품권 등 유가증권은 선물범위에서 모두 제외되는데, 최근 비대면선물 문화를 반영해 일부 허용하겠다는 취지다. 다만 현금화할 수 있어 사실상 금전과 유사한 성격을 가지고 있는 백화점상품권 등 금액상품권은 포함되지 않는다.

농축수산단체, "선물 상한액 상향 환영"

한편 권익위가 지난해 11월 국민 4,482명을 상대로 실시한 국민인식도 조사결과 청탁금지법이 우리 사회에 긍정적인 영향을 미친다는 답변이 91.2%로 나타났다. 그러나 사회·경제 현실 상황을 따라가지 못하는 규제가 민생활력을 저하시킨다는 우려의 목소리도 제기돼왔다고 권익위는 설명했다. 정승윤 권익위 부위원장 겸 사무처장은 정부세종청사 브리핑에서 "전원위 위원들은 '청탁금지법'이 지닌 공정·청렴의 가치를 견지한 가운데 변화하는 사회·경제적 상황, 비대면선물 문화 등 국민의 소비패턴 등과 유리된 규제를 합리적으로 조정하는 법령개정이 필요하다는 데 의견을 모았다"고 설명했다.

청탁금지법 시행령 개정안을 발표하는 민·당·정 협의회

권익위는 앞선 8월 18일 농·축·수산업계와 문화·예술계 대표, 농림축산식품부, 해양수산부, 문화체육관광부 등 정부부처 관계자와 국민의힘이 참석한 민·당·정협의회에서 업계와 여당의 청탁금지법 개정 요구를 듣고 시행령 개정을 서둘렀다. 이에 따라 명절 농축산물 선물가격은 작년 설부터 기존 10만원에서 20만원으로 상향조정된 것에 이어 약 1년 반 만에 또다시 오르게 됐다. 다만 현재 3만원으로 규정된 식사비 한도를 5만~10만원으로 올리는 방안은 이번에 논의되지 않았다. 권익위 관계자는 "식사비 조정은 각계의 의견을 수렴해 차후 개정을 검토할 것"이라고 말했다.

정부의 이러한 방침에 대해 농축수산단체는 일제히 환영의 뜻을 나타냈다. 농협과 농민단체는 이번 조치로 농축산물 판매가 확대되고 농업인 소득이 늘어날 것으로 보고 있다. 전국한우협회, 대한한돈협회, 대한양계협회 등이 참여하는 축산관련단체협의회 역시 성명을 내고 "자연재해로 인한 피해상황과 내수경제 위축을 고려한 권익위의 이번 조치는 명절기

간 농축수산업계에 큰 힘이 될 것"이라고 밝혔다. 수산업계에서도 수산물 소비가 증진될 것이라며 환영했다.

*14*위

윤 대통령, 아세안 정상회의 참석 ⋯ 북중러 위협에 맞선 한미일 강조

윤석열 대통령이 9월 5일부터 5박 7일 일정으로 아세안*(ASEAN, 동남아시아국가연합) 관련 정상회의와 주요 20개국(G20) 정상회의 참석 등을 위해 인도네시아와 인도를 연달아 방문했다. 윤 대통령의 이번 아세안 정상회의 참석은 한·인도네시아 수교 50주년을 맞아 조코 위도도(조코위) 대통령 초청에 따른 공식 방문이다. 윤 대통령은 인도네시아 일정을 마무리한 뒤 다음 순방지인 인도 뉴델리로 이동, G20 정상회의에 참석했다.

아세안

동남아시아의 정치·경제·문화 공동체로 매년 정상회의를 개최한다. 1967년 태국 방콕에서 창설되어 동남아시아 지역의 경제적·사회적 기반 확립과 각 분야에서의 평화적·진보적인 생활수준의 향상을 목적으로 하며 EU의 규모에 준하는 정치·경제 통합체를 지향하고 있다.

한미일 인태전략에 아세안 협력 요청

윤 대통령은 9월 6일(현지시간) 인도네시아 자카르타 컨벤션센터(JCC)에서 개최된 아세안 정상회의 모두발언에서 "캠프 데이비드 정상회의를 계기로 한미일 협력의 새 시대가 열렸다"며 "한미일은 아세안이 주도하는 지역구조에 대한 지지를 바탕으로 각국의 인태(인도·태평양)전략을 조율하고, 신규 협력 분야를 발굴해 나아가기로 했다"고 밝혔다.

또한 윤 대통령은 이어진 비공개회의에서 "국제사회 평화를 해치는 북한과의 군사협력 시도는 즉각 중단 돼야 한다"고 발언했다. 아울러 "어떠한 유엔 회원국도 불법 무기거래 금지 등 유엔 안전보장이사회(안보리)가 규정한 대북제재 의무를 저버려서는 안 된다"고 강조했다. 김정은 북한 국무위원장이 북러 간 무기거래를 논의하기 위해 러시아를 방문, 블라디미르 푸틴 러시아 대통령과 정상회담을 할 계획이라는 외신보도가 잇따르고 미국 백악관이 사실상 이를 인정한 가운데 나온 언급이다. 러시아를 명시하지 않았지만, 북러의 군사공조 강화 움직임을 명백히 불법으로 규정하며 강하게 견제하는 발언으로 풀이된다.

동아시아정상회의에 참석한 윤석열 대통령

윤 대통령은 9월 7일(현지시간) 동아시아정상회의에 참석한 자리에서도 "북한은 유엔 안보리로부터 가장 엄격하고 포괄적인 제재를 받고 있고 모든 유엔 회원국은 제재결의를 준수해야 한다"며 "그러한 결의안을 채택한 당사자인 안보리 상임이사국의 책임은 더욱 무겁다"고 강조했다. 안보리 상임이사국(러시아, 미국, 영국, 중국, 프랑스) 일원임에도 지속적인 거부권 발동으로 추가 대북제재를 가로막고, 기존 제재의 이행에도 미온적인 중국과 러시아를 겨냥한 발언으로 해석됐다. 이날 회의에는 중국과 러시아에서 각각 리창 총리와 세르게이 라브로프 외무장관이 참석해 윤 대통령 발언을 지켜봤다.

아세안+3 정상회의 기념촬영

북한 제재 요구, 한중일 소통재개는 촉구

윤 대통령은 한중일 간의 소통재개를 언급하기도 했다. 그는 9월 6일(현지시간) 아세안+3(한중일) 정상회의에서 "이른 시일 내 한일중 정상회의를 비롯한 3국 간 협력 메커니즘을 재개하기 위해 일본, 중국 정부와 긴밀히 소통해 가고자 한다"고 말했다. 또한 "최근 한일관계 개선을 통해 한미일 3국 협력의 새로운 장이 열렸듯이 한일중 3국 협력의 활성화는 아세안+3 협력의 새로운 도약을 위한 발판이 될 것"이라고 밝혔다. 이날 회의에는 의장국인 인도네시아를 비롯한 아세안 9개 회원국과 윤 대통령, 기시다 후미오 일본 총리, 리창 중국 총리가 각각 참석했다.

그러나 아세안 주요 20개국(G20) 가운데 중요하게 협력해야 할 1위 국가가 중국이어서 근본적으로 중국을 겨냥한 인태전략에 아세안이 협력할지는 미지수다. 또한 아세안 최대시장인 인도네시아, IT기업 투자처로 주목받는 베트남, 높은 성장성이 예상되는 필리핀 등 성장 잠재력이 높은 국가들로 구성된 아세안 지역이 미·중 패권전쟁으로 인한 세계경제 양극화 시대에서 몇 안 되는 수혜지역인 만큼 미국 구상의 신냉전구도에 협력할 가능성은 매우 낮다. 또한 중국을 겨냥한 인태전략을 강조하면서 북한 제재에 중국의 역할과 한중일 소통재개를 강조한 것은 어불성설이라는 비판이 나온다.

15위

100달러 향하는 유가 …
스태그플레이션 우려 고조

지난 9월 초 국제유가가 10개월 만에 배럴당 90달러(브렌트유·두바이유 선물 기준)를 돌파했고 향후 100달러를 넘어설 수 있다는 전망도 나오면서 인플레이션(물가상승)과 전쟁을 벌이고 있는 각국 경제에 경고음이 들어왔다.

연내 국제유가 100달러 넘나

9월 6일(현지시간) 뉴욕상업거래소에서 10월 인도분 서부 텍사스산 원유(WTI) 선물가격은 배럴당 87.54달러에 장을 마쳤고, 런던 ICE선물거래소에서 11월분 브렌트유 선물종가는 0.56달러(0.62%) 오른 90.60달러였다. 직전 거래일에 지난해 11월 이후 10개월 만에 처음으로 종가 기준 90달러를 넘긴 브렌트유 선물가격은 이날 장중 91.15달러를 기록하기도 했다.

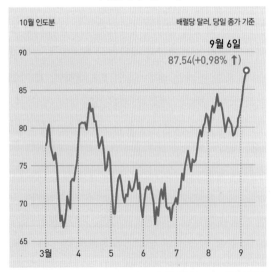

국제유가 추이(WTI)

10월 인도분 / 배럴당 달러, 당일 종가 기준

9월 6일
87.54(+0.98% ↑)

자료 / 뉴욕상업거래소, ICE선물거래소

국제유가는 경제활동 둔화로 수요가 급감했던 팬데믹 시기에 하락했다가 작년 2월 러시아–우크라이나 전쟁 후 크게 뛰었다. 전쟁 발발 후 여러 차례 배럴당 120달러를 돌파했던 유가는 각국의 금리인상과 함께 원유 수요감소 전망이 나오면서 진정되기 시작했다. 그러나 석유수출국기구(OPEC), OPEC+(OPEC플러스) 등의 감산지속으로 공급이 부족해질 것이라는 예상이 이어지면서 지난 6월 하순부터 상승세를 탄 상황에서 최근 **러시아와 사우디아라비아의 원유감산 연장결정***으로 공급감소 우려가 더욱 커진 것이 유가상승의 동력으로 작용했다.

러시아·사우디 원유감산 연장

9월 5일 OPEC+를 주도하는 사우디아라비아가 자국의 석유 의존도를 줄인다는 국가비전 아래 애초 9월까지였던 하루 100만배럴의 자발적 원유감산을 2023년 연말까지 연장한다고 한 데 이어 같은 날 러시아도 원유시장의 안정과 균형을 유지하기 위해서라는 명목으로 하루 30만배럴 자발적 수출 축소을 연말까지 연장한다고 발표했다. 두 국가의 결정으로 연말까지 글로벌 원유시장에서 하루 최소 130만배럴의 공급이 증발하게 됐다.

월가 일부에서는 **이번 유가상승세가 더 지속돼 배럴당 100달러를 넘어설 수 있다는 전망**도 내놨다. 골드만삭스는 최근 보고서에서 브렌트유가 배럴당 100달러를 웃돌 가능성이 있다고 내다봤다. DB금융투자의 한승재 연구원은 "사우디 국영 석유업체 아람코의 성공적인 주식매각을 위해서는 고유가가 유리하며 (사우디의) 감산 역시 지속될 수밖에 없다"고 어두운 전망을 내놨다.

인플레이션에 스태그플레이션까지 비상

문제는 유가상승이 인플레이션 전망에 악영향을 준다는 것이다. 세계경제의 흐름을 좌우하는 미국의 경우 작년 6월 9.1%로 정점을 찍었던 소비자물가지수(CPI)가 7월에는 3.2%로 떨어졌지만, 유가가 상승하면 다시 불안해질 수밖에 없다. 유럽은 더 불안하다. 유로존(유로화 사용 20개국)의 8월 소비자물가는 5.3%(속보치 기준)로 비교적 높은 편이다. 유럽 경제규모 1위인 독일의 8월 물가상승률은 6.4%로 이보다 더 높았고, 영국의 7월 소비자물가 상승률도 6.8%로 진정되지 않은 상황이다.

물가는 금리 등 통화정책과도 밀접한 관계가 있다. 고유가로 인해 물가상승이 이어지게 되면 각국의 중앙은행도 긴축기조의 기존 통화정책을 유지할 수밖에 없게 된다. 기준금리를 낮춰 경기를 부양하는 식의 정책 도입은 고려하기 어렵기 때문이다. 제롬 파월 미국 연방준비제도(Fed, 연준) 의장도 지난 8월 25일 "물가상승률이 목표 수준으로 지속해서 하락하고 있다고 확신할 때까지 긴축적인 수준에서 통화정책을 유지할 것"이라고 밝힌 바 있다.

국제유가 추이(브렌트유)

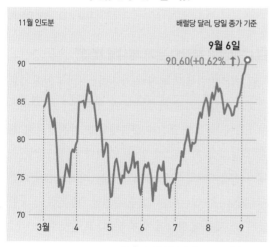

자료 / 뉴욕상업거래소, ICE선물거래소

다만 물가가 들썩여도 각국 중앙은행이 쉽사리 금리인상 카드를 꺼내기 어렵다는 분석도 있다. 이미 지난 2년간 꾸준히 금리를 올려온 탓에 추가 인상 여지가 별로 없는 데다 이미 기업과 가계의 대출이자 부담이 커질 대로 커진 상황이라는 것이다.

우리나라도 만만찮은 상황이다. 한국무역협회에 따르면 원유 등 원자재 가격이 10% 상승하면 기업의 생산원가는 평균 0.43% 상승하게 된다. 이로 인해 산업계는 원가와 물류비 부담이 커지는 등 채산성 악화에 시달리게 된다. 유가상승 관련 수혜업종으로 꼽히는 정유업계도 단기적으로는 재고 이익이 늘어날 수 있지만, 고유가 장기화는 오히려 수요 위축을 낳는 악재로 작용한다. 더욱이 유가상승분이 소비자 제품가격으로 전이되면 가계의 부담도 더욱 커지면서 소비자의 실질구매력을 감소시키면 국내 경제 회복에도 걸림돌이 될 수밖에 없다. 특히 수출과 원유에 대한 의존도가 높은 한국경제에 유가상승은 큰 부담이다. 일각에서는 11개월째 수출이 감소한 가운데 민간소비마저 위축된 한국경제가 스태그플레이션에 빠져들 수 있다는 경고도 나온다.

EU, '빅테크 특별규제' 명단 발표 … 삼성은 제외

애플, 구글, 메타 등 6개사가 내년부터 유럽연합(EU) 역내에서 우월적 시장지위 남용을 방지하기 위해 시행되는 '특별규제'를 받게 됐다. 당초 유력한 후보군 중 하나로 거론된 삼성전자는 유일하게 최종 명단에서 제외됐다.

기업들, 자사 서비스 유도 금지·앱스토어 개방해야

EU 집행위원회는 내년부터 본격 시행될 **디지털시장법***(DMA)상 특별규제를 받는 대형플랫폼 사업자를 의미하는 '게이트키퍼(Gatekeeper)' 기업 6곳을 확정했다고 9월 6일(현지시간) 밝혔다. EU는 게이트키퍼 기업에 대한 더 엄격한 규제를 적용함으로써 해당 기업들이 우월한 시장지배력을 이용해 진입장벽을 높이고 공정경쟁 환경을 저해하던 관행을 원천 차단하겠다는 구상이다. 6개사는 알파벳, 아마존, 애플, 바이트댄스, 메타, 마이크로소프트(MS)로 이들이 제공하는 SNS 플랫폼, 앱스토어, 운영체제(OS) 등 총 22개 주요 서비스가 규제대상이다.

디지털시장법

유럽연합(EU)이 빅테크기업의 시장지배력을 억제하고 반경쟁행위를 규제하기 위해 마련한 법안이다. 법안에 따르면 소비자와 판매자 간 일종의 관문 역할을 하는 거대플랫폼 사업자의 시장지배력 남용을 방지하고자 일정한 규모의 플랫폼 사업자를 게이트키퍼로 지정해 규제하는 내용이 담겼다. EU는 유해콘텐츠 검열 의무를 규정한 '디지털서비스법(DSA)'과 함께 플랫폼의 독점력 악용을 방지하겠다는 취지로 도입을 적극 추진했다.

게이트키퍼로 지정된 기업은 자사 서비스를 통해 획득한 이용자의 개인정보를 다른 서비스 사업 시 '교차활용'하는 것이 엄격히 금지되며, 반드시 이용자 동의를 받아야 한다. 또 구글이나 애플의 경우 기존에 자사 앱스토어에서만 이용할 수 있는 앱을 상호 간 내려받을 수 있도록 개방해야 한다. 해당 기업들에게는 이날부터 약 6개월간 DMA를 준수할 수 있도록 일종의 유예기간이 부여되며, 본격 규제는 내년 3월부터다. 의무 불이행 시 전체 연간 매출액의 최대 10%의 과징금이 부과될 수 있으며, 반복적인 위반이 확인되면 과징금이 최대 20%까지 상향 조정될 수 있다. 아울러 '조직적인 침해(Systematic Infringements)'로 간주되는 경우 집행위가 해당 기업이 사업부문 일부를 의무적으로 매각하도록 하는 등 더 강력한 제재도 할 수 있다고 EU는 예고했다.

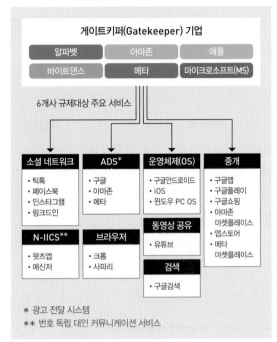

EU, 빅테크 특별규제 6개사 확정

게이트키퍼(Gatekeeper) 기업

알파벳	아마존	애플
바이트댄스	메타	마이크로소프트(MS)

6개사 규제대상 주요 서비스

소셜 네트워크	ADS*	운영체제(OS)	중개
• 틱톡 • 페이스북 • 인스타그램 • 링크드인	• 구글 • 아마존 • 메타	• 구글안드로이드 • iOS • 윈도우 PC OS	• 구글맵 • 구글플레이 • 구글쇼핑 • 아마존 마켓플레이스 • 앱스토어 • 메타 마켓플레이스

N-IICS**	브라우저	동영상 공유
• 왓츠앱 • 메신저	• 크롬 • 사파리	• 유튜브

		검색
		• 구글검색

* 광고 전달 시스템
** 번호 독립 대인 커뮤니케이션 서비스

자료 / EU 집행위원회

EU "삼성은 정당한 논거 제시해 제외"

이날 최종명단에서 빠진 삼성전자는 앞서 지난 7월 갤럭시 휴대전화에 탑재된 삼성 웹브라우저 서비스가 EU에 정량적 요건을 충족한다고 자진신고해 포함 가능성이 제기된 바 있다. 그러나 EU는 삼성 측에서 시장지배력 남용 우려가 있는 게이트키퍼 요건에 충족하지 않는다는 것과 관련한 "충분히 정당한 논거"를 제공해 명단에서 제외했다고 전했다.

EU는 향후 규제대상 플랫폼 및 서비스를 추가할 가능성도 열어놨다. 집행위는 MS 검색엔진인 빙(Bing), 브라우저 에지(Edge), MS 광고서비스와 애플의 아이메시지(iMessage) 서비스에 대해서는 DMA 요건에 해당하지 않는다는 각 기업의 주장이 합당한지 판단하기 위해 세부심사에 돌입했다고 설

명했다. 늦어도 5개월 이내에 심사를 끝내고 추가지
정 여부를 결정한다는 계획이다. 여기에 집행위는
애플의 아이패드 OS의 경우 정량적 요건은 충족하
지 않지만, 규제해야 하는지 평가하기 위한 조사도
별도로 개시했다고 전했다.

이날 최종명단에 포함된 기업들은 즉각 우려를 표명
했다. 애플은 "우리는 DMA가 이용자들에게 가하
는 사생활침해와 데이터보안 위험에 크게 우려하고
있다"며 "우리는 이러한 영향을 어떻게 최소화할지
에 초점을 둘 것"이라고 말했다고 AFP 통신이 전했
다. 규제대상 기업들이 지정철회를 위해 EU를 상대
로 줄소송에 나설 가능성도 제기된다. 중국 SNS 플
랫폼인 바이트댄스의 틱톡은 대변인 명의 성명에서
"유럽에서 공정한 경쟁의 장을 조성하겠다는 DMA
의 목표는 지지하지만, 이번 결정에 근본적으로 동
의하지 않는다"고 불만을 표출했다. 이어 "이번 결
정에 앞서 시장조사가 전혀 이뤄지지 않았다는 점이
매우 실망스러우며, 우리의 향후 조처를 검토하고
있다"고 말했다.

17위

집속탄에 '더러운 폭탄'까지 …
우크라로 향하는 죽음의 무기

미국이 토니 블링컨 국무장관의 우크라이나 방문을
계기로 러시아 침공에 맞선 우크라이나의 전쟁수행
을 돕는다는 명목으로 10억달러(약 1조 3,000억원)
이상 규모의 추가 지원계획을 밝혔다. 그러나 여기
에 열화우라늄탄도 포함돼 있어 러시아의 강한 반발
을 사고 있다.

미국, 게임체인저로 열화우라늄 선택

AFP와 로이터통신 등에 따르면 블링컨 장관은 9월
6일(현지시간) 우크라이나 수도 키이우에서 드미트
로 쿨레바 우크라이나 외무장관과 진행한 공동기자
회견에서 6억 6,550만달러(약 8,871억원)의 군사
및 민간 안보지원을 포함해 우크라이나에 10억달러
이상의 지원을 할 것이라고 밝혔다. 블링컨 장관은
"(우크라이나군이) 진행 중인 반격에서 최근 몇 주간
진전이 있었다"며 "추가적인 지원이 현재진행 중인
반격에 추진력을 더하는 데 도움이 될 것"이라고 말
했다.

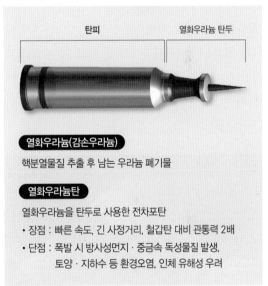

열화우라늄탄

탄피 / 열화우라늄 탄두

열화우라늄(감손우라늄)
핵분열물질 추출 후 남는 우라늄 폐기물

열화우라늄탄
열화우라늄을 탄두로 사용한 전차포탄
• 장점 : 빠른 속도, 긴 사정거리, 철갑탄 대비 관통력 2배
• 단점 : 폭발 시 방사성먼지·중금속 독성물질 발생,
토양·지하수 등 환경오염, 인체 유해성 우려

개전 이후 미국이 이 무기를 우크라이나에 제공하는
것은 이번이 처음이다. 지난 3월, 영국이 우크라이
나에 철갑탄(전차를 뚫을 수 있는 포탄)을 제공하겠
다고 밝혔을 당시만 해도 미국 국방부 대변인은 "미
국은 우크라이나에 열화우라늄 관련 군수품은 그 어
느 것도 지원하지 않겠다"고 밝힌 바 있다. 그러나
이번에 지원을 결정한 데는 지난 6월에 시작된 대반
격*에서 러시아의 요새화된 방어선을 돌파하도록 지
원하겠다는 취지로 보인다.

2023년 6월 러시아군이 점령하고 있는 동부 돈바스 및 남부 헤르손주, 자포리자주, 크림반도 점령지에 대한 우크라이나군의 대대적인 탈환·공세 작전을 말한다. 실상 모든 보급을 서방측에 기대고 있는 상황에서 서방의 지원이 끊겨 러시아에 해당 지역을 점유한 채 전쟁이 끝날 가능성이 높아지자 우크라이나정부가 전선의 고착을 막고 조속한 영토탈환을 위해 펼친 총공세다. 그러나 석 달이 넘도록 성과 없이 피해만 커지고 있어 특별한 변수가 생기지 않는 한 사실상 이번 공세가 실패할 것이라는 평가가 지배적이다.

방사성 피폭 등 인체 유해성 꾸준히 논란

러시아는 이번 미국의 열화우라늄탄 지원을 강력하게 비판하고 나섰다. 세르게이 랴브코프 러시아 외무부 차관은 9월 7일(현지시간) 키르기스스탄 비슈케크에서 열린 '핵 비확산체제 강화' 세미나에서 미국의 열화우라늄탄 제공 결정을 두고 "전투 지역에서 이런 종류의 탄을 사용할 경우 환경적 결과에 대한 미국의 무관심을 반영한 것"이라며 "범죄행위"라고 비난했다.

폐허가 된 우크라이나 보로디안카 지역

열화우라늄탄은 우라늄 농축과정에서 발생한 우라늄 폐기물(열화우라늄)을 탄두로 만든 대전차용 포탄이다. 먼 거리에서 적의 장갑차나 전차의 철판을 뚫는 등 철갑탄에 비해 관통력이 2배 이상 강하지만, 폭발과정에서 방사성먼지와 독성물질을 발생시켜서 '더러운 폭탄(Dirty Bomb)'이라고 불린다. 실제로 열화우라늄탄은 핵분열 연쇄반응을 일으키지

않아 핵무기로는 분류되지 않지만, 우라늄 235를 포함하고 있어 방사성 피폭 등 인체 유해성과 핵 오염 논란이 끊이지 않고 있다. 특히 열화우라늄은 매우 무거운 중금속이어서 화학적 독성이 강하고, 토양이나 지하수를 오염시킬 우려도 있다. 걸프전 당시 미군 사이에 퍼진 이른바 '걸프전증후군'의 원인도 열화우라늄탄이라는 주장이 제기되고 있는 상황이다. 그러나 미국은 열화우라늄탄이 재래식 폭탄 정도의 피해밖에 주지 않는다고 주장하고 있다.

한편 미국은 카린 장-피에르 백악관 대변인이 브리핑을 통해 열화우라늄탄 외에도 고속 기동 다연장 로켓인 하이마스 로켓발사시스템(고속 기동 포병 다연장 로켓시스템), 대전차 공격용 재블린 미사일, 에이브럼스 탱크 등이 지원품목 목록에 포함됐다고 밝혔다. 러시아의 침공 이후 우크라이나 땅에서는 백린탄, 테르밋 소이탄, 집속탄 등 비인도적 살상무기가 무차별적으로 사용돼왔다. 게다가 러시아는 "서방 집단이 핵을 포함한 무기를 사용한다면 러시아는 상응하게 대응할 것"이라고 응수한 와중에 열화우라늄탄까지 전쟁에 투입됨에 따라 핵재앙에 대한 우려까지 더하게 됐다.

18위

법무부, 가석방 없는 무기형 추진 … 인권침해 우려 커져

법무부는 8월 4일 "흉악범죄에 대한 엄정대응을 위해 '가석방*'을 허용하지 않는 무기형'을 형법에 신설하는 방안을 검토하고 있다"고 밝혔다. 법무부는 이날 언론공지에서 "미국 등과 같이 가석방을 허용하지 않는 무기형을 사형제와 병존해 시행하는 입법례

등을 참조해 헌법재판소의 사형제 존폐 결정과 무관하게 형법에 가석방을 허용하지 않는 무기형을 도입하는 것을 추진할 예정"이라고 밝혔다. 법무부는 법원이 무기형을 선고하는 경우 가석방이 허용되는지 여부를 함께 선고하도록 하고 가석방이 허용되는 무기형을 선고한 경우에만 가석방이 가능하게 하는 내용의 형법 개정안을 8월 14일 입법예고했다.

가석방

진보적인 제도 중의 하나로 수형자의 사회적 복귀를 자발적으로 하고, 소위 '형의 집행에 있어서 형식적 정의'를 제한하고 '구체적 타당성'을 살리겠다는 요구에 대응하는 형의 구체화 과정이다. 가석방의 요건에는 개전의 정상이 현저해야 하고, 무기형은 20년, 유기형은 형기의 3분의 1을 경과해야 한다. 또한 벌금 또는 과료의 병과가 있으면 금액을 모두 납부해야 한다.

가석방 없는 무기형 … 인권침해 우려 커

한동훈 법무부 장관은 지난 7월 26일 국회 법제사법위원회 전체회의에서 "사회에서 용납할 수 없는 괴물의 경우 영원히 격리하는 방법이 필요하다고 생각한다"며 가석방 없는 종신형 도입취지에 공감을 표한 바 있다. 국민의힘과 정부도 비공개 당정회의를 열고 가석방 없는 종신형 신설을 추진하기로 하고 의견수렴에 나섰다.

그러나 가석방 없는 무기형에 대한 법조계 안팎의 우려도 만만치 않다. 민주사회를 위한 변호사모임(민변) 등 시민단체들은 가석방 없는 무기형이 철회돼야 한다고 8월 21일 주장했다. 민변 공익인권변론센터 · 공익변호사모임 희망을 만드는 법 · 구속노동자후원회 등 10개 단체는 이날 낸 논평에서 "가석방 없는 무기형은 헌법상 인간존엄의 가치를 침해하고 형사정책적으로도 정당화될 수 없는 형벌제도라는 점에서 반대한다"고 밝혔다. 이어 "가석방 없는 무기형을 선고받은 수형자는 평생 사회로부터 격리

된다"며 "신체의 자유를 다시 향유할 기회를 박탈당한다는 점에서 인간의 존엄을 침해하는 위헌적인 제도"라고 주장했다.

2022년 명동성당에서 펼쳐진 사형제도 폐지 퍼포먼스

법무부 장관 "가해자보다 피해자 인권이 먼저"

그러나 한 장관은 가석방 없는 무기형이 인권을 침해할 수 있다는 우려에 "지금은 가해자 인권보다 피해자와 유족의 인권을 먼저 생각할 때"라고 반박했다. 한 장관은 8월 23일 국회 법제사법위원회 전체회의에 출석해 "강력한 흉악범죄를 저지른 피의자들에게 이 처벌로 인해 더 이상 당신에게 인생의 기회가 없을 것이라고 메시지를 주는 게 무용하다고 생각하지는 않는다"고 주장했다. 또 "보통 사형제도를 반대하는 수긍할 만한 논거는 혹시라도 오판이 있을 때 되돌릴 수 없다는 점인데 이 제도는 그렇지 않다"며 "그런 상황이 있으면 재심으로 바뀔 수도 있기에 기본권의 본질적 침해라는 논지는 수긍하기 어렵다"고 말했다.

이날 김영배 더불어민주당 의원은 "사형제가 유지되고 있기 때문에 가석방 없는 종신형이 도입되면 사형을 받아야 할 사람이 오히려 가석방 없는 종신형을 받아 형벌에 오히려 혼란이 올 수 있어 구체적인 검토가 필요하다"고도 말했다. 반면 박형수 국민의힘 의원은 "절대적 종신형을 도입한다고 해도 판사

가 기본권의 본질적인 부분에 대한 침해, 교화 가능성 완전박탈 등의 이유로 반대한다고 하면 선고하지 않을 것"이라고 지적했다. 그러면서 "범죄의 경중에 따라 형을 선고하도록 하는 양형시스템과 그것을 법관에게 잘 교육해 인지할 수 있도록 하는 시스템을 대법원에서 고민해봐야 한다"고 제언했다.

국회 법사위에 출석한 한동훈 법무부 장관

한편 대법원은 흉악범죄 대응차원에서 논의되는 가석방 없는 무기징역 제도에 대해 사실상 반대 의견을 냈다. 대법원 산하 법원행정처는 국회 법제사법위원회에 "사형제 유지 전제하에 가석방 없는 무기징역 제도를 도입하면 일반 범죄까지로 종신형 선고가 확대될 위험이 있다"는 의견서를 제출했다.

19위

중국 부동산 위기 … 구조조정이냐, '40년 성장' 끝이냐

2021년 말 헝다의 채무불이행(디폴트)으로 시작된 중국의 부동산 위기가 비구이위안, 위안양 등 다른 초대형 부동산업체들의 채무불이행으로 빠르게 번지고 있다. 중국 주택공급의 40% 정도를 책임지는 업체들이 수백억원의 현금을 마련하지 못해 자금위기에 몰리면서 중국의 부동산업계가 조만간 폭발할 수 있다는 전망까지 나온다.

'주택구매자 보호' 팻말이 붙은 비구이위안 공사현장(베이징)

완다·비구이위안·위안양에 헝다까지 위기

중국 최대 부동산업체 헝다그룹이 8월 17일(현지시간) 뉴욕 법원에 파산보호법 15조(**챕터 15***)에 따른 파산보호를 신청했다. 부채의 늪에 빠진 헝다가 채권단과 수십억달러 규모의 구조조정 협상을 진행하는 동안 파산보호를 통해 미국 내 자산을 보호하려는 것이다. 헝다는 2021년 대규모 채권의 채무불이행(디폴트) 상태에 빠져 글로벌 금융시장에 충격을 안겼고, 이후 채권자와의 재협상에 힘써왔다.

챕터 15

외국계 기업이 회생을 추진할 때 미국 내 채권자들의 채무변제 요구와 소송으로부터 기업을 보호해주는 규정이다. 미국 내 채무자와 채권자의 이익을 보호하기 위한 목적으로 제정됐다. 챕터 15를 신청하면 기업은 다른 국가에서 채무 재조정이 진행되더라도 미국 내 자산을 보호받을 수 있다. 국제적 기업의 경우 채무 재조정에 나설 때 챕터 15를 신청하는 경우가 많으며, 미국 채권자들을 보호할 수 있게 된다.

중국 부동산업체의 위기는 헝다가 처음이 아니다. 지난 7월에는 부동산 개발업체 완다 그룹의 계열사가 만기가 도래한 4억달러(약 5,350억원) 규모의 채권을 계열사 지분을 팔아 겨우 상환했고, 8월 초에는 총자산 330조원에 이르는 초대형 민간 부동산업체 비구이위안이 만기가 돌아온 10억달러 규모 채권 2종에 대한 이자 2,250만달러를 갚지 못했다. 심지어 국유 부동산업체인 위안양마저 2,094만달러의 채권이자를 상환하지 못했다.

중국 "조정단계" … 시장에 맡기나?

중국 부동산시장이 위기에 이른 데는 2020년 중국 당국의 잇단 부동산규제와 3년 동안 진행된 코로나19 사태가 결정적으로 작용한 것으로 분석된다. 중국 부동산은 1980년대 시작된 개혁·개방 이후 약 40년 동안 중국경제 성장을 이끈 견인차로서 2010년대 초까지 경제성장률 10%대의 고공행진이 지속되는 데 힘입어 집값을 큰 폭으로 상승시켰다. 하지만 2010년대 들어서도 계속된 부동산시장 과열과 자산가격 폭등은 심각한 빈부격차를 야기했고, 비싼 집값으로 청년들의 결혼·출산 기피현상까지 나타나면서 부동산이 지속적인 성장의 걸림돌이 돼갔다. 이에 2020년 8월 중국정부는 부동산기업의 빚이 너무 많다며 3대 '레드라인'을 내놨다. 부동산기업의 ▲ 자산·부채 비율이 70%를 넘지 않고 ▲ 순부채율이 100%를 넘지 않으며 ▲ 현금성 자산이 단기 부채보다 더 많아야 한다는 것이다. 그러나 부동산시장 정상화를 위해 취한 당국의 조처는 2020년 1월 시작된 코로나19 사태와 맞물려 위기로 작용했고, 코로나19 봉쇄로 인한 경기침체로 실수요가 줄면서 부동산가격 하락과 미분양주택 급증으로 이어졌다.

현재 중국 당국은 부동산 위기를 인정하면서도 적극적으로 대응하기보다 "현재 부동산시장은 조정단계"라며 신중한 태도를 보이고 있다. 부동산시장이 과열된 것을 인정하고 부실기업 정리 등 구조조정을 통해 시장이 안정되기를 기대하는 모양새다. 이는 1990년대 초 일본이 부동산버블로 빈집이 속출하고 집값이 하락하면서 부동산업체들이 부도위기에 몰리자 기업에 구조조정을 요구하기보다는 대출규제를 완화하고 금리를 인하해 수요를 창출한 데 이어 국가재정을 투입해 기업을 살린 것과 대조적이다. 그러나 일본은 이후 막대한 재정위기 속에서 이후 30년 동안 경제성장이 멈추면서 소위 '잃어버린 30년'을 겪어야 했다.

한편 우리나라 정부는 현재 집값하락의 원인을 지나친 부동산·대출 규제로 보고 종부세·양도세 인하, 다주택 상한 상향(기존 2주택→3주택), 주택담보대출 한도 상향·금리 인하 등의 대책을 연이어 발표하고 있다. 그런데 9월 6일 헤럴드 핑거 국제통화기금(IMF)-한국 연례협의단 대표는 "한국은 국내총생산(GDP) 대비 가계부채 비중이 경제협력개발기구(OECD)에서 가장 높은 나라 중 하나로 부채증가율을 둔화시키는 데 정책적 노력을 집중해야 한다"고 경고했다. 가계부채 증가를 부추기는 정부의 부동산 대출규제 완화정책을 되돌리라는 의미다.

중국 장쑤성 화이안시의 헝다 아파트촌

20위

카카오택시가 쏘아 올린 '팁문화' 도입 논란

우리나라에서도 미국처럼 **팁***(Tip, 봉사료)을 요구하는 곳이 속속 등장하면서 논란이 가열되고 있다.

서비스에 만족했다면 부담되지 않는 액수의 팁을 주는 것도 괜찮다는 의견과 가격에 이미 서비스 비용이 포함된 데다 가뜩이나 오른 물가에 팁까지 사실상 '의무화'하는 것은 과도하다는 주장이 엇갈린다.

팁

미국에 있는 독특한 문화로 보통 고객이 매장 또는 직원으로부터 받은 서비스의 질과 만족도에 따라 주문금액의 15~20% 정도를 봉사료 명목으로 자율적으로 지불하는 금액을 뜻한다. 그러나 최근 키오스크로 셀프결제 시에도 팁을 요구하거나 일괄적으로 팁 요금을 정해 고객에게 선택하게 하는 매장이 늘어나면서 미국 내에서 논란이 일었다.

카카오택시, 7월부터 '자발적 팁' 도입

'팁 논란'은 택시호출 플랫폼 카카오모빌리티(카카오T)에서 팁을 줄 수 있는 기능을 시범도입한 데 이어 최근 카페에서 '팁을 요구받았다'는 경험담이 인터넷상에서 화제가 되면서 확산됐다. 카카오T는 지난 7월 19일부터 별도 교육을 받고 승차거부 없이 운영되는 카카오T블루에 '감사 팁' 기능을 시범도입했다. 카카오T 앱에서 택시호출 서비스를 이용한 직후 서비스 최고점인 별점 5점을 준 경우에만 팁 지불창이 뜨는데, 이때 승객은 1,000원, 1,500원, 2,000원 가운데 고를 수 있다. 카카오모빌리티는 팁 지불 여부는 승객의 자율적인 선택사항이고 회사가 가져가는 수수료도 없다는 입장이다. 그러면서 팁을 강

기사님께 감사의 마음을 전해보세요.

- 결제, 정산 관련 비용을 제외한 전액이 즉시 기사님께 전달됩니다.
- 승객이 희망하는 경우에 한해 자율적으로 이용 여부를 선택하실 수 있습니다. 만약 강요나 대가성 요구를 받은 경우에는 반드시 카카오 T 고객센터에 제보해주세요. 단, 단순 변심에 의한 환불은 불가합니다.

| 1,000원 | 1,500원 | 2,000원 |

카카오모빌리티 홈페이지에 올라온 '감사 팁' 시범도입 안내

요한 기사에 대한 신고가 들어오면 해당 택시에 이 기능을 이용할 수 없도록 하고, 승객에게는 환불 조처하겠다고 덧붙였다.

지난 8월 18일에는 한 온라인 커뮤니티에 "팁을 요구하는 카페가 생겼다"는 글이 올라왔다. 해당 글 게시자는 카운터에서 주문받는 사람이 "열심히 일하는 직원에게 팁 어떠신가요"라고 묻더니 5%, 7%, 10% 항목이 있는 태블릿PC를 보여줬다고 주장했다. 다만 작성자가 "이 카페가 임시개업해 상호가 검색되지 않는다"고 덧붙여 진위는 확인되지 않았다. 또 국내 유명 빵집에서 카운터에 현금이 담겨 있는 '팁 박스'를 뒀다는 목격담이나 서울 강남의 미용실에서 손님이 좋은 서비스를 위해 미용사에게 팁을 주는 개념으로 빵, 디저트 등을 제공하는 행위가 유행이라는 글도 올라왔다.

소비자들 "고용주 부담 비용을 떠넘긴 것"

그러나 외국에서나 보던 팁에 대한 소비자의 반응은 대체로 부정적이다. 식당이나 카페에서 팁을 낼 정도로 만족할 만한 서비스를 받지 못했다는 게 주된 이유다. 아울러 올해 택시요금 인상으로 이용자 부담이 커진 상황에서 택시를 시작으로 미국처럼 팁문화가 고착하거나 반(半)강제성을 띠는 것 아니냐는 우려도 제기됐다. 한 시민은 "외국의 팁문화도 이해되지 않는데 우리나라도 도입한다니 싫다"며 "그만큼 (좋은) 서비스를 받는다고 느껴지지 않는다"고 말했다. 다른 시민도 "내가 내는 가격에 서비스 비용이 다 포함됐다고 생각한다"며 "소비자에게 가격을 전가할 게 아니라 (사장이) 직원 월급을 올려주면 될 일"이라고 했다.

또 "고깃집에서 홀 직원에게 1만~5만원을 따로 주는 이른바 'K-팁'은 자발적인데 이를 강제하거나 공

식화한다면 부담스러울 것 같다"거나 "팁이 자율적이라고는 했지만 안 내면 매너 없는 '짠돌이'로 비칠까 봐 눈치가 보여 불편했다"는 의견도 있었다. 현행법으로 엄밀히 따지면 식당이나 카페에서 팁을 따로 요구하면 식품위생법에 위반될 수 있다. 이 법은 식품접객업자 준수사항으로 '영업소의 외부 또는 내부에 가격표를 붙이거나 게시하고 가격표대로 요금을 받아야 한다'고 규정한다. 이때 가격표란 부가가치세 등이 포함된 것으로 손님이 실제로 내야 하는 가격이 표시된 것을 말한다.

이런 가운데 소비자 10명 중 7명은 팁에 부정적이라는 설문조사도 나왔다. 8월 20일 소비자 데이터 플랫폼 오픈서베이가 택시호출 플랫폼의 팁 기능에 대한 인식을 조사한 결과에 따르면 도입에 대해 반대에 더 가깝다는 의견이 71.7%로 집계됐다. 찬성에 더 가깝다는 의견은 17.2%에 그쳤으며, 잘 모르겠다는 응답은 11.1%였다.

HOT ISSUE

21위

철근 누락 관련 LH 수사 착수 …
GS건설은 영업정지 처분

인천 검단신도시 아파트 지하주차장 붕괴사고로 이른바 '철근누락 아파트' 사태를 촉발한 한국토지주택공사(LH)에 대해 경찰이 본격 수사에 착수했다. 또 국토교통부(국토부)가 시공업체인 GS건설에 10개월의 영업정지 처분을 추진하겠다고 밝히면서 유사사고에 대해 '무관용' 처분이 잇따를 것으로 예상돼 건설업계에 비상이 걸렸다.

경찰, LH 본사·지역본부 등 압수수색 나서

LH는 철근이 누락된 20개 공공아파트 단지의 설계·감리업체 41곳, 시공업체 50곳 등 모두 91개 업체를 8월 4일과 14일 두 차례 경찰에 수사의뢰했다. LH는 이 같은 부실시공이 건설기술진흥법, 주택법, 건축법을 위반했다고 봤다. 이에 경찰은 각 아파트 단지 소재지를 관할하는 시·도 경찰청 9곳에 사건을 배당한 뒤 연일 강제수사에 나섰다.

광주경찰청이 광주 선운2지구 아파트와 관련해 8월 16일 LH 본사를 처음으로 압수수색했으며, 25일에는 경남경찰청이 양산 사송단지 2곳과 관련해 LH 본사, 양산사업단 등 3곳에서 자료를 확보했고, 경기북부경찰청도 같은 날 LH 본사를 압수수색했다. 또 29일에는 경기남부경찰청이 경남 진주시 LH 본사 및 경기 성남시 소재 LH 경기남부지역본부를 비롯한 지역본부, 사업소 등 총 5곳에 대해 동시에 압수수색 영장을 집행했다. 경찰은 압수수색을 통해 설계와 시공·감리 관련 자료를 확보, 아파트 부실 시공 의혹 전반을 수사할 방침이다.

경찰수사와는 별개로 검찰도 LH와 조달청이 발주한 건설사업관리용역(감리) **입찰***과정에 장기간 수천억 원대 담합이 이뤄진 정황을 포착하고 강제수사에 나섰다. 담합에 참여한 업체들은 2019년부터 2022년까지 LH 및 조달청이 발주한 행복주택 지구 등 아파트 건설공사의 감리용역 입찰에서 순번, 낙찰자 등을 사전에 합의한 혐의(공정거래법 위반)를 받는다. 이들 중 상당수는 LH 출신 직원을 낀 전관업체인 것으로 알려졌다. 공정거래위원회 역시 LH가 발주한 15개 아파트단지의 설계·건축 과정에서 철근을 누락한 시공사 13곳을 상대로 하도급법 위반 및 감리입찰 담합 여부 등을 조사 중이다.

입찰

상품의 매입 및 매각 또는 공사도급 과정에서 정해진 절차에 따라 다수의 희망자를 경쟁시켜 시행청 또는 소유청에 가장 유리한 내용을 제시한 희망자를 선발해 거래하는 제도다. 매입·도급의 경우에는 최저가를, 매각의 경우에는 최고가를 신청한 희망자에게 낙찰해 계약하는 것이 원칙이다.

건설업계 "영업정지 이어질 듯" … 현장관리 비상

한편 8월 27일 국토부는 GS건설에 최장 10개월의 영업정지 처분을 추진하고, 건설사업관리업체에 영업정지 8개월, 설계업체에 등록취소 추진방침을 발표했다. 지난해 1월 발생한 광주 화정 아이파크 붕괴사고를 계기로 사망·붕괴 등 중대사고에 대한 처분권한이 지방자치단체(지자체)에서 국토부 직권으로 이관되면서 과거 지자체의 봐주기성 '솜방망이' 제재가 사라지고, 정부 차원의 강도 높은 '무관용' 처분이 잇따를 것으로 전망된다. 이에 업계는 화정 아이파크 시공사인 HDC현대산업개발의 처분수위에 주목하고 있다. 역대 최고수위인 16개월의 영업정지를 받은 화정 아이파크 사고의 경우 처분권한이 이전되기 전 사건이라 서울시에 권한이 있지만, 이번에 국토부가 GS건설에 내린 강력한 처분결과가

HDC현대산업개발 처분의 '가이드라인'이 될 수 있기 때문이다.

재시공이 결정된 검단신도시 아파트 건설현장

건설업계는 인명사고가 없었던 검단신도시 아파트 지하주차장 붕괴사고로 GS건설에 10개월의 영업정지 처분이 추진되는 만큼 HDC현대산업개발에는 보다 강력한 처분결정이 내려질 것으로 예상한다. 업계 관계자는 "지금까지는 입주자와 하도급업체 피해 등 사회적 파장을 고려해 등록말소까지는 어렵고 최장 1년의 영업정지가 내려질 것이라는 관측이 많았는데, 지금 분위기로는 그 이상의 처분도 가능할 것이라는 우려가 나온다"고 말했다. 다만 건설업계가 가처분과 소송 등으로 행정처분을 지체하거나 무력화하고 있어 제재의 실효성을 높여야 한다는 목소리도 나온다.

미국 IRA 시행 1년 … "국내업계 타격 예상보다 적어"

미국이 자국의 제조업 강화를 위해 시행한 인플레이션감축법(IRA)이 8월 16일 기준 1년이 됐지만 당초 우려와 달리 국내 자동차업계의 전기차 판매가 양호한 수준을 보이는 등 타격은 크지 않은 것으로 나타

났다. 특히 배터리기업을 중심으로 IRA 시행에 따른 첨단제조생산 세액공제(AMPC) 혜택이 본격적으로 가시화됐고, 배터리 핵심소재인 **양극재*** 수출도 크게 늘었다.

양극재

리튬이온배터리의 용량과 평균전압을 결정하며, 이차전지의 핵심구성요소로도 꼽힌다. 리튬이온배터리는 충전이 가능한 전지로 양극재, 음극재, 분리막, 전해질로 구성된다. 현재 가장 많이 활용되는 양극재는 NCM(니켈, 코발트, 망간)인데, 에너지 밀도를 높이기 위해 니켈 함량을 극대화하고 값비싼 코발트는 줄여 원료가격 변동에 따른 충격을 최소화하는 방향으로 개선되고 있다. 최근 전기차시장 규모가 커지면서 많은 기업이 양극재 개발에 주력하고 있다.

현대차·기아 판매량 양호 ··· 상업용 전기차도 수혜

중국, 유럽과 더불어 세계 3대 전기차 시장으로 꼽히는 미국에 진출한 국내 자동차업계에는 '북미 최종 조립'을 전기차 보조금 지급의 전제조건으로 명시한 IRA 조항이 큰 부담이었다. 그간 현대자동차와 기아가 미국에서 판매한 전기차는 전량 국내공장에서 생산돼 수출하는 물량이었다. IRA의 전기차 보조금 조항을 적용하면 한국산 전기차는 배터리 핵심광물 요건 등과 무관하게 보조금 지급대상에서 원천배제되는 상황이었다. 현대차그룹이 미국 조지아주에 건립하기로 한 전기차 전용공장은 일러도 내년 하반기 이후에나 양산이 시작되는 터라 대당 최대 7,500달러(약 1,000만원)에 달하는 전기차 보조금 혜택에서 배제되면 가격경쟁에서 열위에 설 수밖에 없다.

이 때문에 정부와 국내업계는 미국에 전기차 공장을 건설 중인 현대차그룹이 보조금 혜택을 볼 수 있도록 '북미 최종 조립'의 정의를 완화하거나 시행을 유예해 달라고 미국정부에 요청했다. 아울러 리스 등 상업용 전기차에는 해당 조항 적용을 제외해야 한다

는 의견도 개진했다. 정부와 업계의 전방위적 노력으로 미국정부는 IRA의 전기차 세액공제 규정과 관련한 추가지침에서 상업용 전기차를 보조금 수혜대상에 포함하기로 해 국내업계로서는 일단 한숨을 돌리게 됐다. 업계에 따르면 현대차는 종전 2~3%대에 그쳤던 상업용 전기차 리스 판매비중을 30% 수준까지 늘렸고, 기아도 비슷한 수준으로 확대한 것으로 알려졌다.

현대차·기아의 미국 내 전기차 판매량은 IRA 시행 이후에도 비교적 양호한 수준이다. 올해 상반기(1~6월) 양사의 미국시장 전기차 판매량은 전년 대비 11.4% 증가한 3만 8,457대로 반기 기준 최다기록을 경신했다. 점유율로는 테슬라에 이어 2위다. 7월에도 전년 대비 109.1% 늘어난 1만 385대로 처음 월 1만대를 돌파하며 역대 월간 최다를 기록했다.

핵심광물 탈중국은 과제

배터리업계의 경우에는 북미 생산능력 확대에 따라 AMPC 수혜액이 더 커질 전망이다. IRA는 최종적으로 북미에서 조립된 전기차에 대해서만 세액공제 형태로 최대 7,500달러의 보조금을 지급하도록 규정하고 있다. 올해는 북미에서 제조·조립한 배터리 부품을 50% 이상 사용 시, 미국이나 미국과 자유무역협정(FTA)을 체결한 국가에서 채굴·가공한 핵심광물의 40% 이상 사용 시 세액공제 혜택을 제공한다. 이에 국내 배터리업계는 미국 생산거점 확보

에 적극 나서는 등 대미투자를 늘리고 있으며, 완성차업계와의 합작법인 설립도 활발하게 진행 중이다. 이 가운데 이차전지 소재인 양극재의 대미수출도 크게 늘었다. 한국무역협회에 따르면 올해 1~7월 미국으로의 양극재 수출액은 18억 3,600만달러로 지난해(6억 6,100만달러)보다 177.8% 뛰었다.

이처럼 배터리업계가 당장은 IRA 시행으로 수혜를 본다고 하지만, 핵심광물의 탈중국은 여전히 숙제로 남아 있다. 최근 중국기업들은 IRA 우회로로 국내 배터리업계에 대한 투자를 늘리고 있다. 중국기업은 한국을 우회로로 삼아 미국 진출기회를 노리고, 우리나라는 대부분을 중국에 의존하는 전구체의 국내 생산능력을 높일 수 있어 '윈윈'하는 셈이다. 그러나 한중 합작사에 대한 미국의 규제가능성을 배제할 수 없다는 점이 부담으로 작용한다. 또한 핵심광물 조달을 금지하는 해외우려단체(FEOC)에 대한 가이드라인이 아직 확정되지 않는 등 불확실성도 큰 상황이다.

중국 또다시 요소수 수출 제한 … 품귀현상·물류대란 우려

중국정부가 자국 내 비료업체 일부에 요소 수출 중단을 지시함에 따라 2년 전 공급감소로 야기됐던 요소수 대란이 재현될 수 있다는 불안이 시중에 커지고 있다.

중국 내 가격상승 … 수출 증가가 원인으로 지목

블룸버그 통신은 9월 7일 중국정부의 지시에 따라 대형 비료제조업체 일부가 9월 초부터 신규 수출계약을 체결하지 않고 있다며 "이미 적어도 한 개 업체가 비료수출을 줄인다는 계획을 공개적으로 밝혔다"고 전했다. 해당 생산업체는 중국 최대의 요소 생산·수출 업체인 중눙그룹(CNAMPGC)으로 회사는 9월 2일 위챗(중국판 카카오톡) 공식계정을 통해 "최근 국내에선 요소가격 상승이 나타나고 있다"면서 "사회적 책임을 이행하기 위해 자발적으로 수출량을 줄이고, 시장판매에 적극 나서 주요 농업 자재·비료의 국내공급을 뒷받침하며 가격안정을 지킬 것"이라고 했다.

실제로 중국 정저우 상품거래소에서 요소 선물가격은 6월 중순부터 7월 말 사이 50% 급등한 이래 등락을 거듭해오면서 9월 1일 요소 선물의 톤(t)당 평균가격 또한 2,356위안(약 43만원)으로 6월 12일의 1,649위안(약 30만원)에 비해 크게 오른 상태다. 이를 두고 중국농자재유통협회는 9월 3일 "최근 국내 요소 선물시장에 비이성적인 투기행위가 나타나 국내 비료시장의 안정적인 운영에 악영향을 끼쳤다"고 경고했다.

현지 선물거래 전문가들은 수출이 늘어나 중국 내 재고가 감소한 것을 가격상승의 원인으로 본다. 중국 해관총서(세관) 데이터에 따르면 올해 1~7월 중국의 요소 수출량은 133만t으로 전년 동기 대비 52.3% 늘었다. 7월 한 달 동안의 수출량만 32만t으로, 1년 전에 비해 114.7%나 폭증했다. 한편 블룸버그는 "이번 (요소 수출) 제한은 갈수록 많은 지역에서 나타나는 극단적 날씨와 **인도의 (농산물) 수출 제한***, 러시아의 우크라이나 전쟁에 영향을 받아 온 세계 농산물 시장에 또 다른 변동성 요소를 추가할 수 있다"고 내다봤다.

인도 농산물 수출 제한

인도정부는 2023년 9월 9일부터 싸라기(부스러진 쌀알) 수출을 금지하고 현미·정미 수출 시 20% 추가과세를 단행했다. 최근 이상기온으로 가뭄이 지속되면서 쌀 생산량이 급감함에 따라 싸라기 가격이 16루피에서 22루피까지 치솟았기 때문이다. 최근 이상기온과 자연재해, 전쟁 등을 이유로 인도 외에도 이집트, 튀르키예, 세르비아, 카자흐스탄 등 27개 국가에서 농산물 수출제한 조치가 시행되고 있다.

중국 의존도 89.3% … 비축분은 2년 전과 동일

이 때문에 세계 최대 요소 생산국인 중국의 수출 중단은 세계 곳곳에서 요소와 요소수 등 관련 상품의 부족현상이나 가격상승을 촉발할 가능성이 커졌다. 특히 중국산 요소를 가장 많이 수입하는 국가로 꼽히는 우리나라와 인도, 미얀마, 호주 등이 영향을 받을 수 있다는 분석이다. 디젤차 비중이 높은 데다 요소의 상당부분을 중국에 의존하고 있는 우리나라는 이미 2021년 중국의 요소 수출 제한으로 요소수 품귀현상을 겪은 바 있다. 중국은 당시 호주와의 '석탄분쟁'에 따른 자국 내 요소 생산위축과 공급차질로 인해 비료 수급난이 닥치자 비료 원료인 요소 수출을 통제했다.

문제는 현재 우리나라에 요소 생산업체들이 충분치 않다는 점이다. 과거에는 많은 업체가 있었으나, 석탄이나 천연가스가 나는 중국, 러시아 등 산지 국가와 비교해 가격경쟁력이 크게 떨어지면서 2013년 전후로 거의 없어졌기 때문이다. 결국 2021년에는 정부 간 협의를 거쳐 중국이 수출을 허용하면서 두 달여 만에 요소·요소수 대란의 불이 꺼진 바 있다.

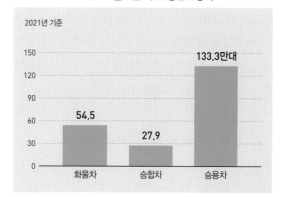

요소수가 필요한 국내 경유차량 수

2021년 기준

화물차	54.5
승합차	27.9
승용차	133.3만대

자료 / 환경부

다만 정부는 이번 중국의 수출제한이 전면적인 제한이 아니고, 비료 원료에 한정하고 있으며, 자동차용 요소수 비축분이 2개월 치나 되는 만큼 2년 전과는 다르다는 입장이다. 그러나 중국 의존도가 2021년 71.2%에서 이듬해 66.5%로 떨어졌다가 올해 상반기 89.3%로 다시 상승한 데다가 비축분 2개월 치 역시 2년 전과 동일한 양이어서 '정부가 그동안 대책을 마련하기보다 관망하고 있었던 것이 아니냐'는 비판이 커지고 있다.

HOT ISSUE **24위**

군사협력 공식화 vs 왕따정상 만남
김정은-푸틴 회담

악수하는 푸틴 대통령(왼쪽)과 김정일 국무위원장

9월 13일(현지시간) 러시아에서 김정은 북한 국무위원장과 블라디미르 푸틴 러시아 대통령이 만난 가운데 해외 주요 매체들이 북한과 러시아의 군사협력으로 그동안 시행해왔던 북한에 대한 군비억제 노력이 물거품될 것이라는 우려를 제기했다.

전문가 "북 군수품·러 우주기술 거래 시사"

이날 푸틴 대통령은 북한이 인공위성을 개발하는 데 도움을 줄 것이냐는 취재진 물음에 "우리가 여기(우주기지)에 온 이유"라고 답했다. 그는 "북한 지도자(김 위원장)는 로켓기술에 큰 관심을 보인다"며 "그들(북한)은 자신들의 우주 프로그램을 개발하려고 한다"고 덧붙였다. 이 같은 발언은 러시아가 자신들이 보유한 인공위성 발사, 궤도안착, 첨단기능 장착 등의 로켓기술을 북한에 이전할 가능성을 시사하는 것이다. 북한은 군사정찰위성 확보에 도전하고 있으나 지난 5월에 이어 8월에도 로켓의 비행단계에서 오류가 발생해 실패를 거듭한 바 있다.

북한의 정찰위성 개발이 성공해도 상업위성 수준에도 미치지 못하는 것으로 보지만 러시아의 기술이 이전된다면 얘기가 달라질 수 있다. 정찰위성은 핵탄두를 보유한 북한이 대륙간탄도미사일(ICBM*) 등 투발 체계의 역량을 강화하는 데 활용될 가능성이 있으며, 로켓은 사실상 장거리미사일과 구조가 똑같아 러시아의 기술이전은 북한의 ICBM 기술이 완성에 가까워지는 계기가 될 수 있기 때문이다. 아울러 러시아가 북한과 정찰위성과 장거리미사일 기술을 포함한 광범위한 군사협력 체계를 구축할 가능성도 있다.

ICBM

5,500km 이상의 사정거리를 가진 대륙간탄도미사일로 보통 핵탄두에 메가톤급의 핵탄두를 장착한다. 1957년 러시아가 처음 개발했으며, 강력한 엔진을 장착해 쏘아올려 적의 전략 목표를 겨냥할 수 있도록 만들어졌다. 액체·고체 연료를 사용한 다단식 로켓으로 1,500~3,500km 고공에 쏘아올려지고, 400~500km 거리에서 레이더 제어가 가해지면 엔진 가동이 중단되며, 속도벡터에 의해 역학적으로 결정되는 탄도를 비행해 목표에 도달하는 방식이다.

미국 정보당국은 북한이 러시아에 우크라이나와의 전쟁에 사용할 포탄을 제공하는 대가로 러시아에서 군사기술을 얻으려 할 것이라고 의심했다. 드미트리 페스코프 크렘린궁 대변인도 무기거래가 논의될지에 대한 질문에 "이웃국가로서 우리는 공개되거나 발표되지 않아야 할 민감한 분야의 협력을 이행한다"며 "이는 이웃국가라는 점을 고려하면 상당히 자연스러운 것"이라고 말했다. 공식적으로 표명하지 않을 뿐 군사기술과 무기거래를 사실상 시인하는 이 같은 발언에 국제사회의 경계심이 증폭되고 있다.

외신, 회담장소 상징성에 주목

유엔 소식 전문지 '유엔 디스패치'의 마크 레온 골드버그는 북러 간 군사협력이 이뤄진다면 무기거래 및 군사기술 교환 금지를 통해 북한의 핵개발 야망을 막으려 했던 15년간의 외교적 노력이 허사가 되는 것이라고 분석했다. 골드버그는 대북제재가 무력화하면 한반도가 훨씬 더 위험한 장소로 돌변하고 미국은 핵무기를 가진 두 적대국의 동맹에 직면할 것이라고 내다봤다. 실제로 지난해 우크라이나 침공 이후 서방과의 대결구도가 고착화된 러시아가 안보리에서 대북제재에 미적지근한 태도를 보이고 있으며, 중국도 미중갈등이 고조되면서 대북제재를 더이상 찬성하지 않고 있다. 반러시아와 반중국을 외쳐온 미국 바이든행정부의 외교가 결과적으로 실패했다는 분석이 나오는 이유다.

한편 해외언론들은 북러 정상회담의 장소가 갖는 상징성과 의미에도 큰 관심을 나타냈다. AFP 통신, 뉴욕타임스(NYT) 등은 김 위원장이 북한 군 서열 1~2위인 리병철 당 중앙군사위원회 부위원장과 박정천 당 군정지도부장 등을 대동했다는 점에서 군사에 강하게 초점을 맞추고 있음을 시사하고 있으며, 북러 정상이 러시아의 무기수요에 대해 논의할 것으로 예상했다. 또한 이번 회담이 보스토치니 우주기지에서 열린 것에 주목하며 북한이 군사정찰위성 개발에 러시아의 기술적 지원을 받고자 한다는 점을 시사한다고 말했다.

HOT ISSUE

*25*위

중개보조원 신분 고지의무 반영한 개정 공인중개사법 입법예고

앞으로 공인중개사가 아닌 중개보조원이 의뢰인을 만날 때 자신의 신분을 밝히지 않으면 과태료 500만원이 부과된다. 7월 24일 국토교통부(국토부)는 이 같은 내용을 담은 '공인중개사법 시행령' 개정안을 입법예고했다.

보조원, 계약서 작성·계약내용 설명 못 해

국토부가 발표한 개정 공인중개사법에 따라 10월 19일부터 중개보조원은 의뢰인에게 반드시 신분을 밝혀야 한다. 이는 서울 강서 '빌라왕 사건' 등 전세사기에 중개보조원이 적극가담한 사실이 드러나면서 마련된 조치다. 국토부가 전세사기 의심 거래 1,300여 건을 추출해 조사한 결과 전세사기 의심자 970명 중 공인중개사와 중개보조원은 42.7%(414명)에 이르렀다. 이 중 공인중개사가 342명, 보조원이 72명이었다. 전세사기에 가담한 것으로 의심되는 사람 10명 중 4명이 중개사이거나 중개사 주변인물이라는 것이다.

중개보조원은 일정시간의 교육이수 외에 특별한 자격요건이 없다. 고객을 매물현장으로 안내하는 등 공인중개사 업무를 보조할 수는 있지만, 직접 계약서를 작성하거나 계약내용을 설명할 수 없다. 이에 따라 중개사와 달리 중개사고를 일으켰을 때 책임부담이 약하다. 이 때문에 일부 공인중개사들은 이를 악용해 중개보조원을 다수 고용해 영업하고 있다.

현재 한국공인중개사협회가 파악하고 있는 중개보조원 수는 6만 5,941명이다. 보조원으로 신고하지 않고 활동하고 있는 이들도 상당할 것으로 추정된다. 일부는 '실장', '이사' 등이 적힌 명함으로 고객들의 혼선을 불러일으키거나 중개사를 사칭하기도 한다. 이에 따라 정부는 중개보조원이 신분을 알리지 않으면 중개보조원과 소속 공인중개사에게 각각 500만원의 과태료를 부과하기로 했다. 다만 공인중개사가 위반행위를 막기 위해 보조원에게 상당한 수준의 주의를 주고 감독을 게을리하지 않았다면 과태료 부과대상에서 제외하기로 했다. 공인중개사가 고용할 수 있는 중개보조원 수도 중개사 1인당 5명 이내로 제한된다. 중개보조원 채용상한제가 1999년 폐지 이후 24년 만에 부활하는 것이다.

집주인 동의 없어도 임차권등기 확인 가능

한편 전세사기 방지 및 세입자 보호를 위해 올해 3월 국회를 통과한 개정 주택임대차보호법이 이미 7월 19일부터 시행되고 있다. 이에 따라 전세보증금을 지키기 위한 안전장치인 '**임차권등기***'를 집주인 동의 없이도 확인할 수 있게 됐다. 당초 10월부터 시행할 예정이었으나 전세사기 피해자 보호를 위해 시행일을 3개월 앞당겼다. 이전까지는 법원의 임차권등기명령 결정이 집주인에게 송달됐다는 확인이 있어야 임차권등기가 완료돼 집주인이 의도적으로 송달을 회피하거나, 주소불명으로 송달되지 않는 경우, 또는 집주인이 사망하는 경우에는 임차권등기를 마치기 어려웠다. 그러나 개정법 시행으로 현재는 법원명령만 떨어지면 임차권등기를 완료할 수 있다. 법 시행 전 임차권등기명령이 있었더라도 이날 기준으로 아직 임대인에게 송달되지 않았다면 개정법이 적용돼 임차권등기를 완료한 것으로 봤다.

임차권등기

임대차 계약 종료 후 보증금을 돌려받지 못한 세입자가 관할 지방법원 및 지방법원지원이나 시·군 법원에 해당 주택의 등기부등본에 미반환된 보증금 채권이 있다는 사실을 명시하도록 요청하는 제도다. 임차권등기를 마친 세입자는 이사를 나가더라도 보증금을 돌려받을 권리(대항력, 우선변제권)가 유지된다.

아울러 임대차 계약 시 임대인은 임차인에게 해당 주택의 선순위 보증금 등 임대차 정보와 세금체납액 등을 반드시 제시해야 하는 '주택임대차보호법 일부

개정법률안'도 시행 중이다. 이에 따라 임대인은 해당 주택의 선순위 확정일자 부여일·차임 및 보증금 등 임대차 정보와 국세징수법·지방세징수법에 따른 납세증명서를 임차인에게 의무적으로 제시해야 한다. 개정법의 실효성을 높이기 위해 주택임대차표준계약서도 개정해 임대인이 사전에 고지하지 않은 선순위 임대차 정보나 미납·체납한 국세, 지방세가 있다는 사실이 확인되면 임차인은 위약금 없이 계약을 해제할 수 있도록 하는 특약사항 체결을 권고하고 있다.

'스쿨존 속도제한 완화' 번복에 전국 곳곳 혼선

경찰이 심야시간대 어린이보호구역(스쿨존) 속도제한을 완화하겠다고 발표했다가 하루 만에 사실상 번복했다. 어린이보행자 생명과 직결된 사안을 별다른 준비도 없이 국민에게 알려놓고 슬그머니 주워 담으면서 전국 각지 스쿨존에서 혼선이 빚어졌다.

경찰, 표지판 교체 등 준비 없이 졸속 발표

경찰청은 8월 30일 "스쿨존 시간제 속도제한은 이미 시범운영 중인 전국 8개소에서 우선 운영되며, 이후 지역실정에 맞춰 확대할 예정"이라고 밝혔다. 스쿨

존 시간제 속도제한은 어린이보행자가 적은 밤 시간대 **간선도로***에 있는 스쿨존의 제한속도를 기존 시속 30km에서 50km로 완화하는 내용이다. 그런데 전날 이 같은 내용의 보도자료를 내고 스쿨존 시간제 속도제한을 9월 1일부터 본격 시행한다고 밝힌 지 하루 만에 말을 뒤집었다.

간선도로

도시의 주요지점을 연결해 교통량이 많은 주요 도로로 도시별로 도로명이 지정돼 있다. 교통소통의 원활성 유지를 위해 교통안전시설을 설치하거나 지속적인 지도단속이 필요하다. 반면 보도와 차도가 명확히 구분되지 않은 좁은 도로는 '이면도로' 또는 '생활도로'라고 한다.

경찰의 입장번복에 따라 9월 1일부터 속도제한 완화가 가능한 스쿨존 8곳은 서울 광운초와 인천 부원 · 미산 · 부일 · 부내초, 광주 송원초, 대전 대덕초, 경기 이천 증포초 등이다. 모두 지난해부터 시간제 속도제한을 시범운영 중인 곳이다. 바뀌는 건 아무것도 없는 셈이다.

경찰은 시범운영을 제외하면 속도제한 완화에 필요한 준비를 전혀 하지 않고 졸속 발표한 것으로 파악됐다. 스쿨존 속도제한을 시간대별로 달리하려면 표지판을 바꾸고 가변형 속도표시 전광판을 설치하는 등 시설물을 교체해야 한다. 현장조사와 주민 · 학교 측 의견수렴 등 절차도 필요하다. 경찰 내부에서조

차 전국 모든 스쿨존에 시간제 속도제한을 도입하려면 1년 넘게 걸릴 것이라는 전망이 나온다. 경찰청 관계자는 "현장조사도 필요하고 예산도 소요되는 제도라 현실적으로 올해 안에 많이 바뀌기는 어렵다"고 말했다.

시민 대다수, 번복결정 몰라 혼란

그러나 경찰의 이 같은 방침에 시민들은 대부분 스쿨존 야간 속도제한이 완화된다는 발표는 접했지만 번복된 사실은 처음 알았다는 반응을 보였다. 한 시민은 "스쿨존 속도제한이 기존대로 유지된다는 사실을 전혀 몰랐다"면서 "완화된 줄 알고 시속 50km로 달리다가 단속될 뻔했다"며 한숨을 내쉬었다. 또 다른 시민은 "시속 50km로 완화하는 데에 찬성이었는데 왜 또 갑자기 바뀌었느냐"며 "부분적으로 한다고 하니 너무 헷갈린다"고 고개를 저었다. 이어 "정책을 시행하려면 신중하게 판단해야 하지 않느냐"고 꼬집었다. 또 광운초 등 전국 8개 학교에서 약 1년간 속도제한 완화가 시범운영돼왔지만 인근 주민 중에는 몰랐다는 반응도 적지 않았다. 광운초의 한 학부모는 "야간에 제한속도가 완화되는지 몰랐다"며 "여기만 다르면 운전자들이 헷갈리지 않겠느냐"고 말하기도 했다.

심야시간대 스쿨존 제한속도 완화에 대해서도 시민들 사이에서 의견이 갈렸다. "저녁시간대까지는 몰

라도 어린이가 돌아다니기 힘든 심야시간대까지 시속 30km로 제한하는 것은 과도하다"거나 "(물류 운송기사로서) 운송은 늘 시간과의 싸움인데 사람이 없는데도 속도가 제한돼 답답할 때가 많다"며 찬성하는 시민들이 있는 반면, "주간이든 야간이든 다르지 않아야 운전자들도 덜 헷갈릴 것 같다"며 "야간에 속도를 내다보면 평소 스쿨존에 대한 경각심이 흐려질 것 같다"고 지적하는 시민도 있었다.

27위

중국, '사드 보복' 6년 만에 자국민 한국 단체관광 완전 허용

중국정부가 코로나19 팬데믹 시작 3년여 만에 자국민의 해외 단체여행을 사실상 전면 허용하기로 했다. 이에 따라 2017년 3월께부터 본격화한 '사드(THAAD, 고고도 미사일 방어체계) 보복' 이후 6년여 만에 중국인 관광객의 한국행 단체관광 빗장도 완전히 풀리게 됐다.

단체여행 가능 국가 78개국 추가 … 한미일 포함

8월 10일 중국 문화여유부(문화관광부)는 한국, 미국, 일본 등 세계 78개국에 대한 자국민의 단체여행을 허용한다고 발표했다. 문화여유부는 "중국 공민(국민)의 해외 단체여행과 관련한 여행사 업무를 시범적으로 재개한 뒤 여행시장이 전반적으로 평온하게 운영돼 여행 교류·협력에 긍정적인 역할을 촉진했다"며 이같이 밝혔다. 이번 발표로 중국인의 단체여행이 가능해진 국가에는 한국·일본·미얀마·튀르키예·인도 등 아시아 12개국, 미국·멕시코 등 북중미 8개국, 콜롬비아·페루 등 남미 6개국이 포함됐다. 또 독일·폴란드·스웨덴 등 유럽 27개국과 호주·파푸아뉴기니 등 오세아니아 7개국, 알제리·튀니지·모잠비크 등 아프리카 18개국도 중국인 단체관광이 허용됐다.

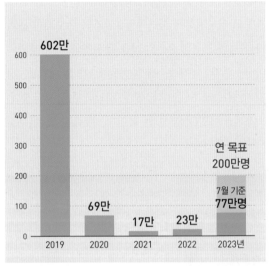

방한 중국인 관광객 추이

- 2019: 602만
- 2020: 69만
- 2021: 17만
- 2022: 23만
- 2023년: 7월 기준 77만명 / 연 목표 200만명

자료 / 한국관광공사

중국은 올해 1월 '제로코로나' 정책 폐기에 따라 태국과 인도네시아 등 20개국에 대한 단체여행 제한을 풀었고, 3월에는 네팔, 베트남, 이란, 요르단, 프랑스, 스페인, 브라질 등 40개국에 대한 자국민 단체여행을 추가로 허용했다. 한국과 미국, 일본 등은 1·2차 단체여행 허용국가 명단에 포함되지 않았다가 이번 발표에 포함됐다. 중국은 2017년 3월 주한미군의 사드배치에 따른 보복의 일환으로 중국 내 여행사를 통한 한국관광을 사실상 금지함에 따라 여

행사들의 단체상품 판매가 일제히 중단되면서 중국인의 한국행 단체관광 행렬은 뚝 끊어졌다. 이후 중국 일부 지역에서 단체관광이 재개되기도 했으나 코로나19 사태로 중국정부가 자국민 해외여행을 전면 금지하면서 다시 중단된 바 있다.

정부 합동 '중국인 방한 관광활성화 방안' 발표

중국인의 한국 단체관광이 재개된 만큼 중국인 관광객 회복세는 더 가팔라질 전망이다. 실제 7월 방한 외국인관광객 1위도 22만 5,000명이 방문한 중국이 차지했다. 지난해 2월 이후 1년 5개월 만의 1위다. 한국관광공사는 "중국관광객은 5월부터 작년 동기보다 10배 이상 증가하며 회복에 속도를 내고 있다"고 설명했다. 이에 맞춰 문화체육관광부는 9월 4일 제20차 비상경제장관회의 겸 수출투자대책회의에서 '중국인 방한 관광활성화 방안'을 발표했다. 올해 하반기 중국인 관광객을 상반기의 3배 규모인 150만명을 유치해 중국인 관광객 수 200만명을 달성하고 국내총생산(GDP) 성장률에 0.16%포인트(p) 기여하는 것이 목표다. 정부는 중국인 관광객 증가를 통해 내수 소비 확대로 연결한다는 계획이다.

해당 방안에 따르면 중국 현지에서 K관광 마케팅을 다변화해 K-관광 로드쇼를 개최, 호텔과 항공권을 현장 생중계로 판매하고 '한국여행의 달' 프로모션도 진행한다. 특히 '2023 한국방문의 해'를 계기로 1만 8,000원 상당의 중국 단체관광객 전자비자발급 수수료를 연말까지 한시적으로 면제한다. 또한 출입국 편리성을 높이기 위해 한중 항공편을 증편하고 입항을 신청한 중국발 크루즈의 접안부두도 신속하게 배치한다. 아울러 중국 관광객이 구매력이 크다는 점을 감안해 주요 관광지에 위치한 K-뷰티 업종과 약국 등 추가 200개소에서 세금 즉시환급이 가능하도록 지원한다. 내년부터 사후 면세점에서 환급이 가능한 최소 기준금액을 기존 3만원에서 1만 5,000원으로 인하하고, 즉시환급금액 한도 또한 기존 1회 50만원에서 70만원으로 높인다. 또 서울에 집중된 중국 관광객의 소비를 다변화하기 위해서는 지역 전통시장, 백년가게 등을 홍보하고, 11월 개최될 '코리아세일페스타*' 기간 면세점 할인축제도 함께 연다. 나아가 저가관광, 출혈경쟁 등을 예방해 중국인 방한 관광시장의 질적 도약을 꾀한다.

코리아세일페스타

2015년부터 시작된 대한민국의 쇼핑관광축제로 대규모 할인행사와 문화축제가 결합된 형태다. '한국판 블랙프라이데이 행사'로도 불린다. 산업통상자원부가 직접 참가업체의 신청을 받아 진행하다가 2019년부터 참가기업에는 매출증대를 위한 판매계기를 마련하고 소비자에게는 다양한 상품을 비교·선택할 수 있는 계기를 제공하기 위해 정부주도에서 민간주도로 바뀌었다.

HOT ISSUE **28위**

사우디 국경수비대, 이주민 수백명 학살 의혹

사우디아라비아 국경수비대가 예멘을 거쳐 자국으로 들어오려는 에티오피아 이주민 수백명을 학살했다는 인권단체의 보고서가 나왔다. 국경수비대는 여성과 아동이 다수 포함된 비무장 이주민들을 상대로 총은 물론 박격포 등 폭발 무기까지 사용했으며 사우디에서 예멘으로 추방된 사람들도 공격하는 만행을 저질렀다는 증언도 쏟아졌다.

박격포 동원한 무차별 공격

국제인권단체 휴먼라이츠워치(HRW)는 8월 21일(현지시간) 공개한 보고서에서 사우디 국경수비대가 지난해 3월부터 올해 6월까지 약 15개월간 에티오피아 이주민 집단을 수십차례 공격해 최소 655명이 숨졌다고 밝혔다. '그들이 우리에게 총알을 비처럼 퍼부었다(They Fired on Us Like Rain)'라는 제목의 보고서에는 에티오피아 이주민 38명을 포함해 모두 42명의 증언과 법의학 전문가들의 검증내용, 사망자 등 현장 사진과 영상, 사우디−예멘 국경지역 위성사진 분석결과 등이 담겼다.

보고서에 따르면 이주민들이 적게는 10명 안팎에서 많게는 200명 가까이 집단을 이뤄 월경을 시도했는데 사우디 국경수비대는 이들에게 박격포 등 포탄을 쏘거나 근거리 총격을 가했다. 인터뷰에 응한 에티오피아 이주민들은 **내전으로 혼란한 모국***에서 바다 건너 예멘으로 간 뒤 육로를 통해 사우디로 넘어가 일자리 찾으려 했다고 전했다. 이들 가운데에는 여성과 어린이도 다수 포함돼 있었다.

에티오피아 내전

2020년 11월 3일 에티오피아 북단 티그라이 지역에서 에티오피아군과 티그라이인민해방전선 사이에 발발한 내전이다. 티그라이인민해방전선이 정부의 군시설을 공격했다는 이유로 에리트레아와 국경을 맞대고 있는 북부 티그라이 지역에 군대를 투입하며 시작됐다. 2년의 내전기간 중 최대 38만~60만명에 달하는 사람이 희생됐고 수백만명이 기아에 시달렸다. 2022년 11월 평화협정으로 종전이 선언됐으나, 여전히 상황이 열악해 수백만명이 식량부족으로 고통받고 있다.

한 생존자는 약 170명이 함께 국경을 건너려다 국경수비대의 공격을 받아 90명이 숨졌다고 말했다. 그는 "시신을 수습하려 현장에 다시 갔던 이들이 사망자 수를 셌는데 90명이었다"고 말했다. 지난 2월에 60명가량으로 구성된 이주집단에 끼어 국경을 넘으려던 14세 소녀는 "포탄공격으로 일행 가운데 약 30명이 숨졌다"고 말했다.

에티오피아 이주민 이동경로

학대행위·인권유린 … 1년간 최소 655명 숨져

생존자들은 사우디 국경수비대의 이러한 공격으로 여성과 어린이를 포함해 수십명이 숨진 것을 목격했으며 사지 일부가 떨어져 나가는 등 심하게 훼손된 시신이 이주민 이동경로를 따라 널려 있었다고 증언했다. 가까스로 살아남은 이들 가운데에도 상당수는 총이나 포탄 파편을 맞아 손가락이나 다리 한쪽을 잃는 등 크게 다쳤다. 보고서 작성을 이끈 HRW 난민·이주민 인권부서의 나디아 하드먼은 영국 BBC 방송과의 인터뷰에서 "최소 655명이지 실제로는 (희생자가) 수천명은 될 것 같다"고 말했다. 체포된 뒤 추방명령을 받아 예멘으로 돌려보내지던 에티오피아 이민자들까지 공격받은 일도 있다고 전해진다. 심지어 공격에서 살아남은 이들에게 다른 생존자를 성폭행하라고 명령하고 이를 거절하면 즉결 처형했으며, 일부 생존자들에게는 어디에 총을 맞을지 선택하라고 강요했다고 생존자들은 전했다.

유엔 국제이주기구(IOM)에 따르면 매년 20만명 이상이 '아프리카의 뿔'로 불리는 동북 아프리카 지역에서 위험을 무릅쓰고 바다를 건너 예멘으로 간 다음 사우디로 이동한다. 인권단체들은 이 과정에서 숱한 이주민들이 투옥과 구타 등 학대행위를 경험하고 있다고 말한다. 앞서 지난해 10월에는 유엔 전문가들이 사우디정부에 서한을 보내 국경에서 대포와

총기를 사용해 이뤄지는 무차별 살해행위를 보고하기도 했으나 주목받지 못했다고 BBC는 전했다.

코로나19 등급 4급으로 전환 … 확진자 집계도 중단

8월 31일 **코로나19 감염병 등급***이 4급으로 하향조정됨에 따라 코로나19 전수조사체계가 종료되고, 기존 호흡기감염병 등과 같이 양성자 및 표본 감시체계로 전환됐다.

코로나19 감염병 등급

감염병은 신고시기, 격리수준에 따라 1~4급으로 분류되는데, 4급은 이 중 가장 낮은 단계다. 독감, 급성호흡기감염증, 수족구병 등이 4급으로 분류된다. 코로나19는 2020년 1월 국내 유입 직후 1급으로 분류됐고, 이후 확산세가 감소하면서 2022년 4월 25일 결핵, 홍역, 콜레라, 장티푸스, A형간염, 한센병 등과 함께 2급으로 분류돼왔다.

의료비 지원, 고위험군·중증환자로 한정

앞서 8월 23일 지영미 질병관리청장은 코로나19 감염병 등급을 2급에서 4급으로 하향조정한다고 밝혔다. 지 청장은 중앙사고수습본부(중수본) 회의 모두발언을 통해 이렇게 밝히며 "일일확진자수 집계와 관리보다는 고위험군 보호 중심으로 목표를 전환할 시점"이라며 "일반 의료체계 내에서 (코로나19를) 관리하고자 한다"고 말했다. 지 청장은 "3년 7개월간 지속된 일일확진자 신고집계는 중단된다"며 "건강한 분들에게는 코로나19가 인플루엔자(독감) 수준으로 위험도가 감소했고 의료대응 역량도 충분히 확보되어 있다"고 설명했다. 그러면서 "6월 4주차부터 증가하던 코로나19 확산세가 최근 주춤하면서

감소세로 전환됐고 전반적인 방역 상황도 안정적으로 관리되고 있다"며 "향후에도 1년에 한두 번 크고 작은 유행이 예상되지만, 전 세계 대부분 국가가 코로나19 일일확진자수 집계를 이미 중단했고 일반의료체계에서 관리하고 있다"고 덧붙였다.

감염병 등급 2급 → 4급 조정에 따른 주요 변경사항

기존 2급	
입원치료비	· 전체 입원환자 지원
생활지원비 유급휴가비	· 중위소득 100% 이하 가구 · 종사자 수 30인 미만 기업
검사비	· 우선순위 PCR 국비지원 · 건보 지원 : 의료기관 PCR · RAT* (유증상자, 선제검사, 고위험환자 등) 　　　　　　　　　* RAT : 전문가용 신속항원검사
재택 · 외래	· 원스톱진료기관 지정 · 재택치료 지원(의원 전화상담료 등)
감시 · 통계	· 전수감시

4급으로 조정 후(8월 31일 시행)	
입원치료비	· 중증에 한해 일부 지원 유지
생활지원비 유급휴가비	· 지원종료
검사비	· 우선순위 PCR 국비지원 유지 (보건소 : 60세 이상, 감염취약시설 종사자, 의료기관 입원환자 및 보호자 등) · 건보 지원 : 먹는 치료제 처방군(외래 PCR · RAT, 입원 PCR), 응급실 · 중환자실 재원환자(입원 PCR · RAT), 선제검사(PCR) · 일반국민은 외래 RAT 비급여전환
재택 · 외래	· 원스톱진료기관 지정 해제 · 재택치료 지원 종료
감시 · 통계	· 양성자 감시

질병청은 일일확진자수 집계를 중단하는 대신 주간 단위로 코로나19 발생 추이와 변이를 면밀히 모니터링한다. 527개 감시기관을 통한 코로나19 양성자 감시, 하수 기반 감시를 운영하고 기존에 운영했던 400여 개의 호흡기감염병 통합 표본감시체계를 고도화해 다층 감시체계를 운영한다. 또한 고령자, 면역저하자와 같은 고위험군 보호를 위해 병원급 의

료기관과 입소형 감염취약시설에서의 마스크 착용 의무는 당분간 유지한다. 아울러 국민 의료비 지원도 일부 유지하기로 했다. 고위험군의 신속항원검사비 일부를 건강보험에서 한시적으로 지원하고 고위험군과 감염취약시설의 무료 유전자증폭(PCR) 검사를 위해 선별진료소 운영도 당분간 유지할 방침이다. 나아가 중증환자의 입원치료비 일부를 연말까지 지원하고, 백신과 치료제도 무상으로 공급해 국민부담을 최소화하겠다는 방침이다.

코로나19 피롤라 변이, 국내 확진자 첫 발생

한편 면역 회피능력이 뛰어난 것으로 추정되는 코로나19 '피롤라(Pirola)' 변이의 국내 확진자가 처음으로 확인됐다. 9월 6일 중앙방역대책본부(방대본)는 앞선 8월 31일 오미크론 BA.2.86이 국내에서 1건 처음 검출됐다고 밝혔다. 해당 변이에 감염된 확진자는 해외여행력이 없어 국내감염 사례로 추정된다. 증상은 경증이며, 동거인·직장 접촉자 중 추가확진자는 없는 것으로 파악됐다.

'피롤라'로 불리는 BA.2.86 변이는 스파이크 단백질의 돌연변이 수가 BA.2보다 30여 개나 많다. 스파이크 단백질은 코로나19 바이러스가 인체세포에 침투하는 데 핵심적인 역할을 하는데, 만약 돌연변이로 스파이크 단백질이 세포에 침투하기 용이한 구조로 변했다면 그만큼 감염이 더 쉬워질 수 있다. 감염병 전문가들은 8월 중순부터 여러 대륙에서 동시다발적으로 BA.2.86가 포착됐다는 사실 때문에 전파경위를 두고 상당한 경계심을 보이고 있다. 덴마크 코펜하겐대학 국립혈청연구소(SSI)의 모르텐 라스무센 선임연구원은 "코로나19가 그렇게 크게 변해 30개의 새 돌연변이를 일으키는 건 드문 일"이라며 "마지막으로 그런 큰 변화를 본 건 오미크론 변이였다"고 말했다. 세계보건기구(WHO)도 새 변이 바이러스에 대해 "잠재적으로 어떤 영향을 미칠지는 알려지지 않았고 신중한 평가를 하고 있다"고 밝혔다.

30위

'LK-99'는 결국 해프닝으로 … '초전도체 아니다' 검증 잇따라

퀀텀에너지연구소 등 한국연구진이 개발했다고 주장하는 사상 최초의 상온·상압 초전도체 'LK-99'에 대해 국내외에서 '초전도체가 아니다'라는 검증결과가 잇따라 나왔다.

단결정 합성 … 초전도체 현상은 불순물 탓

과학저널 '네이처(Nature)'는 8월 16일(현지시간) 파스칼 푸팔 박사가 이끄는 독일 슈투트가르트 막스플랑크 고체연구소 연구팀이 구리와 납, 인, 산소로 이루어진 LK-99의 순수한 **단결정***(Single Crystal) 합성에 성공했으며, 이 단결정은 초전도체가 아니라 절연체임을 밝혀냈다고 보도했다. 푸팔 박사의 독일 연구팀은 한국연구팀이 제시한 초전도 유사현상은 LK-99 제조과정에서 생긴 불순물로 인한 것이라며 "우리는 초전도 존재를 배제한다"고 주장했다.

> **단결정**
>
> 결정 전체가 일정한 결정축을 따라 규칙적으로 생성된 고체나 결정면의 방향이 일정한 것을 말하며, 다결정에 대응하는 말로 사용한다. 다이아몬드가 단결정의 대표적인 예다. 일반적인 반도체나 금속의 경우 미세한 단결정이 모여서 이루어진 다결정이지만 트랜지스터 등을 만드는 반도체는 단결정이어야 한다.

네이처에 따르면 독일연구팀은 한국연구팀과 검증에 나선 외국연구팀들이 대부분 LK-99를 도가니에서 가열해 제조한 것과 달리 '부유영역 결정 성장 (Floating Zone Crystal Growth)' 기법으로 황(S)의 침투를 방지, 황화구리 불순물이 없는 순수한 LK-99 단결정을 만들어냈다. 그 결과 연구팀이 만든 LK-99 단결정은 투명한 보라색으로 실험결과 초전도체가 아니라 저항이 수백만옴(Ω)에 달하는 절연체로 밝혀졌으며, 약간의 강자성과 반자성을 나타내지만 자석 위에서 뜰 정도는 아닌 것으로 드러났다. 푸팔 박사는 LK-99에서 발견된 초전도 유사현상은 순수한 단결정에는 없는 황화구리(C_2S) 불순물에서 기인한 것으로 보인다며 이 실험결과는 (고체특성을 규명하는 데) 단결정이 필요한 이유를 정확히 보여준다고 말했다.

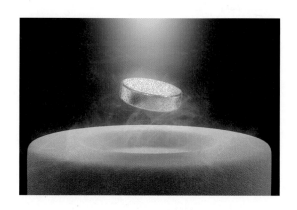

초전도체주 급락, "단순 패닉투매로 보기 어려워"

한국초전도저온학회 LK-99 검증위원회 역시 'LK-99' 재현실험을 진행한 서울대 복합물질상태연구단, 한양대 고압연구소, 부산대 양자물질연구실, 포항공대 물리학과 연구팀 등 네 곳에서 초전도 특성을 보여주는 사례는 나오지 않았다고 8월 31일 밝혔다. 검증위에 따르면 서울대와 한양대, 부산대 연구팀은 논문에서 나온 LK-99 제조방법을 따라 샘플을 제조했는데, 부도체에 가깝거나 저항이 어느 정도 남아있는 특성을 보였다. 포항공대 연구팀은 LK-99 단결정을 만드는 별도공정을 택했는데, 독일 막스플랑크연구소에서 발표한 결과와 마찬가지로 부도체 특성이 나타났다고 밝혔다. 검증위는 단결정을 보는 이유에 대해 단결정 특성을 정확히 파악하게 되면 그 외 현상을 불순물에 의한 특성으로 볼 수 있기 때문이라고 설명했다.

한편 8월 8일(현지시간) 미국 메릴랜드대학 응집물질이론센터(CMTC)가 SNS를 통해 "LK-99는 상온과 저온에서 초전도성이 확인되지 않았다"고 발표한 이후 초전도체 테마주가 급락한 현상에 대해 불과 20분 만에 조정이 신속히 끝났다는 점에서 개인들의 투매보다 알고리즘 매매가 의심된다는 분석이 나왔다. 고경범 유안타증권 연구원은 8월 9일 보고서를 통해 "관련 종목들의 조정과 거래량 증가가 전날 오후 2시부터 사실상 20분 만에 완료됐다"며 이같이 주장했다.

고 연구원은 "LK-99 테마주가 7거래일간 회자된 이슈인 데다 다수의 개인투자자에 주식이 분포돼 있음을 감안하면 8분이라는 조정시간은 극히 짧다"고 판단했다. 이 때문에 "패닉셀(공황매도) 성격의 투매로 평가하기에는 한계가 있다"며 "해당 테마로 시세를 견인한 기존 매수자의 매도로 보는 것이 합리적"이라고 주장했다. 고 연구원은 "(초전도체) 관련주에서 공통으로 발견되는 단시간 내 거래량 폭증과 호가 하락에서 직접시장접근(DMA) 채널 거래가 의심된다"고 꼬집었다. 그는 이번 초전도체 테마주 사례뿐 아니라 이차전지 및 리튬 관련주의 급등락, 셀트리온 3사 합병 이슈에 따른 급등사례를 예로 들며 "최근 시장상황을 보면 알고리즘 매매로 의심되는 경우가 자주 보인다"면서 "투자자의 리스크 노출이 매 거래일 진행되는 만큼 거래질서 문란계좌 지정 등 행정적 조치에 당국이 보다 과감해질 시점"이라고 강조했다. 시대

화제의 뉴스를 간단하게!
간추린 뉴스

새만금잼버리 파행 후폭풍 ··· 여가부는 "전 정부 부지선정 늦은 탓"

김현숙 여성가족부 장관

김현숙 여성가족부 장관은 9월 4일 국회 예산결산특별위원회(예결위) 전체회의에 나와 2023 새만금 세계스카우트 잼버리 파행에 대해 농생명용지를 부지로 사용한 데다 부지조성이 급박하게 이뤄졌고 폭우가 겹친 탓이라고 주장했다. 전 정부의 부지선정 과정을 원인으로 지목하자 야당은 "부지선정은 2017년 박근혜정부 때 결정됐으며, 예산집행은 윤석열정부에서 74% 이루어졌다"고 반발했다. 한편 이번 사태로 전북지역의 새만금 SOC 등 국가예산이 대거 삭감돼 전북정치권과 시민사회가 거세게 반발하기도 했다.

이동관 신임 방통위원장 취임 ··· 법원은 방문진 이사장 해임 집행정지 결정

8월 28일 이동관 신임 방송통신위원장(방통위원장)은 정부과천청사에서 열린 취임식에서 공영방송 개혁을 주장하며, "공영방송의 서비스, 재원, 인력구조 등의 개편을 포함한 공적책무를 명확히 하고 이에 대한 이행여부도 점검할 것"이라고 했다. 그는 "그동안 공영방송이 정치적 편향성으로 가짜뉴스를 확산해 국론을 분열했다"고 지적했다. 한편 방통위가 KBS · MBC 이사진을 대거 개편하는 가운데 9월 11일 법원이 남영진 KBS 전 이사장이 제기한 해임 효력정지 가처분 신청은 기각하고, MBC 대주주인 권태선 방송문화진흥회 이사장에 대한 신청은 인용했다.

이동관 신임 방송통신위원장

유류세 인하 10월 말까지 연장 … 휘발유 25%·경유 37%↓

정부가 8월 17일 유류세 탄력세율 운용방안을 확정·발표하며 유류세 인하 조치를 10월 말까지 연장하기로 했다. 최근 국제유가가 다시 상승세에 접어들면서 민생부담을 덜기 위한 조치다. 휘발유 25%, 경유는 37% 인하율이 유지된다. 정부는 다만 현재 유가 오름세가 장기간 지속하지 않을 것으로 보고, 제도연장기간을 2개월로 짧게 잡았다. 2개월 뒤 유가가 다시 내리면 탄력세율 축소·폐지를 추진하겠다는 의미로 풀이됐다. 기획재정부는 "최근 국내외 유류가격이 상승하고 있어 국민들의 유류비 부담경감이 필요한 점 등을 고려했다"고 설명했다.

신림동 성폭행 살해 피의자 구속기소 … 구는 여성안심귀갓길 예산 삭감

신림동 등산로 성폭행 살인사건 피의자 최윤종

9월 12일 서울중앙지검은 '등산로 성폭행 살인사건'의 피의자 최윤종을 강간 등 살인혐의로 구속기소했다. 최씨는 8월 17일 서울 관악구 신림동 등산로에서 피해여성을 성폭행하려 철제너클을 낀 주먹으로 폭행하고 목 졸라 살해한 혐의를 받는다. 검찰은 최씨가 미필적고의로 살인을 저질렀다고 판단했다. 한편 관악구가 '여성안심귀갓길' 예산을 삭감한 사실이 뒤늦게 알려져 논란이 일기도 했다. 국민의힘 소속 최인호 구의원이 안심귀갓길의 실효성을 문제 삼아 삭감을 주도했는데, 결과적으로 귀갓길 설치를 막은 것이 이번 사건발생과 무관치 않다는 비판이 나왔다.

바그너수장 프리고진, 반란 두 달 만에 비행기사고로 사망

러시아에서 무장반란을 시도한 용병기업 바그너그룹의 수장 예브게니 프리고진이 사태 후 2개월 만에 비행기 추락사고로 사망했다. 블라디미르 푸틴 러시아 대통령은 반란을 중단한 프리고진을 처벌하지 않기로 했으나, 그럼에도 끊이지 않던 신변우려가 현실이 됐다. 8월 23일(현지시간) 러시아 재난당국은 이날 "모스크바에서 상트페테르부르크로 향하던 제트기가 추락했다"며 "승무원 3명을 포함해 탑승한 10명 전원이 사망한 것으로 추정된다"고 밝혔다. 소셜미디어에는 한쪽 날개가 떨어진 비행기로 추정되는 물체가 연기와 함께 수직으로 추락하는 모습의 동영상이 게시됐다.

바그너그룹 수장 예브게니 프리고진

네이버 AI 거대언어모델 하이퍼클로바X 공개 … 성능 우려에 시가총액 ↓

네이버가 8월 24일 자사의 인공지능(AI) 거대언어모델 '하이퍼클로바X'를 공개했다. 네이버 측은 하이퍼클로바X가 창작, 요약, 추론, 번역, 코딩 등을 기반으로 다양한 답변을 제공하는 대화형 AI 서비스로 네이버서비스와 연계해 향후 다양한 기능을 추가할 것이라 밝혔다. 그러나 베타버전 출시 후 실제 사용해본 결과 경쟁사인 오픈AI의 '챗GPT', 구글 '바드'에 비해 답변의 전문성이 크게 떨어져 데이터의 질과 성능에 대한 우려를 낳았다. 이러한 우려 때문에 공개 후 한 달 새 네이버의 시가총액은 4조원가량 증발했다.

수술실 CCTV 의무화 … 의협·병협, "의료인 인격권 침해, 헌법소원 낼 것"

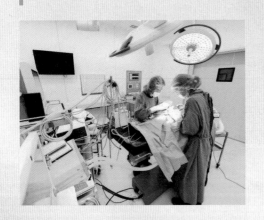

대한의사협회(의협)와 대한병원협회(병협)가 수술실에 폐쇄회로(CC)TV 설치를 의무화하는 의료법 조항이 의료인의 인격권 등을 침해한다며 9월 5일 헌법소원을 제기했다. 의협 등은 "수술실 CCTV 의무화를 규정한 의료법이 의사 등 의료인의 직업수행의 자유, 인격권 등 헌법상 기본권을 일상적으로 침해할 것"이라고 주장했다. 개정 의료법은 환자의 의식이 없는 상태에서 수술하는 수술실 내부에 CCTV를 설치하고 환자나 보호자가 요청할 경우 수술장면을 촬영하도록 했다. 다만 응급수술이나 적극적 조치가 필요한 위험도 높은 수술에는 적용되지 않는다.

민주당 반대에 김남국 의원 제명안 부결 … 여당 "제 식구 감싸기" 반발

가상자산 보유 및 국회 상임위 회의 중 거래논란으로 더불어민주당을 탈당한 김남국 의원에 대한 제명안이 8월 30일 국회 윤리특별위원회 소위원회에서 찬성이 과반이 되지 않아 부결됐다. '친정'인 민주당 의원 3명이 모두 반대표를 던져 찬성과 반대가 3대 3 동수로 나온 것으로 보인다. 민주당 의원들이 반대표를 던진 데는 김 의원의 소명과 2024년 총선 불출마선언이 영향을 미친 것으로 풀이됐다. 다만 정치권 일각에서는 민주당의 온정주의식 '제 식구 감싸기' 아니냐는 지적도 제기됐다. 국민의힘도 "국민에 대한 배신이자, 기본윤리 파산선언"이라고 반발했다.

김남국 의원

美하원의장, 바이든 탄핵조사 지시 … 백악관 "최악의 정치"

미국 공화당 소속인 케빈 매카시 하원의장이 9월 12일(현지시간) 하원의 관련 상임위원회에 조 바이든 미국 대통령에 대한 공식적인 탄핵조사 착수를 지시했다. 매카시 의장은 바이든 대통령의 차남 헌터 바이든 관련 비리의혹을 규명하기 위해 탄핵조사가 필요하다고 주장했다. 탄핵조사(Impeachment Inquiry)는 탄핵추진 가능성을 염두에 두고 진행되는 조사다. 다만 탄핵추진을 위해 꼭 거쳐야 하는 헌법적 절차는 아니다. 이에 백악관 측은 "하원 공화당은 대통령을 9개월간 조사해왔는데도 잘못했다는 증거를 찾지 못했다"며 "최악의 극단적인 정치"라고 비판했다.

조 바이든 미국 대통령(왼쪽)과 케빈 매카시 하원의장

김의철 KBS 사장 해임에 소송 예고 … 야권 "명백히 절차에 하자 있어"

김의철 KBS 사장

김의철 KBS 사장이 9월 12일 자신에 대한 해임 제청안이 이사회에서 표결로 의결된 데 반발하며 법적대응을 예고했다. 김 사장은 "부족함이 많았지만, 그렇다고 해서 사장으로서 해임에 이를 만큼 큰 잘못을 저질렀다고 생각하진 않는다"고 밝혔다. KBS 이사회의 야권 이사 5명이 김 사장 해임이 부당하다고 주장하며 표결 직전 퇴장했지만, 여권 이사들은 김 사장의 해임을 윤석열 대통령에게 제정하기로 의결했다. 이후 야권 이사들은 해임 사유가 논의과정에서 수차례 변경됐고, 표결 직전까지도 사유 건수가 변경됐다며 '명백한 절차적 하자'라고 반발했다.

그치지 않는 금융사 직원 거금 횡령 … 올해만 3,000억원 넘어

은행 등 금융사 임직원들의 횡령액이 올해에만 3,000억원을 넘는 것으로 나타났다. 앞서 금융감독원(금감원)은 2022년 우리은행 직원의 700억대 횡령사건을 계기로 국내은행 내부통제 혁신방안을 통해 장기근무자에 대한 인사관리기준을 강화하고 명령휴가대상자에 동일부서 장기근무자 등도 포함하기로 했다. 하지만 지난 7월 경남은행 직원이 유사한 부서에서 장기간 근무하며 거액을 횡령한 사실이 불거지면서, 금감원의 지침이 제대로 작동하지 않고 있음이 드러났다. 이에 금감원은 금융사들에 내부통제 혁신방안이 제대로 운영되는지 파악할 예정이다.

3,000억원 규모의 횡령이 발생한 BNK 경남은행

리비아 휩쓴 대홍수 … 최소 수천명 이상 사망한 대참사 벌어져

9월 10일 리비아 동부를 덮친 폭풍우 '다니엘'이 야기한 대홍수로 약 4,000여 명이 숨지고 9,000여 명 이상이 실종되는 대참사가 발생했다. 특히 항구도시 '데르나'에 내린 많은 비로 외곽에 있는 댐 2곳이 무너지면서 피해를 키웠고, 향후 사망자 수는 1만명을 넘길 것으로 전망됐다. 피해가 컸던 배경에는 기후변화와 함께 리비아의 정치혼란이 있다는 분석이 제기됐다. 2011년 '아랍의 봄' 혁명 이후로 무정부상태인 리비아에서 댐 등 노후한 기반시설이 관리되지 않았고 재난방지체계도 제대로 작동하지 않았다는 지적이 나왔다.

대홍수로 물에 잠긴 리비아

기초연금, 이제 월 소득 202만원 이하도 받아

급격한 고령화에 노년층의 소득·재산수준이 높아지면서, 65세 이상의 소득하위 70% 노인에게 지급하는 기초연금의 선정기준액도 지속해서 오르고 있다. 월 소득인정액이 선정기준액보다 낮아야 하는데 선정기준액은 노인 단독가구 기준으로 2010년 70만원, 2012년 78만원 등에서 기초노령연금에서 기초연금으로 전환된 2014년 87만원이 된 후 계속 올라 2022년 180만원, 올해는 202만원으로 인상됐다. 전문가는 "세금으로 지급하는 기초연금의 성격상 상당수준의 월 소득인정액을 가진 노인에게 줄 경우 사회적 합의를 끌어내는 데 어려움이 가중될 수 있다"고 지적했다.

이상민 장관 탄핵소추, 167일 만에 기각 … 헌재 전원 "탄핵 사유 안 돼"

헌법재판소가 7월 25일 오후 2시 대심판정에서 열린 이상민 행정안전부 장관 탄핵심판 사건의 선고재판에서 재판관 9명의 전원일치 의견으로 기각 결정했다. 국무위원에 대한 헌정사상 첫 탄핵심판 결론이다. 헌재는 "이 장관은 행정안전부의 장이므로 사회재난과 인명피해의 책임에서 자유로울 수 없다"면서도 "헌법과 법률을 위반해 국민을 보호해야 할 의무를 다하지 못했다고 보기 어렵다"고 밝혔다. 이에 여당은 무리한 탄핵소추를 추진한 야당이 책임져야 한다고 비판한 반면, 유족과 야당은 납득할 수 없는 결정이라고 반발했다.

이상민 행정안전부 장관

97명 목숨 앗아간 하와이 산불 ··· 100년만 미국 최악참사

8월 8일 하와이 마우이섬 서부 해변마을 라하이나에서 발생한 산불이 허리케인이 몰고 온 강풍을 타고 삽시간에 번져 역사상 최악의 인명피해를 냈다. 이번 산불은 여의도 면적의 약 3배에 달하는 2,170에이커(8.78km²)를 태우면서 주택 2,200여 채를 파괴했고, 97명의 목숨을 앗아갔다. 당국은 이 지역의 재건에 필요한 비용을 60억달러(약 8조원)로 추산했다. 참사원인에 대해 경보시스템이 제대로 작동하지 않아 주민들의 대피가 지연됐고, 당국이 수년전부터 울렸던 경고음을 묵살했던 것으로 드러나면서 '인재론'도 제기됐다.

하와이 마우이섬 산불로 초토화된 라하이나 마을

문재인 전 대통령, '文 부친 친일파' 발언 박민식 보훈장관 고소

문재인 전 대통령

문재인정부 청와대 국정상황실장 출신인 윤건영 더불어민주당 의원은 "문 전 대통령이 9월 12일 사자(死者) 명예훼손 혐의로 박민식 국가보훈부 장관을 양산경찰서에 고소했다"고 밝혔다. 이어 "박 장관이 아무 근거 없이 문 전 대통령 부친에 대해 '친일을 했다'고 매도한 탓"이라고 성토했다. 박 장관은 9월 6일 열린 국회 정무위원회 전체회의에서 "문 전 대통령 부친은 일제시대 흥남시청 농업계장(실제 해방 이후)을 했는데, 친일파가 아니냐"고 말했다. 해당 발언은 일제강점기 간도특설대에서 복무한 백선엽 장군이 친일파가 아니라는 취지로 주장하는 과정에서 나왔다.

'K콘텐츠 불법유통' 처벌 강화 ··· 최대 3배 징벌적 손배 도입키로

국민의힘과 정부는 7월 31일 국회에서 'K-콘텐츠 불법유통 근절' 대책마련을 위한 민당정 협의회를 열고 K-콘텐츠 등 동영상콘텐츠의 불법유통사이트에 대해 최대 3배의 징벌적 손해배상을 허용하는 방안을 도입하기로 했다. 해당 협의회는 국내 온라인 동영상 서비스(OTT) 콘텐츠를 불법으로 스트리밍하던 '누누티비'의 재등장을 막고, 해외공조 등을 통해 정부의 대응역량을 강화하겠다는 취지로 열렸다. 당정은 또 저작권을 침해한 웹사이트를 차단하는 방송통신위원회 설치 및 운영에 관한 법률 등도 조속히 입법을 추진한다는 방침이다.

불법 스트리밍 서비스 사이트

육군 ROTC, 창군 이래 첫 추가모집 ··· 초급간부 구인난 심화

육군이 창군 이래 처음으로 학군사관(ROTC) 후보생 추가모집에 나섰다. 7월 30일 육군학생군사학교는 8월 ROTC 후보생 추가모집 공고를 낸다고 밝혔다. 학군장교 경쟁률은 2015년 4.8 대 1에서 2022년 2.4 대 1로 떨어졌으며, 올해는 더 낮아져 사상최저 경쟁률을 기록한 것으로 전해졌다. 육군학생군사학교는 매년 3월에만 이뤄지던 학군장교 임관을 올해부터 연 2회로 확대하는 등 제도개선에 힘쓰고 있으나, 보다 근본적 대책이 필요하다는 지적이 많다. 군별로 24~36개월에 달하는 복무기간 단축을 검토하고 있다는 지난 4월 이종섭 당시 국방부 장관의 언급도 있었다.

어린 아들 남긴 채 40대 여성 사망 ··· 복지시스템 보완해야

사망사건이 발생한 전주시 빌라의 현관문 앞

지난 9월 8일 전북 전주의 한 빌라에서 생활고에 시달리다 숨진 40대 여성 A씨와 의식을 잃은 출생미등록 아동이 집주인 신고로 출동한 경찰 등에 발견됐다. 이번 사건으로 우리나라의 여전한 '복지 사각지대'가 다시 드러났다. 고질적 문제인 인력부족으로 위기가구 사후 모니터링 또한 행정의 손길이 미치지 못하고 있는 것이다. 한편 A씨 옆에서 발견된 아동은 출산기록이 없어 신원파악에 어려움을 겪은 것으로 알려졌다. 전주시는 병원에 이송된 아동의 건강이 회복됨에 따라 A씨의 친인척에게 아동을 맡아 기를 의향이 있는지 물을 예정이라고 밝혔다.

서울광장 지하공간 40년 만에 공개 ··· "도심명소로 재탄생시킬 것"

서울광장 13m 아래에 숨겨져 있던 1,000여 평 지하공간이 40년 만에 시민에게 공개됐다. 해당 구간은 시청역과 을지로입구역 사이의 지하 2층 미개방 공간이다. 폭 9.5m·높이 4.5m에 총길이 335m, 3,182m²에 달하는 이 공간은 전국 최초로 조성된 지하상가 아래, 지하철 2호선 선로 위쪽에 위치하며 언제 무슨 용도로 만들어졌는지 밝혀지지 않았다. 시는 높이가 다른 지하철 2호선 시청역과 을지로입구역을 연결하기 위해 만든 공간, 또는 방공호로 추측하고 있다. 시는 이 공간을 '지하철 역사 혁신프로젝트' 시범사업지에 포함해 도심 속 명소로 재탄생시킬 계획이다.

공개된 서울광장 지하공간

2025년부터 마이데이터 제도 본격시행 … 민감 개인영역은 허가제로 운영

2025년 전 분야 마이데이터(개인정보 전송요구권) 적용을 앞두고 국민 삶에 밀접한 보건의료, 고용노동, 부동산 등의 부문부터 마이데이터 제도가 도입된다. 정부는 8월 17일 이러한 내용의 국가 마이데이터 혁신 추진전략을 발표했다. 마이데이터는 자신의 개인정보를 보유한 기업이나 기관에 그 정보를 다른 곳으로 옮기도록 요구할 수 있는 서비스를 말한다. 정부는 초기에 체감효과가 높은 부문부터 우선도입하고 단계적·점진적으로 확대하기로 했다. 다만 의료와 같이 진료기록 등 민감정보를 대규모로 취급하는 등 공적보호가 강하게 요구되는 영역은 허가제로 운영한다.

개인정보보호위원회

고령 목장 탈출 암사자 1시간 만에 사살 … "맹수사육 요건 강화해야"

고령군 소재 목장에서 탈출한 암사자

8월 14일 경북 고령군 한 민간목장에서 키우던 암사자가 탈출했다가 1시간여 만에 목장인근 풀숲에서 사살됐다. 이번 사건을 계기로 맹수사육 요건을 강화해야 한다는 목소리가 나왔다. 환경당국에 따르면 현행 야생동물 보호 및 관리에 관한 법률에는 사자 같은 맹수를 키우려면 사육장·방사장이 기준에 맞는 면적과 펜스 높이를 마리당 갖춰야 한다. 그러나 잠금시설에 관해서는 상대적으로 요건이 까다롭지 않다. 또한 수사당국은 관련법령 미비로 목장관계자 등을 상대로 수사에 착수조차 하지 못하는 것으로 나타났다.

가야고분군, 우리나라의 16번째 세계유산으로 등재됐다

한반도에 존재했던 고대문명 가야를 대표하는 고분유적 7곳을 묶은 '가야고분군(Gaya Tumuli)'이 유네스코 세계유산이 됐다. 유네스코 세계유산위원회는 9월 17일(현지시간) 가야고분군을 세계유산 목록에 등재하기로 결정했다. 위원회는 "주변국과 자율적이고, 수평적인 독특한 체계를 유지하며 동아시아 고대문명의 다양성을 보여주는 중요한 증거가 된다는 점에서 '탁월한 보편적 가치'가 인정된다"고 평가했다. 가야고분군은 1~6세기 중엽에 걸쳐 영남과 호남지역에 존재했던 고분군 7곳을 묶은 연속유산으로, 가야의 역사와 문명을 보여주는 '타임캡슐'로 여겨진다.

경남 김해 대성동 고분군

수능 전 마지막 9월 모의평가
사라진 킬러문항

모평에서 빠진 킬러문항

교육부와 한국교육과정평가원에 따르면 이날 전국 2,139개 고등학교(교육청 포함)와 485개 지정학원에서 9월 모의평가가 치러졌다.

이날 모의평가는 지난 6월 정부가 킬러문항 배제 방침을 밝힌 이후, 오는 11월 시행될 수능의 출제방향을 탐색해볼 수 있는 처음이자 마지막 모의평가였다.

핵심 브리핑

9월 6일 실시된 2024학년도 대학수학능력시험(수능) 9월 모의평가는 '킬러문항(초고난도 문항)'이 배제되고 EBS와의 연계가 강화된 것으로 평가됐다. 전문가들은 생소한 소재나 전문적인 배경지식이 있으면 풀기 쉬운 문제 대신, 지문을 끝까지 읽고 제시된 정보를 파악해야 풀 수 있는 문제와 까다로운 선택지가 변별력 확보에 활용됐다고 분석했다.

EBS 현장교사단은 주요 과목에서 킬러문항이 빠지면서 과도한 추론·계산, 사전지식 요구가 없어졌으며 공교육 연계성이 강화됐다고 강조했다.

입시업계도 9월 모평이 어느 정도 변별력을 갖췄다고 평가했으나 킬러문항이 빠지면서 전년도 수능보다 쉽게 출제됐다며 난도 분석에 대한 의견은 엇갈렸다.

킬러문항 배제로 반수에 뛰어드는 졸업생이 많아졌고, 통합수능에서 이과가 유리한 점이 드러나는 등 복합적 요인이 작용했다는 분석이다.

한편 11월 16일 치러지는 2024학년도 수능에 수험생 50만 5,000명이 지원한 가운데 재수생과 N수생 등 졸업생 비중이 28년 만에 최고를 경신했다.

언론자유와 뉴스신뢰도
정부별 비교 가능하다?

What?

이동관 방송통신위원장 임명과정에서 벌어진 여야 공방이 역대 정부의 언론정책 공정성 시비로 비화됐다. 실상 정부마다 우호적 여론조성을 위해 언론에 유·무형의 영향력을 행사해온 것이 사실이고 언론장악과 여론조작이 드러나 책임자들이 단죄되기도 했는데, 정부별 언론정책의 공정성과 언론 간섭정도를 비교할 수 있는지 궁금증이 제기됐다.

우리나라, 편향적 뉴스소비로 신뢰도 세계 최하위

국가별 언론환경을 평가하는 중요한 두 가지 지표가 언론자유와 뉴스신뢰도다. 그러나 이 둘이 반드시 일치하는 것은 아니다. 영국 옥스퍼드대학교 부설 로이터저널리즘연구소와 한국언론진흥재단이 함께 발간한 '디지털 뉴스 리포트(2018년 한국어판)'는 자유도와 신뢰도를 토대로 37개 주요국의 언론환경을 ① 자유도와 신뢰도가 모두 높은 나라 ② 뉴스신뢰도는 높지만 언론자유는 취약한 나라 ③ 언론자유가 보장되지만 뉴스신뢰도는 낮은 나라 ④ 자유도와 신뢰도가 모두 낮은 나라 등 4가지로 분류했다. 그 결과 가장 바람직한 ①유형에는 핀란드·네덜란드·캐나다·독일이, 가장 취약한 ④유형에는 말레

이시아·불가리아·튀르키예가 해당한다. 우리나라는 미국·프랑스·대만과 함께 ③유형으로 분류됐으며, ②유형은 싱가포르·멕시코였다. 이러한 분석에 따르면 우리나라는 국제적으로 뉴스신뢰도는 낮지만 언론자유는 양호한 수준으로 평가됐다.

로이터저널리즘연구소가 평가한 연도별 뉴스신뢰도를 보면 우리나라는 2016년 22%(25위, 조사대상 26개국), 2017년 23%(36위, 36개국), 2018년 25%(37위, 37개국), 2019년 22%(38위, 38개국), 2020년 21%(40위, 40개국)로 거의 매년 최하위에 머물렀다. 2021년 32%(38위, 46개국)로 개선되는 듯했으나 이후 2022년 정부가 바뀐 후 30%(40위, 46개국),

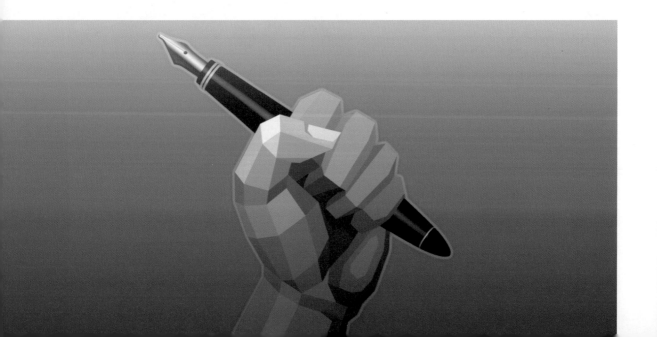

2023년 28%(41위, 46개국)로 다시 내림세다. 이처럼 눈에 띄게 낮은 우리나라 언론신뢰도의 원인으로는 인터넷 언론매체들의 난립, 속보경쟁, 언론사의 취약한 수익모델로 인한 뉴스품질 저하가 꼽혀왔다. 그러나 최근에는 심화하는 진영대결, 정치 양극화와 맞물린 이용자들의 편향적인 뉴스소비와 이를 부추기는 언론이 더 큰 원인으로 지적된다.

안수찬 세명대 저널리즘대학원 교수는 2022년 한 논평에서 "정파적 뉴스는 이용자에게 강력한 효능감을 부여하고 생산자에게 저렴한 비용으로 수익을 올릴 수 있는 경제적 이득을 제공한다"며 "진보적 뉴스이용자가 보수언론을 향해, 보수적 뉴스이용자가 진보언론을 향해, 비정파적 뉴스이용자가 정파적인 언론 전반을 향해 보내는 평가가 융합돼 언론불신이 나타났다고 할 수 있다"고 분석했다. 우리나라 언론신뢰도가 시기별로 큰 차이 없이 낮은 수준을 유지하는 것은 이 같은 현상과 맞물린 것으로 분석할 수 있다. 정권교체로 언론지형에 적지 않은 변화가 생겨도 낮은 언론신뢰도는 크게 변하지 않는 것이다.

언론자유, 이명박·박근혜정부 ↓ 문재인정부 ↑

이에 반해 언론자유를 보여주는 지표는 시기별, 정부별로 변화가 큰 것으로 파악됐다. 국경없는기자회(RSF)에서 매년 발표하는 '세계언론자유지수' 국가별 순위를 비교해 보면 우리나라는 노무현정부 시절 31위(2006년)까지 올랐으나 이명박정부 때 69위(2009년), 박근혜정부 때 역대 최저인 70위(2016년)까지 떨어졌다. 문재인정부 때는 41~43위(2018~22년)로 상승해 유지하다 윤석열정부 들어 47위(2023년)로 내려섰다. 언론인에 대한 위협이나 언론매체에 대한 압박을 감시하는 RSF는 2002년부터 세계 각국(현재 180개국)에서 현지 언론인과 외국 언론사 특파원, 언론연구자, 법률·지역 전문가 등에 대한 설문조사를 토대로 언론자유 수준을 점수화해 순위를 정하는데, 가장 대표적인 언론자유 지표로 통한다. 로이터저널리즘연구소가 2018년 국가별 언론환경을 분석하면서 언론자유를 비교할 때도 RSF의 조사결과를 참조했다.

한국언론진흥재단이 국내 언론인을 대상으로 2년 또는 4년마다 실시해온 '언론인 의식조사' 결과에서도 비슷한 양상을 확인할 수 있다. 관련 보고서들에 따르면 일선 언론인들이 평가한 우리나라 언론자유도(5점 척도 평균)는 2007년 3.35에서 2009년 3.06, 2013년 2.88, 2017년 2.85로 떨어진 뒤 2019년 3.31, 2021년 3.44로 다시 회복됐다. 이는 이명박·박근혜정부 시절 후퇴됐던 언론자유가 문재인정부 들어 개선된 것으로 인식한 일선 언론인들이 다수였음을 시사한다. 또한 '언론의 자유를 직·간접적으로 제한하는 요인'에 대한 언론인들의 연도별 응답 추이를 보면 언론인들이 직접 느낀 정치적 압력도 시기별로 차이가 있었다. 즉, 일반 뉴스이용자들을 대상으로 조사한 언론신뢰도는 편향적인 뉴스소비 등으로 인해 시기별로 큰 차이가 없었으나, 일선 언론인이나 전문가들이 참여한 언론자유 평가는 정부별로 적지 않은 부침이 있었다고 볼 수 있다. 🔲

Fact!

국내 뉴스를 이용하는 일반인들의 언론신뢰도는 편향적인 뉴스소비와 언론사들의 부추김으로 인해 시기별로 큰 차이 없이 낮게 유지됐으나, 일선 언론인과 전문가들이 참여한 언론자유에 대한 평가는 정부별로 차이가 있는 것으로 나타났다.

정부, 한은 차입금만 100조원 …
13년 만에 최대

정부가 올해 들어 감소한 세수에 따른 자금부족을 메우기 위해 한국은행(한은)에서 빌려 쓴 단기차입금이 100조원을 넘어선 것으로 드러났다. 정부 차입금은 한은이 관련 통계를 전산화한 이래 가장 빠른 속도로 증가하고 있으며, 정부가 올해 한은에 지급한 이자 또한 연간 기준으로 이미 역대 최대치를 기록했다.

8월 14일 한은이 국회 기획재정위원회 소속 양경숙 더불어민주당 의원에게 제출한 '대(對)정부 일시대출·이자액 내역' 자료에 따르면 정부가 올해 1월부터 7월 말까지 한은으로부터 일시 대출해간 누적 금액은 총 100조 8,000억원으로 집계됐다. 이는 과거 한은의 연도별로 같은 기간 일시대출액과 비교했을 때 해당 통계가 전산화된 2010년 이래 13년 만에 가장 많은 금액이다.

한은의 대정부 일시대출제도는 정부가 회계연도 중 세입과 세출 간 시차에 따라 발생하는 일시적 자금 부족을 메우기 위해 활용하는 수단이다. 개인이 시중은행으로부터 마이너스통장(신용한도대출)을 열어놓고 필요할 때 부족한 자금을 충당하는 것과 비슷하다. 따라서 올해 정부가 13년 만에 가장 많이 이른바 '한은 마이너스통장'을 이용했다는 것은 그만큼 재원을 임시변통하는 일이 잦았다는 뜻이다.

마이너스통장과 마찬가지로 한은의 대정부 일시대출금에도 한도는 있어서 올해의 경우 ▲ 통합계정 40조원 ▲ 양곡관리특별회계 2조원 ▲ 공공자금관리기금 8조원 등 최대 50조원까지 빌릴 수 있다. 이를 근거로 정부는 올해 들어 한은 대출잔액이 50조원을 넘지 않는 범위에서 빌리고 갚기를 반복해온 것이다.

한은에 지급한 8월까지 이자만 1,492억원

❖ 세수결손에 따른 재원 임시변통
❖ 대출이자 + 재정증권 발행이자 = 3,947억원
❖ 만성적 재정위기 우려

한은의 대정부 일시대출의 법적 근거는 국고금 관리법, 한국은행법, 공공자금관리기금법 등에서 찾을 수 있다. 우선 국고금 관리법 제32조 제1항은 '국가는 국고금의 출납상 필요할 때 제33조에 따른 재정증권의 발행, 한은으로부터의 일시차입, 그 밖에 대통령령으로 정하는 방법으로 자금을 조달할 수 있다'고 규정하고 있다. 다만 같은 조 제2항에 따라 조달한 자금은 그 회계연도의 세입으로 상환해야 한다. 한국은행법 제75조 제1항 또한 '한은은 정부에 대해 당좌대출 또는 그 외 형식의 여신을 할 수 있으며, 정부로부터 국채를 직접 인수할 수 있다'고 규정하고 있다.

대정부 일시대출금 내역(2021~2023.7, 단위 : 억원)

월	2021		2022		2023	
	누계	잔액	누계	잔액	누계	잔액
1	–	1,130	–	–	35,000	–
2	–	1,130	–	–	165,000	165,000
3	65,000	66,130	115,000	115,000	281,000	310,000
4	–	1,130	–	–	171,000	87,000
5	–	1,130	70,000	70,000	61,000	50,000
6	10,000	11,130	117,000	117,000	159,000	159,000
7	–	1,130	–	–	136,000	–
8	–	1,130	40,000	40,000		
9	1,130	1,130	–	–		
10	–	1,130	–	–		
11	–	–	–	–		
12	–	–	–	–		
계	76,130		342,000		1,008,000	

한국은행법 제75조 3항에 따라 이율 등 대출조건은 금융통화위원회(금통위)가 정하는데, 올해 1월 12일 금통위 회의에서 의결된 '대정부 일시대출금 한도 및 대출조건'에 따르면 이자율은 '(대출) 직전분기 마지막 달 중 91일물(CD) 한은 통화안정증권의 일평균 유통수익률에 0.10%포인트(p)를 더한 수준'이다. 이 기준에 따라 정부가 올해 들어 6월 말까지 한은에 지급한 이자만 1,141억원(1분기 642억원 + 2분기 499억원)에 이른다. 직전 연간 최대치였던 2020년의 471억원을 훌쩍 넘어섰을 뿐만 아니라 전산통계가 존재하는 2010년 이후 최대규모다.

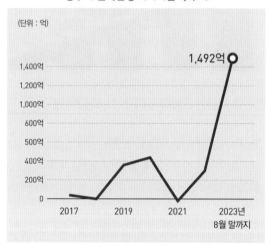

정부의 한국은행 이자지급액 추이

(단위 : 억)

1,492억

자료 / 국회 기획재정위원회 한병도 의원실

문제는 경기둔화 장기화와 부동산시장 침체, 각종 감세조치를 고려하면 향후 정부차입과 이자부담은 증가할 것이라는 점이다. 실제로 6월 1,141억원이었던 이자액은 8월 말 1,492억원으로 늘었다. 일시대출 누적액이 지난해 전체(34조 2,000억원)의 3배가 넘기 때문이다. 코로나19로 재정투입 수요가 늘었던 2020년 전체(102조 9,000억원)와 비교해도 많다. 이 때문에 재정증권 발행에 따른 이자액 2,455억원을 합치면 정부가 급전을 당겨썼다가 지출한 이자는 3,947억원이나 된다.

원인은 세수결손 … 감세정책 기조는 여전

❖ 2023년 세수결손 60조원 예상
❖ 고소득층·대기업엔 감세정책
❖ 미래세대·복지에는 긴축재정

한은의 정부 일시대출 연간 누적액은 코로나19 대유행 사태가 터진 2020년 102조 9,000억원으로 가장 많았지만, 그해 1~7월 누적액(90조 5,000억원)은 올해보다 적었다. 또 2020년에는 정부가 66조 8,000억원에 이르는 대규모 추가경정예산으로 재정운용의 기반을 정비한 반면, 올해는 급격히 불어나는 세수결손을 한은에서 임시로 빌리는 단기자금으로 메우고 있는 꼴이다. 이에 양경숙 의원은 "코로나19 사태와 같은 특수한 상황이 아님에도 정부가 이미 100조원 넘게 한은으로부터 차입했다는 것은 그만큼 재정운용에 문제가 많다는 방증"이라며 "정부가 대규모 세수결손에 대한 근본적인 대책 없이 감세기조를 이어갈 경우 만성적인 재정위기를 초래할 수도 있을 것"이라고 지적했다.

실제로 올해 1~7월 국세수입은 217조 6,000억원으로 작년 동기보다 43조 4,000억원 줄었다. 추세를 고려하면 세수 부족분이 50조원을 웃도는 상황을 피하기 어렵다는 기류다. 이를 감안하면 올해 세수 부족분은 50조원을 넘어 60조원가량에 달할 것이라는 분석이 정부 안팎에서 제기되고 있다. 60조원 규모 세수공백이 현실화된다면 올해 세입예산은 기존 400조 5,000억원에서 340조원대로 대폭 낮춰진다. 9월 1일 기재부가 국회에 제출한 '2024년도 국세수입 예산안'에 당초 국세 전망치보다 33조원가량 줄어들 것이라고 전망했지만, 그에 2배 가까운 결손이 예상되고 있는 것이다.

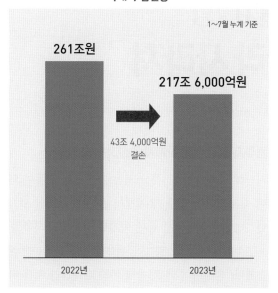

국세 수입현황

1~7월 누계 기준

261조원

217조 6,000억원

43조 4,000억원
결손

2022년   2023년

자료 / 기획재정부

이런 상황에서 정부는 주택 취득 시 적용하는 중과 세율을 2주택까지 폐지하고, 3주택 이상 및 법인의 중과세율을 현행 12%에서 절반 수준인 6%까지 인하할 예정이다. 공시가격 3억원 이상 주택을 증여할 때 발생하는 취득세 중과세율도 완화되고, 다주택자에 대한 양도소득세 중과배제 또한 연장된다. 종부세가 지금보다 덜 걷힌다는 의미다.

대신 내년도 연구개발(R&D) 예산 5조 2,000억원을 삭감하고, 독도주권 수호 예산을 25%, 일본군 위안부·강제동원·간토대학살 등 일본의 역사왜곡 대응 연구사업 예산을 73% 삭감했다. 노인요양시설 확충, 어린이재활병원 건립, 어린이집 확충, 청소년 학교폭력 예방, 장애인 복지시설의 기능보강 사업, 가정폭력·성폭력 재발방지사업, 심지어 기후변화 대응사업까지 성과를 평가할 지표가 미흡하다는 이유를 들어 줄줄이 삭감했다. 이에 오준호 기본소득당 공동대표는 고소득층과 대기업에 집중된 감세정책으로 재정의 지속성이 위축되고, 미래세대를 위한 투자도 삭감되고 있다며 정부가 재정기조를 전환해

야 한다고 촉구했다. 이어 "감세기조를 폐지해 세수를 확충하고 연구개발 예산 등 미래투자 예산을 다시 확보해야 한다"고 말했다.

감세 → 긴축재정 → 경기둔화 ⋯ 악순환 우려

한은이 일시대출금을 마련하기 위해 돈을 발행하는 것을 고려했을 때 정부가 돈을 빌릴수록 원화 값이 떨어지고 물가상승 압력으로 작용할 수 있다는 점도 우려할 대목이다. 한은 금통위도 1월 대출조건을 결정하면서 "한은 차입에 앞서 재정증권(국채, 지방채 등)을 통해 조달하도록 노력해야 한다"고 조언했다. 그러나 정부는 재정건전성을 유지하겠다며 여전히 국채발행에 소극적이다. 한은 차입금과 재정증권은 국가채무에 잡히지 않기 때문이다. 하지만 국가채무 지표에만 안 잡힐 뿐 실제로는 빚이 늘었고 거액의 이자도 계속 나가고 있다. 재정지표를 실제보다 좋게 보이도록 하기 위한 사실상의 '분식회계'가 아니냐는 지적이 나오는 이유다.

경기둔화가 계속되는 만큼 재정의 적극적인 역할을 요구하는 목소리가 커지고 있는 것도 정부의 고민이다. 재정투입으로 경기 활성화에 나서야 내년도 세입이 늘어난다는 논리다. 2021년 코로나19 위기 때 문재인정부가 사회적 거리두기로 침체된 경기를 부양하기 위해 재난지원금을 지급하고 자영업자에 대한 대출 완화 및 증대 조치에 나선 것과 같은 맥락에서 이해할 수 있다.

내년 4월 총선도 변수다. 국회 과반의석을 차지한 제1야당 더불어민주당이 꾸준히 경기대응 등을 위한 추경 편성을 주장하는 상황인 데다가 여당에서도 적극적인 재정투입으로 표심을 잡아야 한다는 지적이 나오고 있다. 뉴대

합계출산율 0.7명
이러다간 나라 사라져

멈추지 않고 역대 최저치 경신하는 출산율

지난해 출생아 수가 사상 처음 25만명을 밑돌며 역대 최저를 기록했다. 통계청이 올해 8월 30일 발표한 '2022년 출생통계' 등에 따르면 지난해 출생아 수는 24만 9,000명으로 1년 전보다 1만 1,000명 감소했다. 출생아 수가 25만명 아래로 내려간 것은 관련 통계작성이 시작된 1970년 이후 처음이다. 1970년 100만명을 넘던 출생아 수는 2002년 40만명대로 내려갔고 2020년에는 30만명 선까지 무너졌다. 출생아 수는 올해 2분기 기준으로도 작년 동기 대비 6.8% 감소한 5만 6,087명으로 역대 최저치다. 여기에 올해 2분기 합계출산율(여성 1명이 평생 낳을 것으로 예상되는 평균 출생아 수)은 무려 0.7명으로 작년 동기 대비 0.05명 줄었다.

초저출산에 국가 보전을 걱정해야 할 판

인구절벽 양상에 대한 우려가 해소될 기미는커녕 점점 깊어지는 형국이다. 우리나라 합계출산율은 2021년 기준으로 경제협력개발기구(OECD) 회원국 중 역대 최저에 머물러 있다. OECD 주요국들의 평균 합계출산율은 2021년 기준 1.58명 수준인데, 우리나라는 OECD 회원국 중 유일하게 1명을 밑돌고 있다. 국가별로 비교해봐도 가히 심각한 수준임을 알 수 있다.

지역별로 보면 전국 모든 시군구의 합계출산율이 대체출산율인 2.1명보다 낮았다. 대체출산율은 현재의 인구규모를 유지하는 데 필요한 합계출산율을 의미한다. 즉, 모든 지역에서 인구가 감소할 것이란 예측이 가능하다. 전국 시군구 중 서울 관악구가 합계출산율이 0.42명으로 가장 낮았는데, 가장 높은 전남 영광군도 1.80명 수준에 불과하다.

작금의 추이대로라면 국가의 생존을 걱정해야 할 상황이다. 인종·성별·계급 분야 전문가인 조앤 윌리엄스 캘리포니아주립대 명예교수는 국내 한 방송사의 저출산 관련 다큐멘터리에 출연해 우리나라의 지난해 합계출산율(0.78명)을 전해 듣고 경악했다. 그러면서 "대한민국은 망했다. 그 정도로 낮은 수치의 출산율은 들어본 일이 없다"고까지 말했다.

추락하는 출산율과 함께 결혼과 출산 시점이 갈수록 늦어지는 현상도 계속되고 있다. 지난해 출생아 부(父)의 평균연령은 2021년(35.9세)보다 높은 36.0세다. 모(母)의 평균출산연령 또한 33.5세로 1년 전보다 0.2세 높게 나타나면서 부모 양편에서 나란히 역대 최고치를 경신했다.

달라지는 청년의식에 맞춘 대책 필요해

정부는 8월 29일 공개한 2024년도 예산안에서 저출산 극복을 위한 새로운 대책들을 내놓았다. 출산가구에 연 7만호를 특별공급 또는 우선공급하고, 최대 유급육아휴직 기간을 1년에서 1년 6개월로 늘린다는 내용 등이다. 결혼장려를 위해 결혼 시 증여세 한도를 1인 5,000만원에서 1억 5,000만원(총 3억원)으로 올린다. 그러나 이런 출산·육아 지원과 관련된 정부 대책에만 안주해선 안 된다.

통계청이 공개한 '청년의 의식변화' 조사결과에 따르면 결혼을 긍정적으로 생각하는 청년이 36.4%에 그친다. 10년 전인 2012년(56.5%)보다 20.1%포인트 급감한 수치다. 또 청년 절반 이상은 결혼을 하더라도 자녀를 가질 필요가 없다고 생각하는 것으로 나타났다. 다양한 대책과 함께 청년층의 의식변화에 맞춘 혁신적 방안을 고심할 필요가 있다. 인구절벽 우려를 해소하기 위한 특단의 방책을 심도있게 강구하고 사회적 논의에도 속도를 내야 한다. 시대

중국 덮친 경기침체
세계에 닥칠 영향은?

서울 중구의 면세점 앞에서 입장을 기다리는 외국인 관광객들

중국의 경기둔화가 전 세계 경제전반에 파장을 부르고 있다. 최근까지 수개월 이어진 중국경제의 급격한 둔화는 전 세계에 경고음을 울리고 있다. 국제통화기금이 중국 성장률이 1%포인트 상승하면 전 세계적으로 경제가 약 0.3%포인트 확장하는 것으로 추산한 자료를 보듯 중국경제의 영향력은 막강하다. 세계 각국은 중국의 모든 품목의 수입이 감소하자 자국경제에 미칠 타격에 대비하고 있다.

부동산 위기 속 부진한 경제성장까지

세계 2위의 경제대국인 중국이 최근 심각한 부동산위기 속에 디플레이션(경기침체 속 물가하락)에 진입하자 세계경제에 미칠 파급효과에 관심이 쏠렸다. 일부 전문가는 디플레이션이 전 세계로 확산할 수 있다고 내다봤고, 일각에서는 중국경제 불안이 세계시장에 부담을 줄 수 있다는 우려도 나왔다. 중국의 교역규모가 몇 달째 줄어드는 가운데 2023년 7월 소비자물가지수(CPI)와 생산자물가지수(PPI)

도 전년 동기 대비 각각 0.3%, 4.4% 하락했다. 실업률 등 각종 경제지표도 부진한 가운데 성장률 전망치도 낮아졌다. 미국 대형은행 JP모건체이스는 최근 중국의 올해 경제성장률 전망을 기존 6.4%에서 4.8%로 낮췄다. 이 와중에 비구이위안(碧桂園, 컨트리가든)이 촉발한 채무불이행(디폴트) 위기가 부동산업계 전반으로 확산하는 상황이다. 이에 중국당국은 최근 소비진작과 경기부양을 위해 여러 대책을 내놨지만, 가라앉는 시장을 회복시키기에는 역부족이라는 지적이 지배적이다.

"중국발 디플레 영향 있을 것, 미국은 미미?"

해외 전문가들은 중국발 디플레이션의 영향에 대해 "중국경제 약세와 물가하락이 글로벌시장으로 확산할 것으로 보인다"고 말했다. 그러면서 "서방 중앙은행이 물가상승과 맞서 싸우는 데에 단기적으로는 좋은 소식"이라고 평가했다. 세계의 공장인 위상을 고려할 때 중국 물가하락이 전 세계에 비용절감으로 이어질 수 있다는 분석도 있었다.

한편 중국의 위기가 미국에는 큰 영향이 없을 것이라는 분석도 나왔다. 2022년 미국의 대중국 수출은 미국 국내총생산(GDP)의 1%도 안 되는 1,500억달러(약 199조원)가량에 불과해 중국이 위기에 빠져도 미국산 제품수요에 미치는 직접적인 타격은 크지 않을 수 있다는 것이다. 그 역시 중국 경제위기로 원자재수요가 줄어들 경우 물가상승 완화요인이 되는 만큼 미국에는 긍정적인 측면도 있다고 평가됐다.

중국 경제위기, 우리에게 올 영향은?

그러나 중국경제의 영향력을 결코 무시할 수 없어 세계에 상당한 부담이 될 수 있다는 지적도 많다. 18조달러(약 2경 3,900조원)의 거대한 규모를 자랑하는 중국경제가 성장동력을 잃을 경우 파장이 만만

치 않다는 것이다. 무역에서 보면 특히 아시아 국가들의 대중국 수출이 최근 연이어 감소했다. 중국은 전자부품과 식품, 원자재 등 거의 전 분야에 걸쳐 아시아국가의 최대 수출시장이다.

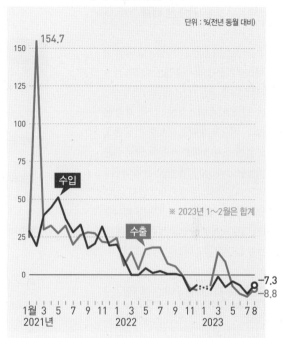

중국 수출입 증감 추이

단위 : %(전년 동월 대비)

※ 2023년 1~2월은 합계

자료 / 중국 해관총서

우리나라 또한 올해 대중국 수출감소액이 369억 2,000만달러(약 47조 9,000억원·평균환율적용)에 달할 수 있다는 분석이 나왔다. 이는 다른 부문의 변화가 없다는 가정 아래 올해 우리의 경제성장률을 1.2%포인트(p) 하락시킬 수 있는 것으로 추산됐다. 8월 24일 현대경제연구원의 보고서에 따르면 중국 수입시장에서 한국산이 차지하는 비중은 올해 1~7월 6.2%로 지난해 7.4%에서 크게 하락하는 등 대중국 수출이 부진하고 있다. 연구원은 이러한 부진과 이를 둘러싼 현상이 연말까지 유지된다는 가정하에 올해 우리나라의 실질GDP 감소규모를 24조 3,000억원으로 추정했다. 시대

"결혼장려 vs 부모찬스"

찬성

비혼·저출산 해결

기재부에 따르면 2014년 1월 대비 올해 6월 기준 소비자물가는 18.6% 상승했다. 같은 기간 1인당 명목국민총소득은 37.3%, 주택가격은 14.5% 각각 올랐다. 기재부가 예로 제시한 한 결혼정보업체 조사에 따르면 올해 평균 결혼비용은 3억 3,000만원(신혼집 마련 2억 8,000만원, 혼수 2,000만원 등)이었다. 병역의 의무까지 있는 우리나라 20~30대 청년이 결혼적령기 내에 스스로 마련하기에 어려운 금액이다.

그런데 우리나라는 경제협력개발기구(OECD) 회원국 중 증여세 부담이 높고 다른 국가와 비교했을 때 공제규모도 크지 않다. 증여세가 있는 OECD 24개국 중 우리나라의 자녀 증여재산 공제한도는 하위 다섯 번째다. 일본도 결혼자금 용도 증여재산을 1억원까지 공제해주고 있다.

대부분의 청년은 부모의 지원을 받아 결혼하는 게 현실이다. 그런데 이 과정에서 증여가 있음에도 신고를 하는 경우는 거의 없다. 국세청도 이를 모를 리 없지만 일일이 과세하지 않는다. 과세사각지대인 셈인데, 이번 조치를 통해 제도권 내로 흡수했다고 볼 수 있다. 즉, 음성적으로 이뤄지던 결혼자금 증여를 투명화하고 제도화했다는 점에서 의미가 있다.

증여재산 공제한도		
구분	현행	개정
배우자	6억원	(좌동)
직계존속 → 직계비속	5,000만원 (미성년자 2,000만원)	5,000만원 (미성년자 2,000만원) + 혼인공제 1억원
직계비속 → 직계존속	5,000만원	(좌동)
기타 친족	1,000만원	(좌동)

※ 혼인신고일 전후 각 2년 이내(4년간)에 직계존속으로부터 증여받은 재산은 1억원 추가공제

기획재정부(기재부)는 8월 27일 양가에서 1억 5,000만원씩, 모두 3억원까지 증여세 없이 결혼자금 지원이 가능하도록 결혼자금에 한해 증여세 공제한도 상향조정을 담은 '2023년 세법 개정안'을 발표했다. 부모, 조부모 등 직계존속으로부터 혼인신고 전·후 각 2년, 총 4년 이내에 재산을 증여받는 경우 기본공제 5,000만원(10년간)에 더해 1억원을 추가로 공제해주는 방식이다. 신랑, 신부 모두 과거 10년간 증여받은 재산이 없다면 총 3억원을 세금 없이 증여받을 수 있는 셈이다.

현행법하에서는 같은 조건의 경우 1,000만원씩 총 2,000만원의 증여세를 내야 하지만 앞으로 모두 면제되는 것이다. 추경호 부총리 겸 기획재정부 장관은 브리핑에서 "전세자금 마련 등 청년들의 결혼 관련 경제적 부담을 덜어드리고자 한다"고 취지를 설명했다. 증여받은 결혼자금을 반드시 주택 마련에 써야 하는 것도 아니다. 증여재산이 용도에 맞게 쓰였는지 확인하기 어렵다는 점 등을 고려해 용도제한규정을 두지 않기로 했다. 공제대상기간을 4년으로 잡은 것도 청약·대출 등으로 실제 결혼과 혼인신고일, 전셋집 마련 시기 등이 다른 사례가 많다는 점을 고려했다는 설명이다.

결혼자금 증여세 면제

양극화만 부추겨

증여받은 재산이 공제한도 이하라면 증여사실을 세무당국에 신고하지 않아도 된다. 원칙적으로는 신고의무가 있지만, 추후 국세청이 증여 사실을 알게 돼도 공제범위 내 금액에는 가산세를 부과하지 않으므로 불이익이 없다. 다만 현금이 아닌 부동산, 주식, 가상자산 등을 증여받는다면 세법에 따라 가액을 평가한 뒤 공제를 적용한다. 재혼할 때도 똑같이 결혼자금 증여공제 혜택을 받을 수 있다. 그러나 증여세 탈루를 목적으로 위장결혼을 반복할 경우 세무조사를 거쳐 세금을 추징하고, 비싼 값에 자녀의 물건을 사주거나 싼값에 파는 등의 방식으로 증여세를 탈루하려다 세무조사에서 적발된 경우에도 결혼자금 공제를 인정하지 않는다.

혼인에 따른 증여재산 공제는 국회에서 통과하면 내년 1월 1일 증여분부터 적용된다. 올해 결혼자금을 증여받는 경우에는 공제혜택이 소급적용되지 않는다. 이 같은 조치로 정부는 비혼·저출산 문제 개선과 소비진작 효과를 기대하고 있다. 그러나 일각에서는 부의 대물림을 가속할 것이라는 비판과 미래대비 차원에서 세제지원을 강화한다는 정부 의도와 달리 결혼장려 효과가 미미할 것이란 지적도 나온다. 법안을 심사하는 야당에서는 증여세 공제확대 조건을 '결혼'이 아닌 '출산'으로 해야 한다는 의견도 제기됐다.

통계청 발표에 따르면 우리나라는 부동산 등 자산불평등이 갈수록 심해지고 있으며 매년 역대 최고 격차를 경신하고 있다. 저·고소득층 간 소득격차도 갈수록 악화추세다. 우리나라 1% 부자가 보유한 재산총합은 2023년 1,161조 8,000억원으로 전체 가구가 보유한 재산의 35.9%를 차지하고 있다. 즉, 99%의 국민이 나머지 64.1%를 나눠 가지고 있는 것이다.

실제로 증여할 수 있는 저축성 금융자산을 2억원 이상 보유한 가구는 상위 13.2%며 하위 86.8%는 애초에 자녀의 결혼으로 증여세를 낼 가능성이 없기 때문에 공제확대 혜택에서 제외된다. 결혼자금에 대한 증여세 기준의 상향조정은 결국 소위 있는 사람들만을 위한 혜택일 수밖에 없는 것이다. 결혼지원의 탈을 쓴 부의 대물림 지원 정책이라는 비판이 나오는 이유다.

무엇보다 저출산대책이라고 할 수 없다. 세 부담 때문에 결혼을 하지 않거나 못 하는 게 아니며, 결혼한다고 아이를 반드시 낳는 것도 아닌 만큼 그 때문에 저출산문제가 불거진 것이 아니다. 또한 경제규모가 커졌다지만 5,000만원으로 확대됐던 2014년부터 2022년까지 국내총생산(GDP)은 38%, 1인당 GDP는 37% 올랐을 뿐이다.

"내 돈 내 자식에게 그냥 주는 게 뭐 어때서"
"물가도 올랐는데 공제한도도 올라야지"

"증여세 때문에 결혼 못 하나?"
"1억 5,000만원 없으면 부모도 아닌가?"

"범죄대응 vs 강제노역"

한영

인력난 해소에 도움

무고한 시민을 대상으로 한 이상동기 범죄(묻지마 범죄)가 곳곳에서 발생해 국민의 불안이 고조되고 있다. 정부에 게는 가용 수단과 재원을 최대한 사용하고, 동원가능한 모든 제도를 이용해 예방하고 대응해나가야 하는 책임이 있다. 그러나 CCTV 확충 등 기반시설을 갖춰나가는 데는 막대한 예산이 필요할 뿐 아니라 하루아침에 갖추기도 어렵다. 순찰 및 즉시 대응 경찰을 더 배치하는 것이 가장 효과적인데, 기존 인력으로는 한계가 있다.

그런 의미에서 의경제도는 이미 시행해본 경험도 있는 데다가 병역법의 전환복무규정과 의무경찰대법에 따라 의무경찰대 설치와 의경모집은 별도의 법률 개정 없이 가능한 만큼 신속하게 위기에 대응할 수 있다. 또한 의경이 예방 차원의 순찰업무를 보조하고, 교통과 일반 보안업무를 맡아주면 이쪽에 배치된 정규(직업) 경찰관을 이상동기 범죄 등 흉악범죄 대응업무로 돌려 활용할 수 있다.

안전한 치안, 양질의 경찰서비스도 국방만큼이나 중요한 국가적 가치다. 따라서 의경도 현역 군인만큼 국가에 기여하고 그에 따른 긍지도 느낄 수 있다. 의경 근무자에게 경찰관 채용에 가산점을 준다면 좋은 경찰요원을 미리 확보해두는 효과까지 기대할 수 있다.

시위현장 1선에 배치된 의무경찰들

8월 23일 오전 정부서울청사에서 '이상동기범죄 재발방지를 위한' 국무총리 담화문을 발표하고 "치안업무를 경찰업무의 최우선 순위로 두겠다"라면서 '신림역 흉기난동' 등 최근 불거진 이상동기범죄에 대한 예방대책으로 "의무경찰(의경)제도의 재도입을 적극 검토하겠다"고 밝혔다. 담화발표에 배석한 윤희근 경찰청장 또한 "7,500~8,000명 정도 인력을 순차적으로 채용해 운영하는 방안을 관계 부처와 협의하겠다. 대략 7~9개월 정도가 소요될 것으로 생각한다"며 구체적인 계획을 밝히기도 했다.

의무경찰제도는 1982년 12월 31일부터는 지원제로서 신설과 함께 치안·시위 현장에서 경찰 및 전투경찰(전경)을 보조했다. 그러나 2007년 노무현정부의 '국방개혁 2020'의 일환으로 전투·의무경찰의 폐지방침이 정해지고, 2011년 이명박정부 시절 국가인권위원회가 열악한 근무환경과 인권침해를 이유로 제도폐지를 권고한 데 이어 2016년 박근혜정부 국방부가 단계적 의경 폐지계획을 결정·발표한 이후 문재인정부가 그 계획에 따라 더 이상의 모집 없이 폐지수순을 밟다가 올해 5월 마지막 복무자가 전역하면서 완전히 폐지됐다.

의무경찰 재도입

한때 3만 5,000명으로 경찰조직의 3분의 1을 차지하는 거대한 규모였던 의무경찰은 대한민국 경찰청에 소속된 준군사조직으로 병역의무의 기간 동안 군에 입대하는 대신 경찰 치안업무를 보조함으로써 병역을 대체했다. 경찰공무원의 업무를 보조하지만, 방범순찰(민생치안) 외의 직접적인 수사나 용의자 체포의 권한이 없다. 따라서 범죄가 우려되는 지역에서의 순찰은 주로 초동조치를 위해서라기보다는 범죄예방에 그 목적을 뒀다.

한편 한 총리의 의경 재도입 발언 이후 '저출생 탓에 병역자원도 감소하는 상황에서 경찰관이 아닌 의경을 투입해 치안공백을 메우려고 한다'는 등의 비판이 제기됐다. 또한 과거 의경이 강력사건이 아닌 경비업무에 주로 투입됐고, 수사나 체포의 권한이 없는 만큼 흉악범죄 관련 업무를 맡을 때 의경의 안전을 담보할 수 없다는 쓴소리도 이어졌다. 결국 정부는 국무조정실을 통해 "현 경찰인력 배치를 대폭 조정해 현장중심으로 재배치하고, 경찰의 최우선 업무를 치안활동에 주력하도록 할 계획"으로 의무경찰 재도입 검토 건에 대해서는 '이러한 조치에도 국민의 생명과 안전 확보 차원에서 추가적인 보강이 필요하다면 폐지된 의무경찰제도의 재도입도 검토하겠다는 취지'였다며 총리 발언 하루 만에 물러섰다. 시대

YES! "지금 즉시 가장 빠르게 실현 가능해"
"양질의 경찰서비스도 중요한 국가적 가치"

NO! "철책 지킬 군인도 없는데 …"
"체포 권한도 없는데 흉악범죄를 어떻게 막아"

반대
헐값에 치안공백을 메꾸나?

의경이 폐지된 가장 큰 이유는 인구감소로 병력자원이 부족하기 때문이다. 현재 병력규모를 유지하려면 연 26만 명이 필요한데, 2025년 기준으로 군 입대가 가능한 20세 이상 남성은 22만 명에 불과하다. 4만명이나 모자라는 셈이다. 이런 상황에서 8,000명 규모로 의경을 도입하게 되면 가뜩하니 북한과의 관계가 얼어붙어 있는 지금 국방에 큰 구멍이 생긴다는 의미다.

본래 의경은 경비업무에 주로 투입됐다. 그러나 과거 정권이 법적 근거도 없이 시위진압에 동원해 국방의 의무를 훼손했다. 또한 군 복무대상자를 의경으로 소집해 치안에 활용하는 것은 병역의무라는 본연의 일 외의 다른 일을 시키는 것으로서 국제노동기구(ILO)가 제한한 강제노역에 해당한다. 또한 흉악범죄와 관련한 업무를 맡게 되면 의경의 안전도 장담할 수 없다.

갈수록 흉포화되고 있는 범죄예방을 위해서는 단순히 치안현장에 투입되는 경찰인원만 늘리는 것보다 업무조정과 함께 전문인력을 보강해야 한다는 지적이다. 의경이 아니라 전문훈련을 받은 경찰력을 충원해야 하는 것이다. 무엇보다 병역자원 운용 등에 관한 국방부 등 정부 내 의견조율도 없이 중대한 정책변경을 불쑥 내놓은 것은 국정혼선이라고 할 수밖에 없다.

01 교육부는 학생의 인권이 지나치게 강조되고 우선시된 것이 교육현장 붕괴의 원인으로 보고 (   )의 축소 및 폐지에 나섰다.

02 일본의 후쿠시마 오염수 방류대응을 위해 발간된 국내 (   )의 협동 연구보고서가 비공개 처리돼 그 배경에 의문이 제기됐다.

03 1921년 6월 발생한 (   )은/는 해외 한인 사회주의 세력 약화와 이후 전개된 항일무장 투쟁에 영향을 미쳤다.

04 범행동기가 뚜렷하게 드러나지 않거나 일반적이지 않은 동기로 벌이는 범죄를 (   )(이)라고 한다.

05 (   )은/는 통합재정수지에서 사회보장성 기금수지를 제외한 것이다.

06 타인의 재물을 보관하는 자가 그 재물을 부정하게 유용하거나 반환을 거부해 성립하는 범죄를 (   )(이)라고 한다.

07 국회의원은 현행범인 경우를 제외하고 회기 중 국회의 동의 없이 체포·구금되지 않는 (   )을/를 갖는다.

08 9월 공개된 국민연금 개혁안에는 소득보장 강화의 핵심인 (   ) 인상안이 빠졌다.

09 신흥 경제 5개국이 뭉친 (   )에 사우디, UAE, 에티오피아, 이란 등이 합류하면서 회원국이 총 11개국으로 확대됐다.

10 우리나라는 2025년 65세 이상 인구가 전체 인구에서 차지하는 비율이 20%를 넘어서며 (   )(으)로 들어설 전망이다.

11 김영란법은 크게 (   ), 부정청탁 금지, 외부강의 수수료 제한 등 세 가지 축으로 구성돼 있다.

12 (   )은/는 동남아시아의 정치·경제·문화공동체로 EU의 규모에 준하는 정치·경제 통합체를 지향하고 있다.

13 수출과 원유에 대한 의존도가 높은 국내경제에 유가상승이 큰 부담으로 작용하는 가운데 (   ) 우려가 고조되고 있다.

14 EU가 빅테크기업의 시장지배력을 억제하고 반경쟁행위를 규제하기 위해 마련한 법안을 (   )(이)라고 한다.

15 미국이 우크라이나에 막대한 규모의 지원금과 함께 (　　　)을/를 지원하겠다고 밝혀 러시아가 강하게 반발하고 나섰다.

16 법무부가 각종 흉악범죄에 엄정대응하기 위해 (　　　)을/를 허용하지 않는 무기형을 신설하는 방안을 검토하고 있다.

17 (　　　)은/는 외국계 기업이 회생을 추진할 때 미국 내 채권자들의 채무변제 요구와 소송으로부터 기업을 보호하는 규정이다.

18 팁이란 고객이 매장이나 직원에게 받은 서비스의 질과 만족도에 따라 통상 주문금액의 (　　　) 정도를 봉사료 명목으로 지불하는 금액을 말한다.

19 (　　　)은/는 매입·도급의 경우 최저가를, 매각의 경우 최고가를 신청한 희망자에게 낙찰해 계약하는 것이 원칙이다.

20 미국이 자국의 제조업 강화를 위해 시행한 (　　　)이/가 당초 예상보다 국내업계에 미치는 타격은 크지 않은 것으로 나타났다.

21 세계 최대 요소 생산국인 (　　　)이/가 수출 제한을 지시하면서 세계 곳곳에서 요소 및 관련 상품 부족이나 가격상승을 촉발할 것이라는 우려가 커졌다.

22 해외 언론은 북러 회담이 (　　　)에서 열린 것에 주목하며 이것이 북러 간 군사기술과 무기협력 가능성을 시사한다고 말했다.

23 2023년 10월 19일부터 중개보조원이 의뢰인을 만날 때 자신의 신분을 알리지 않으면 (　　　)의 과태료가 부과된다.

24 중국은 2017년 3월 주한미군의 (　　　)에 따른 보복조치로 한국관광을 금지시켰다.

25 8월 중순부터 세계 각지에서 동시다발적으로 코로나19 (　　　) 변이가 포착돼 전문가들이 경계하고 있다.

26 국내연구진이 개발했다고 주장한 사상 최초의 상온·상압 (　　　) LK-99에 대해 국내외 학계에서 (　　　)이/가 아니라는 검증결과가 잇따랐다. 시대

---

01 학생인권조례 **02** 정부출연연구기관(국책연구기관) **03** 자유시참변 **04** 이상동기범죄 **05** 관리재정수지 **06** 횡령 **07** 불체포특권 **08** 소득대체율 **09** 브릭스(BRICS) **10** 초고령사회 **11** 금품수수 금지 **12** 아세안(ASEAN) **13** 스태그플레이션 **14** 디지털시장법(DMA) **15** 열화우라늄탄 **16** 가석방 **17** 챕터 15 **18** 15~20% **19** 입찰 **20** 인플레이션감축법(IRA) **21** 중국 **22** 보스토치니 우주기지 **23** 500만원 **24** 사드배치 **25** 피롤라(BA.2.86) **26** 초전도체

자격증 활용법

G-TELP 소개!

SD에듀 유튜브 채널 토크레인 인터뷰 영상 보러가기

G-TELP란?

G-TELP는 영어능력인증시험으로 등급이 가장 높은 Level 1부터 가장 낮은 Level 5까지 나누어져 있는데, 우리가 G-TELP 시험을 본다고 하면 보통 Level 2예요. Level 2는 영역이 문법, 청취, 독해 3가지로 나누어져 있습니다.

G-TELP Level 2 시험구성

구분	문법	청취	독해	합계
문항 수	26문항	26문항	28문항	80문항
시험시간	20분	30분	40분	90분
시험출제 형태	4지선다 객관식			–

- 일상생활 및 업무상담 등에서 어려움 없이 의사소통할 수 있는 수준
- 외국인과의 회의 및 세미나 참석, 해외연수 등이 가능한 수준

 G-TELP 장점은?

일단 가장 큰 장점은 문항수가 적다는 거예요. 예를 들어 TOEIC은 Listening 100문항, Reading 100문항인데, G-TELP는 총 80문항이죠. 마음의 부담이 좀 적어집니다. 그리고 시험시간도 TOEIC은 시험시간이 120분이라 집중력이 떨어질 수 있어요. 그런데 G-TELP는 딱 90분입니다. 그래서 조금 더 집중해서 문제를 풀 수 있어요.

또 공부하다 보면 가장 힘든 게 몸보다는 정신적인 부분이잖아요. 이 부분에서도 TOEIC은 상대평가라 다른 사람들의 점수가 내 점수에 반영되는 반면 G-TELP는 절대평가라서 나만 잘하면 내가 원하는 점수를 획득할 수 있습니다. 마지막은 결과가 굉장히 빨리 나온다는 거예요. TOEIC은 2주가 걸리는데 G-TELP는 4~5일 안에 결과가 나오기 때문에 더 좋은 점수를 위해 계속 시험에 응시할지 아니면 여기서 도전을 끝낼지를 결정할 수 있습니다.

시험시간 분배 TIP을 알려준다면?

초보자와 중상위권 분들을 나눠서 말씀드릴게요.

구분	내용
초보자	• 시간에 구애받지 말고 알고 있는 내용을 총동원해 문법 위주로 문제풀이 • 점수 획득을 위해 청취는 포기하고, 바로 독해로 넘어가서 지문의 주제나 목적을 묻는 문제와 어휘 문제를 푼 다음 PART 4 먼저 풀이
중상위권	• 문법이 어느 정도 단련이 돼 있고 연습을 많이 했다면 7~8분 내에 문제풀이 가능 • 청취까지 남은 약 10분간 청취의 선지를 먼저 읽고 키워드가 되는 내용은 적어두는 것도 좋은 방법 • 나머지 Reading으로 넘어가서 독해를 푸는데, 아직 고단수가 아니라면 PART 4부터 공략
고단수	PART 1부터 차례대로 풀이

 ## 영포자도 목표점수를 얻을 수 있는지?

그럼요. 시험에 응시하는 분들 모두 영어의 베이스가 다르기 때문에 아마 출발선이 다를 거예요. 시간이 조금 걸릴 뿐 영어를 포기한 분들도 목표를 조금 낮추고 전략적으로 잘 공부하면 시간이 조금 걸리더라도 충분히 할 수 있습니다.

 ## G-TELP 활용법은?

G-TELP의 경우 목표가 굉장히 뚜렷한 시험이라서 활용할 수 있는 분야가 정해져 있어요. 대표적으로 5급 · 7급 공무원 시험에 G-TELP가 반영되면서 인기가 많아졌죠. 아니면 군무원 준비할 때도 반영이 되고요. 그리고 또 점수를 활용할 수 있는 분야가 자격증이에요. 그래서 공인노무사, 공인회계사, 감정평가사 이런 것들 준비하실 때도 활용 가능합니다. 실제로 시험에 많이 반영되고 있어서 G-TELP 준비하시면 좋습니다. 시대

G-TELP 이지후

전 파고다 강남분원 TOEIC 강사
전 청담 민성원연구소 영어 컨설턴트
전 대치 스카이멘토링 – 자사고 / 특목고 영어전담
현 SD에듀 G-TELP 전임 교수
현 메가스터디 엠베스트 영어 강사
현 파고다 인강 TOEIC 강사

필수
시사상식

화제의 용어를 한자리에!
시사용어브리핑

대나무 외교(Bamboo Diplomacy) 미국과 중국 중 어디에도 치우치지 않는 베트남의 외교방식

▶ 국제 · 외교

미국과 중국 사이에서 어디에도 치우치지 않은 채 '실용'과 '균형'을 추구하는 베트남의 외교방식을 일컫는 말이다. 2016년 응우옌 푸 쫑 베트남 서기장이 "젓가락(경제)부터 무기(국방)까지 베트남 사람들과 함께해 온 대나무처럼 어느 한쪽에 치우치지 말고 독립적 · 탄력적인 외교노선을 구축하자"고 말한 데서 유래했다. 즉, 강대국과의 관계를 유지하면서 자국의 위상과 국익을 극대  화하기 위해 뿌리는 단단하지만 가지가 유연한 대나무처럼 휘어질망정 부러지지 않겠다는 의미가 담겼다.

왜 이슈지?
9월 10일(현지시간) 베트남을 국빈 방문한 조 바이든 미국 대통령과 응우옌 푸 쫑 베트남공산당 서기장이 양국 외교관계를 최고수준인 '포괄적 전략적 동반자 관계'로 격상했으나, 베트남 특유의 '**대나무 외교**' 방식은 이어질 것으로 전망됐다.

맥신(MXene) 전이금속에 탄소 또는 질소가 결합한 2차원 신소재

▶ 과학 · IT

전이금속인 티타늄(Ti)에 탄소(C) 또는 질소(N)가 결합해 형성된 2차원 신소재다. 금속층과 탄소층이 교대로 쌓인 2차원 평면구조의 나노물질이며, 2011년 처음 발견됐다. 맥신의 가장 큰 특징으로 꼽히는 높은 전기전도성은 구리의 2배, 흑연의 100배에 달하며, 배터리 · 반도체 · 전자기기 · 센서 등 다양한 산업에서 활용할 수 있다. 또한 친수성을 띄는 특성 때문에 여러 용매에 잘 녹아 가공성이 좋다는 장점이 있는데, 전이금속의 종류와 화학적 구성에 따라 서로 다른 특성을 가진 맥신을 만들 수 있다. 다만 산화가 잘 된다는 단점 때문에 품질을 유지하기가 어려워 대량생산이 힘들다.

왜 이슈지?
최근 주식시장에서 이차전지, 초전도체에 이어 신소재인 **맥신**이 새로운 테마주로 급부상한 가운데, 관련 종목들이 단기간 내에 급등락세를 보이자 전문가들은 투자자들에게 불확실한 정보를 기반으로 한 '묻지마 투자'는 지양해야 한다며 주의를 요구했다.

조용한 해고(Quiet Cutting) 기업이 직원에게 간접적으로 해고의 신호를 주면서 퇴사하도록 유도하는 것

기업이 직원을 직접 해고하는 대신 간접적으로 해고의 신호를 주는 조치를 말한다. 기업은 장기간 봉급인상 거부, 승진기회 박탈, 피드백 거부 등의 방식으로 조용히 불이익을 주면서 직원들이 스스로 퇴사하도록 유도한다. 이는 팬데믹 이후 확산했던 '조용한 퇴사(Quiet Quitting)'에 대응하는 기업들의 새로운 움직임이다. 또 새로운 직무가 생기면 신규직원을 채용하지 않고 기존 근로자의 역할을 전환하거나 단기계약직을 고용하는 '조용한 고용'도 확산하고 있다.

왜 이슈지?

2023년 들어 글로벌 첨단기술·테크 기업들을 중심으로 **조용한 해고**가 빠르게 확산하는 가운데 국내에서도 업계 수입감소와 적자누적으로 고용시장이 얼어붙고 있다는 주장이 제기됐다.

웨이버(Waiver) 채무자가 계약조건을 충족하지 못한 경우 채권자가 요건 적용을 유예해주는 것

'일회적 적용 유예' 또는 '권리포기증서'라고도 하며 차주(채무자)가 재무적 준수사항을 충족하지 못했을 경우 대주단(채권자)이 요건 적용을 유예하거나 계약유지 여부를 결정하는 것을 말한다. 만약 차주가 약정에 명시된 요건을 충족하지 못하면 약속된 만기까지 차입금을 쓰지 못하는 '기한의 이익 상실(EOD)'이 발생하게 되고 대주단은 차주에 차입금 상환을 요구할 수 있는데, 이때 차주가 상환에 실패하면 채권이 부도처리돼 담보자산이 압류될 수 있다. 최근 업황부진을 겪는 기업들의 재무건전성 지표가 악화하자 대주단에 웨이버를 요청하는 사례가 증가하고 있다.

왜 이슈지?

최근 홈플러스, 롯데케미칼, 효성화학 등 일부 기업들이 부진한 영업실적과 과중한 재무부담이라는 이중고 속에서 기존 차입금에 대한 조기상환 리스크까지 커지자 대주단에 **웨이버**를 취득해 위기를 가까스로 넘기는 모양새다.

죠하츠(蒸發, じょうはつ) 새로운 삶을 시작하기 위해 과거를 지우고 종적을 감춘 사람들

'증발'을 뜻하는 일본어로 1960년대부터 일본 사회에서 지속적으로 나타나고 있는 '자발적 실종자'를 가리키는 말이다. 이들은 주로 사업이나 인간관계에서 실패를 경험한 후 과거와 다른 삶을 살겠다는 목적하에 자발적으로 가족이나 친구, 직장을 떠나 새로운 신분을 선택하는 것으로 알려졌다. 특히 1990년대 초 일본 버블경제가 붕괴한 이후 급격하게 증가하면서 아무도 모르게 사라지는 것을 돕는 전문업체까지 등장했으며, 2000년대 초반에는 연간 죠하츠 수가 8만 5,000여 명에 달했다.

왜 이슈지?

일본의 사회적 문제로 꼽히는 **죠하츠**는 신분을 바꾼 뒤에도 일반적인 생계활동은 이어나간다는 점에서 '은둔형 외톨이'로 표현되는 히키코모리와 다르며, 주변에 알리지 않고 자발적으로 사라진다는 점에서 일반 실종자와도 차이가 있다.

NGT 작물(New Genomic Techniques) 외부위험에 대한 저항성을 높이기 위해 개량한 농산물

가뭄에 대한 내성이나 해충 등 외부위험에 대한 저항성을 높이기 위해 유전체 신기술(NGT)로 개량한 유전자교정작물이다. 유전자 염기서열을 정확하게 잘 라내는 '유전자가위기술'이 활용됐으며, 유전자변형농산물(GMO)처럼 다른 유전자를 삽입하는 것이 아니라 작물 자체의 유전자만 이용해 개량한다. 기존 작물보다 생존력이 강해 최근 기후변화와 식량부족의 대안 중 하나로 떠오르고 있으며, 유전자 조작을 통해 영양특성을 강화하거나 알레르기 유발을 줄일 수도 있다.

왜 이슈지?

지난 7월 유럽연합(EU)은 기후변화와 식량부족 대응을 위해 **NGT 작물** 규제를 완화하겠다는 방침을 밝혔는데, 이날 발표된 초안에 따르면 자연교배 방식으로 육종됐거나 기존 식물과 비슷하다고 분류되는 경우 일반 농작물과 동일하게 취급한다는 구상이다.

AP4(Asia-Pacific Partners 4) 인도·태평양 지역의 기본적 가치를 공유하는 4개국 공동의 이니셔티브

우리나라와 호주, 일본, 뉴질랜드 등 북대서양조약기구(NATO, 나토)에 초청된 아시아태평양 지역 4개 파트너국(아태파트너국)으로서 인도·태평양 지역의 기본적 가치인 '자유, 평화, 번영'을 공유하는 4개국 공동의 이니셔티브를 말한다. 2022년 7월 스페인 마드리드에서 열린 나토 정상회의 당시 첫 정상회의가 개최된 데 이어 1년 뒤인 2023년 7월 14일 리투아니아 빌뉴스에서 열린 나토 정상회의 기간 중 두 번째 정상회의가 이뤄졌다. 이날 4개국은 북한의 대륙간탄도미사일(ICBM) 발사 규탄과 함께 역내 평화와 글로벌 안보를 위협하는 도발에 엄정 대응하고, 우크라이나에 대한 지원도 지속해 나가는 등의 내용을 담은 공동성명을 채택했다.

왜 이슈지?

중국 관영매체인 글로벌타임스는 지난 7월 12일 사설을 통해 **AP4**에 참여하는 국가들이 2년 연속 나토 정상회의에 초청된 것을 두고 나토와 아시아·태평양 국가의 교류확대에 대한 강한 경계심을 드러냈다.

블랙워싱(Black Washing) 인종적 다양성 추구를 위해 작품에 유색인종을 무조건 등장시키는 것

인종차별에 대한 사회적 시선을 의식해 인종의 다양성을 추구한다는 명분하에 영화나 드라마 등에 유색인종을 무조건 등장시키는 것을 말한다. 무조건 백인 배우를 캐스팅하는 화이트워싱(White Washing)에 빗댄 표현이다. 정치적 올바름(PC)이 대두되면서 원작의 줄거리나 설정과 관계없이 주요 캐릭터를 라틴계나 흑인 배우로 캐스팅하는 사례가 증가하자 이를 비꼬는 표현으로 사용된다. 특히 글로벌 엔터테인먼트 기업인 디즈니가 PC주의와 블랙워싱의 선두에 서 있다.

왜 이슈지?

영화 '인어공주'가 **블랙워싱** 논란으로 흥행참패를 기록한 가운데 영화 제작사인 디즈니가 정치적 올바름과 블랙워싱을 고수하면서 주가도 연이어 추락했다.

터치(T.O.U.C.H.)교사단 디지털기술에 대한 전문성과 의지를 갖추고 학생들의 성장을 이끄는 교사 그룹

'Teachers who Upgrade Class with High-tech'의 약자로 디지털교육 대전환 시대에 첨단기술을 바탕으로 맞춤 교육을 구현하고, 학생들과의 인간적인 연결을 통해 성장을 이끄는 교사 그룹이다. 이에 따라 교육부는 디지털기술에 대한 전문성과 의지를 갖춘 터치교사단을 신설해 집중 양성할 계획이다. 또 초·중·고교의 수학·영어·정보 교과에 인공지능(AI) 기반 디지털교과서가 도입되는 2025년까지 터치교사단을 2,000명으로 확대해 교육현장의 변화를 이끌 수 있도록 지도하겠다고 밝혔다. 터치교사단으로 선정되면 디지털 기반 수업 혁신을 주도하고 디지털교과서 도입과 관련된 정책 과정 등에 참여하게 된다.

왜 이슈지?

8월 25일 교육부는 '디지털 기반 교육혁신 선도학교 및 **터치교사단 출범식**'을 개최하고, 2학기부터 디지털 선도학교에서 교육용 프로그램인 인공지능(AI) 코스웨어를 활용한 교수 학습법을 활용한다고 밝혔다.

리노(RINO) '이름뿐인 경기침체'를 뜻하는 신조어

'Recession In Name Only(이름뿐인 경기침체)'라는 뜻으로 투자은행 골드만삭스가 2023년 미국증시가 예상외로 강세를 보인 것을 두고 만들어낸 신조어다. 미국 연방준비제도(Fed)가 물가상승을 잡기 위해 2022년 3월부터 금리인상에 돌입했을 때만 해도 경기침체 전망이 제기됐으나 뉴욕증시는 등락을 거듭하면서도 전반적으로 상승세를 이어갔다. 실제로 스탠더드앤드푸어스(S&P) 500지수는 2023년 들어 20% 넘게 올랐고, 나스닥 100지수도 40% 안팎으로 급등한 것으로 나타났다.

왜 이슈지?

최근 미국 주식시장에 낙관론이 확산하는 상황에서 투자은행 골드만삭스는 2022년부터 이어진 지속적인 금리인상에도 불구하고 강세를 보인 미국증시에 대해 '**리노(RINO)** 랠리가 미국시장을 주도하는 분위기'라고 분석했다.

그린래시(Greenlash) 기후위기에 대응하는 녹색정책에 대한 반발

전 세계적으로 기후변화에 대한 우려가 커지면서 다양한 대책이 나오는 가운데 대두되고 있는 녹색정책에 대한 반발(backlash, 백래시)을 의미한다. 최근 안토니우 구테흐스 유엔 사무총장이 '지구온난화 시대가 끝나고 지구열대화 시대가 도래했다'라고 경고할 만큼 심각해진 기후위기 상황에서 주요 선진국을 중심으로 녹색정책에 반대하는 움직임이 확산하고 있다. 이는 친환경정책이 도입되는 경우 화석연료 기반 사업에 종사하는 근로자들이 일자리를 잃을 가능성이 크고, 기후대응을 위해 소요되는 비용이 증가하는 등 향후 예상되는 경제적 타격에 대한 우려가 가장 큰 원인으로 꼽힌다.

왜 이슈지?

지난 7월 31일 미국 워싱턴포스트(WP)의 보도에 따르면 유럽 곳곳에서 친환경정책에 반기를 드는 '**그린래시**' 정당들이 약진하는 것으로 나타났으며, 독일 등 일부국가에서는 극우정당이 부상하는 결과로 이어지기도 했다.

부트스트래핑(Bootstrapping) 기업가가 외부자본을 유치하지 않고 직접 회사를 창업·운영하는 것

긴 부츠의 뒷부분에 달린 고리끈(strap)에서 유래한 용어로 원래 '한번 시작되면 알아서 진행되는 일련의 과정'을 가리키던 말이다. 이후 '도움받지 않고 자기 스스로 하는 힘'이라는 뜻으로 의미가 확장됐다. 벤처업계에서는 기업가가 외부자본을 유치하지 않고 자신이 직접 회사를 창업해 운영하는 것을 일컫는다. 과거 투자유치 문화가 발달하지 않았던 시기에 자주 활용되던 방식이지만, 최근 사업의 자생력을 키우기 위해 부트스트래핑 방식을 고수하는 기업이 종종 등장하고 있다. 다만 자본활용 측면에서 차이가 큰 만큼 투자를 받은 기업들과 사업확장 면에서 경쟁력을 갖기 힘들다는 점이 한계로 꼽힌다.

> **왜 이슈지?**
> **부트스트래핑** 방식은 창업자가 투자자들의 입김에서 자유로울 수 있지만, 외부투자 없이 경영해야 하기 때문에 최대한 낮은 비용으로 가능한 빠른 수익을 창출하는 것이 중요하다.

네포 베이비(Nepo Baby) 부모의 후광 덕에 성공 가능성이 높은 사람을 비유하는 말

친족중용주의를 뜻하는 '네포티즘(nepotism)'과 아기 또는 자녀를 뜻하는 '베이비(baby)'의 합성어로 유명한 부모를 둔 덕에 성공할 가능성이 높은 사람을 비유하는 말이다. 미국판 '금수저'를 지칭하는 용어로 특히 연예계 유명인의 자녀로 태어난 이들을 비꼬는 말로 많이 사용한다. 별다른 노력이나 재능 없  이 부모의 후광 덕분에 미디어에 노출되고 상업적 성공을 이룬 이들이 자신의 힘으로 성공했다고 말하는 것을 두고 미국 대중들이 상당한 거부감을 느끼면서 자주 회자되고 있다.

> **왜 이슈지?**
> 전문가들은 미국 청년세대가 **네포 베이비**에 반감을 갖는 이유는 과거 왕족과 귀족이 네포티즘을 기반으로 특권을 누린 것처럼 현대사회의 유명인들이 부와 명예를 되물림 하는 것에 대해 불편함을 느끼기 때문이라고 분석했다.

NYC 144(New York City law 144) 기업이 채용결정 시 사용하는 AI 및 자동화 프로그램에 대한 규제

기업이 채용과정에서 인공지능(AI) 챗봇 인터뷰 툴이나 이력서 스캐너 등 특정 소프트웨어(SW)를 활용할 때 해당 SW가 성별 혹은 인종 등에 대한 차별 가능성이 없는지를 의무적으로 평가하도록 한 법안을 말한다. 미국 뉴욕시의회는 AI가 학습과정에서 갖게 된 편향성이 채용공정성을 저해할 수 있다는 지적에 따라 2021년 해당 법안을 통과시켰으며, 2년 만인 2023년 7월 5일부터 정식 발효됐다. 이에 따라 기업들은 채용 또는 승진과정에서 활용하는 특정 SW의 성별·인종 차별 가능성을 매년 감사한 뒤 홈페이지에 해당 결과를 공개해야 하며, 지원자에게 채용과정에서 AI를 활용한다는 사실을 사전에 고지해야 한다.

> **왜 이슈지?**
> **NYC 144**가 시행됨에 따라 뉴욕시 거주자를 고용하는 기업들은 자사가 활용하는 소프트웨어를 점검해 인사평가 과정에서 특정 소수집단에 불리한 평가나 차별이 발생하는 것을 뜻하는 '불리효과' 비율을 홈페이지에 공표해야 한다.

공간컴퓨팅(Spatial Computing) 디지털정보와 현실세계를 융합해 상호작용하는 컴퓨팅 환경을 구현해내는 기술

▶ 과학·IT

기기와 사람, 사물, 환경 간 상호작용을 지원하고 디지털정보와 현실세계를 융합해 3D로 구현해내는 기술을 말한다. 보통 가상현실(VR), 증강현실(AR)을 포함하는 혼합현실(MR)·확장현실(XR), 3차원 가상세계인 메타버스 등과 유사한 개념으로 사용한다. 공간컴퓨팅하에서는 VR기기를 디스플레이로 활용해 물리적 공간을 배경으로 애플리케이션, 사진, 영상 등의 콘텐츠를 제약 없이 이용할 수 있다. 5세대 이동통신(5G), 센서 등 관련 기술 발달로 관심이 집중되고 있다.

왜 이슈지?

9월 12일(현지시간) 팀 쿡 애플 최고경영자(CEO)가 2024년 혼합현실 헤드셋 '애플 비전 프로' 출시 계획을 밝히면서 "(애플 비전 프로는) 완전히 새로운 '**공간컴퓨팅** 플랫폼'으로서 디지털 콘텐츠를 물리적 공간과 매끄럽게 융합한다"며 신제품에 대한 자신감을 내보였다.

후방연쇄효과 한 산업의 발전이 그 산업에 중간 투입재를 생산하는 다른 산업의 발전을 유발하는 효과

▶ 경제·경영

어떤 한 산업이 발전하면 해당 산업에 중간 투입재를 생산하는 다른 산업의 발전을 유발하는 효과를 말한다. 자동차산업에서 자동차를 생산하기 위해서는 수많은 부품이 필요한데, 이때 자동차산업이 부품산업에 미치는 영향을 후방연쇄효과의 예시로 들 수 있다. 후방연쇄효과의 정도를 나타낼 때 이야기하는 '영향력계수'는 산업 부문의 생산물에 대한 최종수요가 한 단위 발생할 때 전산업 생산에 미치는 영향을 뜻한다. 한편 후방연쇄효과와 반대되는 개념인 전방연쇄효과는 어떤 한 산업이 발전하면 그 산업의 생산물을 중간 투입재로 사용하는 다른 산업을 발전시키는 효과를 말한다.

왜 이슈지?

우리나라 경제의 핵심산업으로서 2022년 기준 전체 수출의 34%를 차지하는 전자산업은 산업 간 상호의존 정도를 나타내는 전방·**후방연쇄효과**가 모두 기준점수보다 높다는 특징을 갖고 있다.

슈퍼에이지(Super Age) 인구의 20% 이상이 65세가 되는 초고령화 시대

▶ 사회·노동·교육

65세 이상인 인구가 인구의 20% 이상을 차지하면서 노인인구가 청년세대의 수를 추월하는 시대를 뜻한다. 글로벌 전략·자문회사 '더 슈퍼에이지'의 창립자이자 인구통계학자인 브래들리 셔먼이 제시한 개념이다. 그는 슈퍼에이지에 대비하기 위해 연금수혜자의 은퇴연령을 상향하고 노동자들의 근로수명을 연장해야 하며, 직장과 가정에서 세대 간 협력을 강화하고자 하는 국가와 노년층을 대상으로 시장 및 제품을 개척·발굴하는 기업에게는 오히려 큰 기회가 될 것이라고 전망했다.

왜 이슈지?

현재 전 세계적으로 나타나고 있는 인구고령화가 노동력 부족, 경기침체 등의 위기로 이어진다는 기존 입장과 달리 브래들리 셔먼은 **슈퍼에이지** 세대가 새로운 소비계층으로 부상해 새로운 산업의 기회가 될 수 있다고 주장했다.

시사상식 기출문제

01 미국정부의 재정전략 중 하나로 감세를 통해 세출을 줄이는 방안은?
[2023년 경향신문]

① 그린메일
② 황금낙하산
③ 낙타의 코
④ 야수 굶기기

해설

야수 굶기기(Starving the Beast)는 미국 공화당이 주로 쓰던 재정정책 중 하나다. 사나운 야수를 함정에 빠뜨려 굶긴 뒤, 먹이로 유인해 생포하는 사냥법에서 따온 것이다. 야수를 굶기듯이 감세를 하고 그에 따라 재정적자가 늘면(굶주린 야수) 이를 구실로 복지지출 등의 세출을 줄이는 전략이다. 특히나 이 과정에서 감세는 주로 기업 법인세나 부유층의 부동산세 인하로 이뤄지곤 한다.

02 어린이보호구역은 초등학교 정문에서 반경 몇 미터 이내의 도로로 지정되는가?
[2023년 경향신문]

① 100미터
② 200미터
③ 300미터
④ 400미터

해설

관련 법령에 따르면 어린이보호구역으로 지정해 관리할 필요가 있다고 인정되는 경우, 보호구역 지정대상 시설(유치원, 초등학교 등)의 주 출입문을 중심으로 반경 300미터 이내의 도로 중 일정구간을 보호구역으로 지정할 수 있다. 다만 필요한 경우 500미터 이내로도 할 수 있다고 명시돼 있다.

03 2022년 카타르 월드컵의 득점왕은?
[2023년 경향신문]

① 리오넬 메시
② 킬리안 음바페
③ 올리비에 지루
④ 해리 케인

해설

2022년 치러진 카타르 월드컵에서는 프랑스 국가대표 공격수인 킬리안 음바페가 7경기 8골로 득점왕의 영광을 안았다. 한편 카타르 월드컵 결승전에서는 아르헨티나 대표팀이 프랑스 대표팀을 꺾고 우승컵을 들어 올렸고, 대회 최우수 선수에게 수여하는 골든볼은 아르헨티나 대표팀의 주장 리오넬 메시가 수상했다.

04 다음 중 경제협력개발기구에 소속된 국가가 아닌 것은?
[2023년 경인일보]

① 콜롬비아
② 룩셈부르크
③ 싱가포르
④ 슬로베니아

해설

경제협력개발기구(OECD)는 제2차 세계대전 직후 유럽의 경제부흥을 위한 미국의 마셜플랜에 따라 개발도상국 문제 등 새로운 세계정세에 대응하기 위해 설립된 국제기구다. 1948년 유럽경제협력기구(OEEC)에서 출발해 미국과 캐나다를 포함해 세계 곳곳에서 참여국이 늘어났고, 1961년에 OECD로 확대돼 출범했다. 우리나라는 1996년 가입했으며 현재 전 세계 38개국이 가입돼 있다. 싱가포르는 여기에 소속돼 있지 않다.

05 2008년 세계경제위기를 예견해 '닥터 둠'이라는 별칭을 얻은 경제학자는?

[2023년 경인일보]

① 누리엘 루비니
② 제롬 파월
③ 재닛 옐런
④ 벤 버냉키

해설

누리엘 루비니 뉴욕대 경영대학원 교수는 2008년 당시 세계경제위기를 예견한 것으로 유명하다. 그는 이 예견으로 '닥터 둠(Doctor Doom)'이라는 별명을 얻었다. 그는 대침체가 닥치기 2년 전 이미 서브프라임 모기지 사태로 촉발된 세계금융위기를 정확하게 예측해 주목을 받은 바 있다. 루비니는 꾸준히 경제위기를 주장하는 위기경제학의 대가로도 잘 알려져 있다.

07 이른바 '하얀 석유'라 불리는 배터리의 핵심 소재는?

[2023년 아주경제]

① 니켈
② 붕소
③ 베릴륨
④ 리튬

해설

최근 전기차의 대중화와 여기에 더불어 사용되는 2차배터리의 수요가 급증하면서 2차배터리의 핵심광물인 리튬이 이른바 '하얀 석유'라고 불리며 가치가 증대되고 있다. 리튬은 2차배터리의 양극재로 사용된다. 리튬은 가볍고 무른 성질을 갖고 있으며 보통 탄산리튬, 수산화리튬으로 가공돼 유통된다. 2차배터리를 제조·유통하는 기업들은 이 리튬을 확보하기 위해 사활을 걸고 있다.

06 조선시대에 왕권을 견제하는 역할을 한 조정의 언론기관은?

[2023년 경인일보]

① 집현전
② 사간원
③ 사헌부
④ 승정원

해설

사간원은 조선시대 언론의 역할을 한 기관으로 왕에게 잘못된 일을 간하거나 논박하는 왕권 견제기관이었다. 조선에서는 왕권을 견제하는 기구로 삼사를 두었는데, 홍문관은 집현전을 계승한 기구로 교서 등을 작성하는 문필기관의 역할을, 사헌부는 감찰기관 역할을 했고 사간원 또한 이 삼사 중 한 축을 맡았다.

08 유럽연합이 2023년 3월 미국의 IRA에 대항해 내놓은 법안의 명칭은?

[2023년 아주경제]

① 탄소중립산업법
② 유럽산업진흥법
③ 유럽탄소감축법
④ 탄소기본감축법

해설

탄소중립산업법(Net-Zero Industry Act)은 유럽판 인플레이션감축법(IRA)이라고 불리는 법안이다. 2023년 3월 16일 유럽연합(EU) 집행위원회가 유럽의 탄소중립과 친환경산업 육성을 위해 발표했다. 법률의 기본구성이 IRA와 비슷하며, 유럽 내의 친환경산업 확대를 통해 독소조항이 많은 IRA에 대항하려는 목적이 있다고 알려졌다. 우리 정부는 이 법안이 IRA와는 달리 외국에 대한 차별적 조항은 담겨 있지 않다고 분석했다.

09 미국의 '완전 검증 가능하고 불가역적인 비핵화' 기조를 뜻하는 말은? [2023년 아주경제]

① CVIG
② PVID
③ CVID
④ FFVD

해설

CVID(Complete, Verifiable, Irreversible Dismantlement)는 '완전하고 검증 가능하며 되돌릴 수 없는 핵폐기'를 뜻하는 말로 미국 조시 부시 행정부 1기 때 수립된 북핵 해결의 원칙이다. 이후 트럼프 행정부가 들어서며 비핵화기조는 FFVD(Final Fully Verified Denuclearization), 즉 '최종적이고 완전히 검증된 비핵화'로 바뀌었다. 마이크 폼페이오 전 국무장관의 2018년 3차 방북에 앞서 새롭게 제시된 원칙이다.

11 다음 중 세계 3대 패션위크가 열리는 도시가 아닌 것은? [2023년 아주경제]

① 미국 뉴욕
② 이탈리아 밀라노
③ 영국 런던
④ 프랑스 파리

해설

패션위크(Fashion Week)란 일주일 안팎의 기간 동안 패션브랜드의 패션쇼가 집중적으로 열리는 기간을 의미한다. 보통 2월 즈음에 가을·겨울 컬렉션(F/W), 9월 경에 봄·여름 컬렉션(S/S)을 꾸려 패션쇼를 진행한다. 세계적으로 3대 패션위크로 꼽히는 것은 뉴욕, 파리, 밀라노 컬렉션이고, 이중에서도 가장 큰 규모와 영향을 가진 패션위크는 파리에서 열린다. 런던 컬렉션까지 더해 4대 패션위크로 꼽기도 한다.

10 최근 우리나라 성악가 김태한이 우승한 콩쿠르의 이름은? [2023년 아주경제]

① 제네바 국제 콩쿠르
② 퀸 엘리자베스 콩쿠르
③ 차이콥스키 콩쿠르
④ 윤이상 국제 음악 콩쿠르

해설

2023년 6월 우리나라의 성악가 김태한(바리톤)은 세계 3대 콩쿠르 중 하나로 꼽히는 퀸 엘리자베스 콩쿠르 성악 부문에서 우승했다. 이 콩쿠르에 성악 부문이 신설된 것은 1988년이며, 김태한은 아시아권 남성 성악가로는 처음으로 우승을 거뒀다. 2023년 대회에서는 성악 부문 결선에 김태한 외에도 정인호(베이스), 다니엘 권(바리톤) 등 3명의 한국 성악가가 진출하는 쾌거를 이뤘다.

12 국제해양법재판소의 영문 약자는 무엇인가? [2023년 아주경제]

① ITLOS
② ICC
③ ICJ
④ PCIJ

해설

국제해양법재판소(ITLOS ; International Tribunal for the Law of the Sea)는 국제연합(UN)의 해양법협약을 바탕으로 1996년 설립됐다. UN의 해양법협약은 1982년 체결됐는데, 이 협약을 통해 국제적으로 벌어질 수 있는 배타적경제수역 분쟁, 어업권 분쟁, 해양환경 보호 등 다양한 사안들을 해결할 방안을 모색했다. 또 협약을 기반으로 해양에서 발생하는 각종 국제적 분쟁을 해결하는 국제해양법재판소를 설립했다. 재판관은 해양법협약 당사국총회에서 21명을 선출하며 임기는 9년이다. 재판소는 독일 함부르크에 있다.

13 스위스의 휴양도시에서 매년 열리는 세계경제포럼은? [2023년 부산광역시공무직통합채용]

① 보아오포럼
② 다보스포럼
③ 제네바포럼
④ 취리히포럼

해설

다보스포럼의 정확한 명칭은 세계경제포럼(WEF ; World Economic Forum)이다. 본부는 스위스 제네바에 있다. 1971년 비영리재단으로 창설되어 '유럽인 경영 심포지엄'으로 출발했으나, 1973년에 전 세계로 넓혀져 정치인으로까지 참여가 확대됐다. 독립된 비영리단체로 세계 각국의 정상과 장관, 재계 및 금융계 최고경영자들이 모여 각종 정보를 교환하고, 세계경제 발전방안 등에 대해 논의한다.

14 국회의원의 헌법상 의무가 아닌 것은? [2023년 부산광역시공무직통합채용]

① 청렴의 의무
② 국익 우선의 의무
③ 품위유지의 의무
④ 겸직금지의 의무

해설

국회의원의 헌법상 의무에는 재물에 욕심을 내거나 부정을 해서는 안 된다는 '청렴의 의무', 개인의 이익보다 나라의 이익을 먼저 생각하는 '국익 우선의 의무', 국회의원의 신분을 함부로 남용하면 안 된다는 '지위 남용금지의 의무', 법에서 금지하는 직업을 가져서는 안 되는 '겸직금지의 의무' 등이 있다. '품위유지의 임무'는 국회법상 국회의원의 의무에 해당한다.

15 다음 중 미륵사지석탑에 대한 설명으로 잘못된 것은? [2023년 부산광역시공무직통합채용]

① 전북 익산시에 위치한다.
② 1962년 보물로 지정됐다.
③ 백제시대 무왕 때에 건립됐다.
④ 국내에 존재하는 최대의 석탑이다.

해설

미륵사지석탑은 전라북도 익산시 금마면 미륵사지에 있는 백제시대 석탑이다. 현존하는 석탑 중 가장 규모가 크고 오래된 백제 석탑이다. 백제 무왕 때에 건립되었으며 1962년에는 국보로 지정됐다. 2001년부터 보수작업이 진행되어 2018년 6월 복원된 석탑이 일반에 공개됐다.

16 국제연합의 기준으로 고령사회를 구분하는 65세 이상 노인의 비율은? [2023년 부산광역시공무직통합채용]

① 7%
② 10%
③ 14%
④ 20%

해설

대한민국은 현재 고령사회에 접어들었다. 국제연합(UN)의 기준에 따르면 65세 이상 노인이 전체 인구의 7% 이상을 차지하면 고령화사회(Aging Society), 14% 이상을 차지하면 고령사회(Aged Society), 20% 이상을 차지하면 초고령사회(Super-aged Socity)로 구분한다.

17 국가의 중앙은행이 0.50%포인트 기준금리를 인상하는 것을 뜻하는 용어는?

[2023년 보훈교육연구원]

① 베이비스텝
② 빅스텝
③ 자이언트스텝
④ 울트라스텝

해설

빅스텝(Big Step)이란 중앙은행이 물가를 조정하기 위해 기준금리를 0.50%포인트(p) 인상하는 것을 뜻한다. 이밖에도 가장 통상적인 0.25%p 인상은 베이비스텝(Baby Step), 0.75%p의 상당 규모 인상은 자이언트스텝(Giant Step), 1.00%p 인상은 울트라스텝(Ultra Step)이라고 부른다. 다만 이러한 용어들은 우리나라의 국내 언론과 경제계, 증권시장에서만 사용하는 것으로 알려져 있다.

18 불법해킹에 대항하는 선의의 해커를 뜻하는 용어는?

[2023년 보훈교육연구원]

① 화이트해커
② 하얀 헬멧
③ 어나니머스
④ 크래커

해설

화이트해커(White Hacker)는 불법으로 인터넷 서버나 네트워크에 침입해 파괴하고 정보를 탈취하는 해커(크래커)에 대비되는 개념이다. 해킹능력을 활용해 네트워크에 들어가 보안상 취약한 점을 발견해 제보하거나, 불법해킹 시도를 저지하기도 한다. 우리 정부에서도 국내외에서 자행되는 사이버테러나 해킹에 대응하기 위해 전문가를 육성하고 있다.

19 고려시대에 실시된 전시과에 대한 설명으로 옳은 것은?

[2023년 보훈교육연구원]

① 공양왕 때 신진사대부의 건의로 실시됐다.
② 관직과 직역의 대가로 토지를 나눠주는 제도였다.
③ 관등에 상관없이 균등하게 토지를 나눴다.
④ 첫 시행 이후 지급기준이 3차례 개정됐다.

해설

고려 경종 때 처음 시행된 시정 전시과는 관직 복무와 직역의 대가로 토지를 나눠 주는 제도였다. 인품과 총 18등급으로 나눈 관등에 따라 곡물을 수취할 수 있는 전지와 땔감을 얻을 수 있는 시지를 주었고, 수급자들은 지급된 토지에 대해 수조권만 가졌다. 이후 목종 때의 개정 전시과 제도는 인품에 관계없이 관등을 기준으로 지급하였고, 문종 때의 경정 전시과는 현직 관리에게만 지급하는 등 지급기준이 점차 정비됐다.

20 도파민을 분비하는 신경세포가 만성적으로 퇴행하는 질환은?

[2023년 서울시복지재단]

① 파킨슨병
② 알츠하이머병
③ 루게릭병
④ 뇌전증

해설

파킨슨병(Parkinson's Disease)은 만성 진행 신경퇴행성 질환이다. 도파민을 분비하는 신경세포가 서서히 소실되어 가는 질환으로, 서동증(운동 느림), 안정 시 떨림, 근육 강직, 자세 불안정 등의 증상이 발생한다. 연령이 증가할수록 이 병에 걸릴 위험이 점점 커져 노년층에서 많이 발생한다.

21 일정시간까지 뉴스의 보도를 미루는 것을 뜻하는 미디어 용어는? [2023년 서울시복지재단]

① 게이트키핑
② 발롱데세
③ 엠바고
④ 스쿠프

해설

엠바고(Embargo)는 본래 특정국가에 대한 무역·투자 등의 교류 금지를 뜻하지만 언론에서는 뉴스기사의 보도를 한시적으로 유보하는 것을 말한다. 즉, 정부기관 등의 정보제공자가 뉴스의 자료를 제보하면서 일정시간까지 공개하지 말 것을 요구할 경우 그때까지 보도를 미루는 것이다. 흔히 '엠바고를 단다'고 말하며 정보제공자 측과의 관계를 고려하여 되도록 지켜주는 경우가 많다.

22 다음 중 한국은행의 기능이 아닌 것은?

[2023년 한국폴리텍대학]

① 화폐를 시중에 발행하고 다시 환수한다.
② 통화량 조절을 위해 기준금리를 결정한다.
③ 외화보유액을 적정한 수준으로 유지한다.
④ 금융기관에 대한 감독업무를 수행한다.

해설

우리나라의 중앙은행인 한국은행은 화폐를 발행·환수하고, 기준금리 등 통화신용정책을 수립하고 진행한다. 또 은행 등 금융기관을 상대로 예금을 받고 대출을 해주며, 국가를 상대로 국고금을 수납하고 지급하기도 한다. 아울러 외환건전성 제고를 통해 금융안정에 기여하며, 외화자산을 보유·운용한다. 국내외 경제에 관한 조사연구 및 통계 업무를 수행하기도 한다.

23 무력과 엄격한 법으로 국가를 통치하는 정치 사상을 뜻하는 것은? [2023년 한국폴리텍대학]

① 세도정치
② 왕도정치
③ 패도정치
④ 척신정치

해설

중국 춘추전국시대부터 정치사상인 왕도정치와 패도정치에 대한 논쟁이 발생해 이어져 왔다. 왕도정치는 맹자와 순자를 필두로 한 유가(儒家)의 정신을 바탕으로 인(仁)과 의(義)로 백성을 교화하며 평화롭게 다스리는 것을 말한다. 반면 패도정치는 상앙과 한비자가 중심이 된 법가(法家)가 주장하는 정치사상으로 무력과 엄정한 법률로 국가를 강력하게 통치하는 것이다.

24 네트워크의 보안 취약점이 공표되기도 전에 이뤄지는 보안 공격을 뜻하는 용어는?

[2023년 한국폴리텍대학]

① 스피어 피싱
② APT 공격
③ 제로데이 공격
④ 디도스 공격

해설

제로데이 공격(Zero Day Attack)은 네트워크나 시스템 운영체제의 보안 취약점이 발견돼 이를 보완하기 위한 조치가 이뤄지기도 전에, 그 취약점을 이용해 네트워크에 침입하여 공격을 가하는 것을 말한다. 취약점이 뚫리지 않게 하기 위한 보안 패치가 배포되기도 전에 공격을 감행해 네트워크는 속수무책으로 당할 수밖에 없다.

시사상식 예상문제

01 일상 속 물건이나 물체를 그 본래의 용도와 본질에서 떼어내 다른 상징적 요소로 사용하는 미술기법은?

① 스노비즘
② 오브제
③ 그로테스크
④ 메타포

해설

오브제(Objet)는 프랑스어로 물건·물체를 뜻한다. 미술에서는 특히 초현실주의나 다다이즘 작가들이 예술과는 거리가 먼 일상 속의 평범한 물건이나 물체를 소재로 쓰는 것을 말하는데, 물체가 가진 본래의 용도와 본질을 제거하고 사람들에게 전혀 다른 느낌을 전하려 하는 기법이다. 프랑스 미술가 마르셀 뒤샹의 작품 〈샘〉이 그 대표적인 사례다.

02 PC 사용자의 인터넷 웹사이트 방문기록이 저장되는 파일은?

① HTML
② 세션
③ 캐시
④ 쿠키

해설

쿠키에는 PC 사용자의 ID와 비밀번호, 방문한 사이트 정보 등이 담겨 하드디스크에 저장된다. 이용자들의 홈페이지 접속을 도우려는 목적에서 만들어졌기 때문에 해당 사이트를 한 번 방문하고 난 이후에 다시 방문했을 때에는 별다른 절차를 거치지 않고 빠르게 접속할 수 있다는 장점이 있다. 하지만 개인정보 유출, 사생활 침해 등 개인정보가 위협받을 수 있다는 우려가 공존한다.

03 세계자연기금이 주최하는 어스아워 캠페인이 처음 시작된 도시는?

① 하노이
② 시드니
③ 런던
④ 파리

해설

세계자연기금의 세계적 환경 캠페인인 어스아워(Earth Hour)는 매년 3월 마지막 주에 열리며, 파리의 에펠탑, 일본의 도쿄타워, 뉴욕의 타임스퀘어 등 전 세계의 랜드마크가 1시간 동안 소등하는 캠페인이다. 이러한 행위를 통해 지구의 환경위기를 일깨우자는 의미로 2007년 3월 31일에 호주의 시드니에서 처음 시작됐다.

04 민간이 시설을 건설하고 소유권을 정부에 이전한 뒤, 일정 기간 운영하면서 수익을 얻는 사업형태는?

① CSR
② PLC
③ BTL
④ BTO

해설

BTO(Build Transfer Operate)는 민간사업자가 시설 건설을 하고 소유권을 정부에 이전하고 난 후, 일정 기간 시설의 운영권과 수익을 가져가는 사업을 말한다. 한편 BTL(Build Transfer Lease)은 민간사업자가 건설을 맡고 소유권을 이전한 뒤에 이자와 임대료 등을 받는 사업을 말한다.

05 다음 중 노동쟁의와 관련된 용어가 아닌 것은 무엇인가?

① 피케팅
② 사보타주
③ 프로보노
④ 직장폐쇄

해설

프로보노(Pro Bono)는 의사들의 의료봉사처럼 어떤 분야의 전문가들이 자신의 직업 전문성을 활용해 사회적 약자를 돕는 공익적 활동을 의미한다. 피케팅은 파업 등 노동쟁의가 일어났을 때 플래카드나 확성기를 이용해 근로자들에게 동참할 것을 요구하는 행위이고, 사보타주는 근로자가 고의로 사용자의 사유재산을 파괴하거나 업무를 게을리하는 쟁의행위, 직장폐쇄는 이에 대항하는 사용자의 쟁의행위로 사업장을 폐쇄하는 것을 말한다.

06 밑줄 친 단어가 알맞게 사용된 문장은?

① 나라를 위해 목숨을 <u>받혔다</u>.
② 아이들이 나란히 우산을 <u>받치고</u> 간다.
③ 그는 그대로 성난 소에게 <u>받치고</u> 말았다.
④ 정성스레 술을 체에 <u>바쳤다</u>.

해설

②의 '받치다'는 '물건의 밑이나 옆에 다른 물체를 대다'라는 의미로 문장에서 옳게 쓰였다. '받다'의 사동사로 쓰이는 '받히다'는 '한꺼번에 많은 양의 물품을 사게 하다'라는 뜻이며, 피동사로 쓰이는 '받히다'는 '머리나 뿔 따위에 세게 부딪히다'라는 뜻이다. '밭치다'는 '채 같은 구멍 뚫린 물건에 국수 따위를 올려 물기를 뺀다'는 의미를 갖는다. '바치다'는 '신이나 웃어른에게 정중히 물건을 드리다' 또는 '반드시 내야 할 돈을 가져다주다'라는 의미이다.

07 국제통상에서 다른 외국에 부여한 조건보다 불리하지 않은 조건을 상대국에도 부여하는 것은?

① 인코텀스
② 출혈 수주
③ 호혜 무역
④ 최혜국 대우

해설

최혜국 대우는 국제통상·항해조약에서 한 나라가 다른 외국에 부여한 조건보다 불리하지 않은 대우를 상대국에도 부여하는 것을 말한다. 즉, 모든 국가가 서로 국제통상을 할 때 차별하지 않고 동등하게 대한다는 원칙이다. 세계무역기구(WTO)에 가입된 조약국에는 기본적으로 적용된다.

08 국제형사재판소에 대한 설명으로 옳지 않은 것은?

① 제2차 세계대전 직후 1945년에 발족했다.
② 집단학살, 전쟁범죄 등을 저지른 개인을 처벌한다.
③ 본부는 네덜란드 헤이그에 있다.
④ 세계 최초의 상설 전쟁범죄 재판소다.

해설

국제형사재판소(International Criminal Court)는 국제사회가 집단학살, 전쟁범죄 등을 저지른 개인을 신속하게 처벌하기 위한 재판소다. 세계 최초로 발족한 상설 재판소로 반인도적 범죄를 저지른 개인을 개별국가가 기소하기를 주저할 때에 국제형사재판소의 독립검사가 나서서 기소할 수 있도록 했다. 본부는 네덜란드 헤이그에 있으며 2002년 7월에 정식 출범했다.

09 세계 금융기관들에 국제 표준화된 데이터 통신망을 제공하는 국제기구는?

① CHIPS
② SWIFT
③ BOK-WIRE
④ GATT

> **해설**
> 국제은행간통신협회(SWIFT)는 전 세계의 금융기관들이 국제 금융거래를 원활히 할 수 있도록 지원하는 기구다. 가입된 금융기관에 국제 표준화된 금융정보와 서비스·통신망을 제공한다. 거의 모든 국가의 금융기관이 외화거래를 위해 SWIFT를 이용하고 있고, 여기서 퇴출되면 사실상 금융거래는 불가능하다.

10 서로 다른 분야의 요소들이 결합하여 각 요소의 에너지의 합보다 더 큰 에너지를 분출하는 것은?

① 사일로 효과
② 헤일로 효과
③ 빌바오 효과
④ 메디치 효과

> **해설**
> 메디치 효과는 15세기 이탈리아 피렌체 메디치 가문이 문화, 철학, 과학 등 여러 분야 전문가를 후원하면서 자연스럽게 서로 융합돼 상승효과가 일어난 데서 유래한 용어다. 기업에서도 성격이 다른 부서를 협업하게 하거나 기존의 틀을 깨는 새로운 제품을 개발하는 등 메디치 효과를 겨냥한 전략을 사용하고 있다.

11 다음 중 우주 밀도의 약 70%를 차지한다고 알려진 물질은?

① 암흑에너지
② 은하단
③ 중성자
④ 페르미 거품

> **해설**
> 암흑에너지(Dark Energy)는 우주 공간의 약 70%를 차지하고 있다고 알려진 에너지의 한 형태로, 우주 전체에 고르게 퍼져 있으며 그 실체는 아직 명확히 밝혀지지 않았다. 빅뱅으로 탄생한 우주는 점점 빠르게 팽창하고 있는데, 이 팽창의 가속이 이뤄지는 원동력이 암흑에너지라고 추측되고 있다.

12 일제강점기에 식민사관을 바탕으로 우리나라의 역사를 연구한 어용 학술단체는?

① 경학사
② 진단학회
③ 청구학회
④ 일진회

> **해설**
> 청구학회는 경성제국대학과 조선총독부의 조선사편수회가 1930년 조직한 어용 학술연구단체다. 식민사관을 바탕으로 우리나라와 만주 등의 역사·문화를 연구하였다. 이들이 연구한 식민주의 역사관은 일제의 침략행위를 정당화하는 데 일조했다.

13 다음 중 자유무역협정인 CPTPP에 가입되지 않은 국가는?

① 미국
② 페루
③ 호주
④ 말레이시아

해설

본래 미국과 일본이 주도한 자유무역협정이었으나 미국의 도널드 트럼프 전 대통령이 탈퇴를 선언하면서 2018년 3월 미국을 제외한 나머지 11개국이 명칭을 TPP(Trans-Pacific Partnership)에서 CPTPP로 변경했다. 태평양 연안의 광범위한 지역을 하나의 자유무역지대로 묶는 다자간 자유무역협정이다. 2023년 9월 기준 일본, 캐나다, 멕시코, 호주, 뉴질랜드, 베트남, 말레이시아, 싱가포르, 칠레, 페루, 브루나이, 영국 등 12개국이 가입돼 있다.

14 무작위로 선정된 전화번호로 전화를 걸어 여론조사를 하는 방법은?

① RDD
② CATI
③ ARS
④ IVR

해설

RDD(Random Digit Dialing)는 컴퓨터로 국번과 지역번호를 제외한 전화번호의 끝 네 자리를 무작위로 선정하여 전화 여론조사를 하는 방식이다. 전화번호부를 기준으로 하던 기존의 여론조사방식이 유선전화가 많이 보급됨에 따라 실효성이 떨어지면서 고안된 방식이다.

15 외부환경의 변화에 따라 사업아이템을 바탕으로 사업의 방향을 전환하는 것은?

① 임파워먼트
② 니블링
③ 포지셔닝
④ 피보팅

해설

피보팅(Pivoting)은 유행이나 사회적 분위기 같은 외부환경의 변화에 따라서 사업방향을 바꾸는 것을 의미한다. 원래 몸의 중심축을 한쪽 발에서 다른 쪽 발로 옮기는 것을 뜻하는 체육용어다. 산업에서는 기존 아이템을 기준에 두고 소비자의 요구에 유연하게 대처하기 위해 사업전략의 방향을 트는 것을 의미하기도 한다.

16 높은 성장률을 기록하면서도 물가상승 압력이 거의 없는 이상적인 경제상황을 의미하는 용어는?

① 러프패치
② 톱니 효과
③ 골디락스
④ 그린슈트

해설

골디락스는 영국 동화 '골디락스와 곰 세 마리'에 등장하는 소녀의 이름에서 유래한 용어로 경제에 비유하여 뜨겁지도 차갑지도 않은 경제 호황을 의미한다. 일상생활에서는 가격이 아주 비싼 상품과 싼 상품, 중간 가격의 상품을 함께 진열하여 중간 가격의 상품을 선택하게 유도하는 판촉기법을 골디락스 가격이라고도 한다.

17 다음 중 고려시대에 설치된 의료시설은?

① 혜민국
② 전의감
③ 제생원
④ 위생국

해설

혜민국(惠民局)은 고려 중기 예종 7년에 설치한 의료기관으로 백성의 질병을 고치기 위해 설치됐다. 이후 공양왕 3년에 혜민전약국으로 개칭됐고, 조선시대까지 이어지다가 세조 12년에 혜민서로 다시 개칭됐다.

18 다음 중 반도체가 아닌 원자를 기억소자로 활용하는 컴퓨터는?

① 하이브리드 컴퓨터
② 양자 컴퓨터
③ 원자 컴퓨터
④ 엣지 컴퓨터

해설

양자 컴퓨터는 양자역학의 원리에 따라 작동되는 미래형 첨단컴퓨터다. 반도체가 아닌 원자를 기억소자로 활용한다. 고전적 컴퓨터가 한 번에 한 단계씩 계산을 수행했다면, 양자 컴퓨터는 모든 가능한 상태가 중첩된 얽힌 상태를 이용한다. 양자 컴퓨터는 0 혹은 1의 값만 갖는 2진법의 비트(Bit) 대신, 양자 정보의 기본단위인 큐비트를 사용한다.

19 신규 투자자의 자금으로 기존 투자자들에게 이자나 배당금을 지급하는 다단계 형식의 사기수법은?

① 큐싱 사기
② 유사 수신
③ 살라미 공격
④ 폰지 사기

해설

폰지 사기는 높은 수익성을 미끼로 신규 투자자들을 유도한 뒤 그들의 원금을 받아 기존 투자자들에게 이자나 배당금을 지급하는 방식의 사기수법이다. 1920년대 미국에서 다단계 금융사기극을 벌였던 찰스 폰지(Charles Ponzi)의 이름에서 따왔다. 주로 수익에 비해 이자가 큰 경우 발생하는 경제위기를 나타내거나 채무자가 지속적으로 빚을 굴려 원금과 이자를 갚는 상황을 표현하는 용어로 사용되고 있다.

20 큰 사고가 일어나기 전에 반드시 유사한 작은 사고와 사전징후가 나타난다는 법칙은?

① 샐리의 법칙
② 하인리히 법칙
③ 이케아 효과
④ 깨진 유리창 이론

해설

하인리히 법칙(Heinrich's Law)은 큰 사고가 일어나기 전에 반드시 유사한 작은 사고와 사전징후가 나타난다는 법칙이다. 1931년 미국의 보험회사에서 일하던 헐버트 하인리히가 발견했다. 그는 다양한 산업재해를 분석하면서 통계학적으로 유의미한 결과를 확인했다. 큰 규모의 사고 이전에는 반드시 수차례의 작은 사고가 수반되고, 이에 앞서 훨씬 더 많은 사고의 징후가 포착된다는 것이다.

21 코로나19 팬데믹으로 침체됐던 경제활동이 다시 시작되는 것을 뜻하는 용어는?

① 리듀얼링
② 리쇼어링
③ 리뉴얼링
④ 리오프닝

해설

리오프닝(Reopening)은 코로나19로 위축됐던 경제활동이 다시 시작되는 것을 뜻한다. 개개인의 소비활동뿐 아니라 기업의 침체됐던 영업활동이나 투자가 다시 활성화되는 것을 의미하기도 한다. 코로나19가 엔데믹으로 접어들면서, 국내외 경제활동이 다시금 활성화되고 있다.

22 탄소감축 목표 중 하나인 NDC 2030에 대한 설명으로 틀린 것은?

① 2015년 파리 기후변화협약에 따른 것이다.
② 2050년 탄소중립 달성을 위한 중간목표다.
③ 참여국은 협약의 공동 목표기준에 따른다.
④ 우리나라는 2030년까지 2018년 대비 탄소배출량 40% 감축을 목표로 한다.

해설

NDC(Nationally Determined Contributions) 2030은 2015년 파리 기후변화협약에 따른 것으로 2050년 내에 전 세계의 탄소중립을 이뤄내자는 목표의 중간 단계라고 할 수 있다. 참여국은 스스로 달성목표를 정할 수 있으며, 우리나라는 2030년까지 탄소배출량이 정점이었던 2018년에 대비해 40% 감축을 목표로 정했다.

23 다음 중 사회계약설과 관련 없는 인물은?

① 존 로크
② 장 자크 루소
③ 토머스 홉스
④ 이마누엘 칸트

해설

사회계약설이란 모든 인간은 하늘이 내려준(천부) 권리를 가지며, 이 불확실한 자유와 권리를 계약을 통해 국가에 위임하였다는 정치철학적 견해를 말한다. 시민과 계약을 맺은 국가는 시민의 권리를 보장하기 위해 합법적으로 권력을 행사할 수 있다. 사회계약설을 주장한 대표적 사상가로는 존 로크와 장 자크 루소, 토머스 홉스가 있다.

24 선거 승리로 정권을 잡은 사람·정당이 관직을 지배하는 정치적 관행을 뜻하는 용어는?

① 데탕트
② 독트린
③ 엽관제
④ 미란다

해설

엽관제(Spoils System)는 19세기 중반 미국에서 성행한 공무원 임용제도에서 유래한 것으로 정당에 대한 충성도와 기여도에 따라 공무원을 임용하는 인사관행을 말한다. 실적을 고려하지 않고 정치성·혈연·지연 등에 의하여 공직의 임용을 행하는 정실주의와 유사한 맥락이다.

방송에 출제됐던 문제들을 모아!
재미로 풀어보는 퀴즈~!~!

01 오늘날 평화는 물리적 폭력이 없는 상태를 포함해 더 넓은 의미로 인식되고 있다. 간접적·비물리적 폭력을 구조적 권력으로 개념화하고 그것이 부재한 상태를 가리키는 말은? [장학퀴즈]

정답
적극적 평화는 전쟁이나 테러가 없는 종전의 평화 개념에 대치되는 것으로 세계평화와 안정을 위해 적극적으로 기여한다는 취지에서 아베 신조 전 일본 총리가 2013년 국제연합(UN) 총회 당시 연설을 통해 제기한 바 있다.

02 대표적인 간접세 중 하나로 재화와 서비스의 생산 및 유통과정의 각 단계에서 새롭게 창출되는 가치에 대해 부과되는 세금은? [장학퀴즈]

정답
세금은 세금을 부담하는 사람과 세금을 납부하는 사람이 같은지 다른지에 따라 직접세와 간접세로 구분된다. 부가가치세는 간접세의 일종으로 현재 재화 및 서비스의 최종가격에 10%의 부가가치세가 포함돼 있다.

03 각종 뉴스와 드라마에 자주 등장하는 이 말은 1950년대 이후 만들어진 신조어로 이전에는 '습격단'이라고 쓰였다. 영어와 한자가 결합된 이 단어는?
[옥탑방의 문제아들]

정답
깡패는 '악한 무리'라는 뜻을 가진 영어 '갱(gang)'과 '무리'라는 뜻의 한자 '패(牌)'가 결합해 만들어진 단어로 순우리말이나 한자어가 아닌 외국어와 한자가 결합한 외래어다.

04 부부가 이혼할 때 재산분할 대상에 포함되는 공동재산의 범위에는 현재 보유하고 있는 부동산, 금전, 채무뿐만 아니라 국민연금과 이것도 포함된다. 이것은 무엇인가? [옥탑방의 문제아들]

정답
재산분할이란 부부가 혼인기간 중 함께 모은 재산을 기여도에 따라 나누는 것을 말한다. 재산분할에 포함되는 대상으로는 현재 보유하고 있는 자산뿐만 아니라 배우자가 미래에 받게 될 국민연금과 퇴직금도 포함된다.

05 '십분(十分)'의 바른 뜻풀이는?
[우리말 겨루기]

① 아주 충분히
② 한 시간의 6분의 1에 해당하는 시간

정답
문제에 제시된 '십분(十分)'은 시간을 뜻하는 말이 아니라 '아주 충분히'라는 의미의 부사어다.

06 제시된 지문에 띄어쓰기를 올바로 적용하면? [우리말 겨루기]

새소리를흉내내는형을보고다음번에는
보란듯이내가똑같이따라할것이라다짐
했다.

정답
위에 제시된 문장에 띄어쓰기를 올바로 적용하면 다음과 같다.
'새소리를 흉내 내는 형을 보고 다음번에는 보란 듯이 내가 똑같이 따라 할 것이라 다짐했다.'

07 과거 유럽 농부들이 가축이나 술통 등에 인두로 낙인을 찍어 자신이 소유주임을 나타낸 것에서 유래해 오늘날 경쟁업체와 구별하기 위해 사용하는 이름이나 기호를 뜻하는 이것은? [유퀴즈 온 더 블럭]

정답
브랜드는 '불로 달구다'라는 중세시대 노르웨이어에서 파생된 용어로, 현대사회에서는 단순히 다른 제품과 구별하는 것뿐만 아니라 제품의 성격과 특징을 전달하고 품질에 대한 신뢰를 끌어올려 판매에 영향을 끼치는 상징이 됐다.

08 영국 역사상 가장 뛰어난 위조화폐 범죄 수사관이자 근대 과학의 선구자로 '사과'와도 관련이 있는 이 인물은?

[유퀴즈 온 더 블럭]

정답
아이작 뉴턴은 영국의 과학자이자 수학자로 50대에는 조폐국에서 일하며 화폐위조범들을 검거하고, 화폐위조 방지를 위해 동전의 테두리에 톱니바퀴 모양을 넣는 아이디어를 고안해 내기도 했다.

09 '비방하다'라는 뜻의 라틴어에서 유래한 말로 오늘날에는 의미가 확대되어 '사람의 능력을 테스트하는 과제'라는 뜻으로 SNS에서 하나의 놀이문화로 자리 잡게 된 이것은? [유퀴즈 온 더 블럭]

정답
챌린지는 '도전하다'라는 뜻으로 중세 유럽에서는 이의를 제기하는 행동을 일컫는 말로 사용되기도 했다. 최근에는 SNS의 숏폼을 중심으로 특정 미션을 수행하거나 춤을 추는 영상을 올리는 등의 놀이문화를 가리키는 말로 의미가 확대됐다.

10 제시된 지문을 읽고 오늘이 무슨 요일인지 맞혀 보시오. [문제적 남자]

> 어제가 내일이었으면 좋겠다. 그럼 오늘이 금요일일 텐데.

① 토요일　　　　② 일요일
③ 월요일　　　　④ 화요일

정답
제시된 지문을 바탕으로 현재 요일을 추론해야 하는 문제다. 문제에서 주어진 대로 오늘이 금요일이라고 가정하면 내일은 토요일이 된다. 이때 지문에서 '어제가 내일(토요일)이었으면 좋겠다'라고 했으므로 실제로는 '어제'가 토요일이었다는 뜻이 된다. 따라서 실제 오늘은 일요일이 된다.

11 물음표에 들어갈 알파벳은? [문제적 남자]

> S M H D W M ?

정답
주어진 알파벳은 모두 시간을 뜻하는 영어단어의 첫 글자를 작은 단위부터 나열한 것이다. 따라서 물음표를 제외한 단어들을 순서대로 풀어보면 'Second－Minute－Hour－Day－Week－Month'이므로 물음표에 들어갈 알파벳은 'Y(Year)'이다.

취업!
실전문제

최종합격 기출면접

01. 국민건강보험공단

국민건강보험공단은 "국민의 평생건강을 지키는 건강보장 전문인재 양성"을 목표로 하여 '국민을 위하는 인재', '정직으로 신뢰받는 인재', '혁신을 추구하는 인재', '전문성 있는 인재'를 선발하고자 한다. 필기시험 합격자 중 인성검사를 실시한 후 증빙서류 제출을 완료한 자를 선발해 면접을 실시하며, 상황면접과 경험행동면접(인성면접)으로 진행된다. 2023년도 하반기 신규채용부터는 기존 상황면접과 경험행동면접 외 토론면접을 추가해 직무역량과 의사소통, 협업, 문제해결능력 등을 평가할 예정이다.

상황면접

창의성과 공동체의식, 적극성 등을 평가하는 다대일 구술면접의 방식으로 진행된다. 먼저 5~6명이 한 조가 되어 상황면접 대기실에 들어가 10분간 자료를 검토하고 대기한다. 면접실이 나누어져 있으며, 시간이 되면 각자 면접실로 들어가 3:1로 면접을 진행한다. 상황면접은 국민건강보험공단에서 진행하는 사업에 대해 얼마나 준비했고 관심이 있는지를 질문하므로 평소 공단의 사업에 대해 관심 있게 지켜보는 것이 중요하다.

기출문제

- 사후관리 대상자들이 본인의 건강검진 결과를 몰라 상담 진행에 어려움이 있는 경우, 본인이 담당자라면 어떻게 하겠는가?
- (특정 상황을 제시한 후) 해당 방안에서 가장 어려울 것이라고 생각하는 것은 무엇인가?
- 노인들을 응대할 때 가장 중요한 것은 무엇인가?
- 민원인이 계속 우긴다면 신입사원으로서 어떻게 대처할 것인가?
- 비대면 재택근무로 인해 업무의 효율성이 떨어질 뿐만 아니라 직원들의 고충도 늘어나고 있다. 본인이 인사담당자라면 어떻게 할 것인가?
- 고액체납자들에게 올바른 체납을 요구하기 위해 앞으로 국민건강보험공단이 해야 할 일로 적절한 것은 무엇인가?
- 최근 2030세대와 4050세대 사이의 괴리감이 깊어지고 있다. 이러한 세대갈등을 해결하기 위한 적절한 방법은 무엇인가?
- 저출산·고령화로 인해 2030세대에 부양 부담이 가중되는 상황이다. 건강보험료의 인상과 이로 인한 2030세대의 부담 가중도 피할 수 없는 상황이 되었는데, 보험료 인상에 대한 2030세대의 저항이 굉장히 심하다. 이런 문제를 어떻게 해결할 수 있겠는가?
- 생계형 체납자들을 관리하기 위해 앞으로 국민건강보험공단이 해야 할 일로 적절한 것은 무엇인가?
- 지역사회 경제활성화를 위해서 국민건강보험공단에서 할 수 있는 사업은 무엇인가?
- 영유아의 건강검진 수검률은 낮은 상태를 유지하고 있다. 저출산·고령화의 상황에서 영유아 건강은 무엇보다 중요한 문제이다. 현재 국가에서 전액을 지원함에도 영유아 미수검율이 훨씬 높은데, 이때 공단 관계자로서 해결방법은 무엇인가?

2 경험행동면접(인성면접)

경험행동면접은 직무능력과 인성, 태도 등을 평가하는 다대다 구술면접의 방식으로 진행된다. 3명의 면접관이 자기소개서 등을 기반으로 지원자의 과거 경험 등에 대해 질문하므로 자기소개서에 작성한 내용과 철저한 자기 분석을 통해 일관성 있게 답변하는 것이 중요하다.

기출문제

- 본인이 가지고 있는 역량 중 어떤 업무에 전문성이 있다고 생각하는가?
- 가장 자신 있는 업무와 이와 관련된 이슈를 아는 대로 말해 보시오.
- 업무 중 모르는 것이 있다면 어떻게 대처하겠는가?
- 업무를 숙지하는 노하우가 있다면 말해 보시오.
- 악성 민원을 대처해 본 경험이 있다면 말해 보시오.
- 상사의 긍정적 또는 부정적 피드백을 받은 경험이 있는가?
- 동료와의 갈등상황이 생긴다면 어떻게 대처하겠는가?
- 끈기를 가지고 노력했던 경험이 있는가?
- 실패하거나 힘들었던 경험에서 후회하는 부분이 무엇이며 지금 다시 돌아간다면 어떻게 할 것인가?
- 공공기관 직원이 갖춰야 할 중요한 가치나 덕목은 무엇이라고 생각하는가?
- 자신이 갖고 있는 직무역량 및 강점을 가지고 요양직 직무 시 어떤 점을 발휘할 수 있는가?
- 예상치 못한 어려움 속에서 이를 해결했던 경험과 본인의 역할은 무엇이었는지 말해 보시오.
- 빠른 상황판단능력을 통해 공단에서 기여할 수 있는 부분에 대해 말해 보시오.
- 민원 업무에 대한 자신의 가치관에 대해 이야기하고, 그 이유에 대해 설명해 보시오.
- 직무기술서에 대해 읽어본 적이 있는가? 읽어보았다면 어떤 내용이 있는지 서술해 보시오.
- 통계조사를 하기 위해서 어떤 능력이 필요한가? 혹시 관련된 프로그램을 쓸 줄 안다면 말해 보시오.
- 공단에 들어오게 되면 개선하고 싶은 사업이 있는가? 그 이유는 무엇인가?
- 현재 공단이 추진하고 있는 사업에 대해 아는 대로 말해 보시오.
- 현재 다른 기관에 재직하고 있는가?
- 많은 공공기관 중에서도 국민건강보험공단에 지원한 이유는 무엇인가?
- 본인이 업무를 수행할 때 부족한 역량이라고 생각되는 부분은 무엇인가? 그리고 그 이유는?
- 자신의 권한 내에서 민원을 효율적으로 응대한 경험이 있는가?
- 공공기관 직원에게 가장 중요한 직업윤리는 무엇인가? 그리고 그 이유에 대해 말해 보시오.
- 가장 응대하기 어려웠던 유형의 민원인은 누구였는가?
- 가장 일하기 힘든 동료는 어떤 유형인가? 그리고 그 동료가 왜 그렇게 행동했는지 말해 보시오.
- 오늘 면접보는 것을 친구들이나 부모님께 말했는가? 그리고 동료들의 피드백은 어땠는가?
- 실수를 했음에도 끝까지 일을 완수한 경험에 대해 말해 보시오.
- 원칙을 지키기 힘들었음에도 끝까지 지킨 경험에 대해 말해 보시오.
- 성향이 달랐던 사람과 일해본 경험이 있는가? 있다면 말해 보시오.
- 일하면서 상사를 만족시켰던 경험이 있는가? 있다면 말해 보시오.
- 결정을 내릴 때 혼자 하는가? 혹은 주변 사람들의 의견을 많이 따르는 편인가?

한국수자원공사는 '포용 · 안전 · 신뢰 · 도전'의 핵심가치와 '조직과 개인의 조화로운 발전과 평생교육 기반 경력개발모델 제시'라는 인사개발제도를 바탕으로 인재를 채용하고 있다. 직무상황과 연계하여 발표 주제를 제시하는 PT면접과 자기소개서를 기반으로 NCS 직업기초능력, 조직적합성 등을 종합평가하는 경험역량면접을 실시하고 있다. 배점의 비율은 100점 만점에 PT면접 40점과 경험역량면접 60점으로 평가한다.

1

PT면접

지원자가 특정 주제와 관련된 자료를 검토한 후 그에 관한 자신의 생각을 면접관 앞에서 발표하고, 질의응답하는 면접이다. 지원자의 사고력, 논리력, 문제해결능력 등을 심사하며, 지원자는 모든 기준을 지켜 답해야 한다. 이때 이미 알고 있던 지식이나 정보를 총망라해서 답변을 제시하는 것이 아니라 제공된 과제 자료를 활용해야 한다. 발표가 끝난 뒤에는 통상적으로 질의응답 시간이 이뤄지므로 예상질문을 미리 생각해 두는 것이 좋고, 발표시간을 고려해 주요 내용을 질의할 수 있도록 유도하는 것도 좋은 방법이 된다.

기출문제

행정직

- 한국수자원공사의 SWOT 분석에 대해 말해 보시오.
- 회계의 정의에 대해 말해 보시오.
- 녹조의 발생 이유와 녹조가 발생했을 때 우리 공사에서 해야 할 일을 말해 보시오.
- BIM 공법이 무엇인지 말해 보시오.
- 댐 상류에 위치한 한 공장으로부터 오염물질이 유출되어 주민들이 피해를 입었을 때 조치할 사항을 공적 영역과 사적 영역으로 나누어 말해 보시오.
- 생태관광 및 친환경적 댐체 조성 방안에 대해 말해 보시오.

기술직

- 수상태양광의 장단점에 대해 말해 보시오.
- 몰드변압기에 대해 말해 보시오.
- 베어링의 종류에 대해 말해 보시오.
- 조류(潮流)의 종류에 대해 말해 보시오.
- 비점오염원과 점오염원의 차이점에 대해 말해 보시오.
- NATM 공법과 TBM 공법의 차이점에 대해 말해 보시오.
- 한국수자원공사의 신재생에너지 사업에 대해 말해 보시오.

토목직

- 수자원공사 건축물의 특징에 대해 말해 보시오.
- 바닷가 근처에 발전소를 건설할 때 어떤 점을 고려해야 하는지 말해 보시오.
- 평균 갈수량의 정의에 대해 말해 보시오.
- 자연유량은 무엇인지 말해 보시오.
- 통합수원 관리방안에 대해 말해 보시오.
- 가뭄방지대책에 대해 말해 보시오.

2 경험역량면접

특정 역량의 발휘가 요구되는 일반적인 상황을 제시하고, 그러한 상황에서 어떻게 행동했었는지를 파악한다. 요구되는 역량의 수준과 경험 자체의 구체성, 신뢰성 등을 심사한다. 이때 추상적인 생각이나 의견 제시가 아니라 지원자의 과거 경험 및 행동과 관련된 질의가 이뤄지므로 사전에 본인의 경험과 사례를 정리하는 기준이 필요하다. 또한 답변을 통해 알고자 하는 역량이 명확하게 정해져 있으므로 사전에 해당 역량이 돋보일 수 있는 답변 프로세스를 구축해 놓는 것이 좋다.

기출문제

- 공공기관 직원에게 가장 중요한 점은 무엇인지 말해 보시오.
- 원칙을 어겼던 경험이 있는지 말해 보시오.
- 본인의 직무가 무엇인지 말해 보시오.
- 원치 않는 근무지로 발령받을 시 어떻게 할 것인지 말해 보시오.
- 한국수자원공사에서 일하게 된다면 가장 중요한 역량은 무엇이라고 생각하는지 말해 보시오.
- 상사로부터 부당한 지시를 받는다면 어떻게 할지 말해 보시오.
- 다른 사람과 협업을 진행할 때 부족한 점은 무엇인지 말해 보시오.
- 김영란법의 순기능과 역기능에 대해 말해 보시오.
- 업무 중 예상치 못하게 긴급한 업무가 생긴다면 어떻게 처리할지 말해 보시오.
- '젊은 꼰대'에 대해 말해 보시오.
- 친구들에게 어떤 존재인지 말해 보시오.
- 지금 하고 있는 노력에 대하여 말해 보시오.
- 부모님께 거짓말을 한 적이 있는지 말해 보시오.
- 댐 건설에 반대하는 지역주민과의 갈등을 어떻게 해결할 것인지 말해 보시오.
- 타인과의 갈등 발생 시 해결한 경험에 대해 말해 보시오.
- 댐의 수질이 오염되었을 때 이로 인해 발생하는 외적 문제에 대해 말해 보시오.
- 어떤 조직 내에서 리더십을 발휘하여 주어진 일을 해결한 경험이 있는지 말해 보시오.
- 어떤 봉사활동을 해 보았는지 말해 보시오.
- 한국수자원공사의 상징이 무엇인지 말해 보시오.
- 한국수자원공사가 어떠한 일을 하는지 말해 보시오.
- 인문학 경험을 기르기 위해 어떠한 노력을 했는지 말해 보시오.
- 공사의 인재상 중 어디에 가장 부합한지, 또 그렇게 생각하는 이유는 무엇인지 말해 보시오.
- 앞으로의 커리어 방향에 대해 말해 보시오.
- 녹조현상에 대해 말해 보시오.
- 상사와 의견이 다른 경우 어떻게 할 것인지 말해 보시오.
- 변압기의 2종 접지는 어디에 하는지 말해 보시오.
- 준법정신을 가지고 있는지 말해 보시오.
- 법을 지키면서 희생한 경험이 있는지 말해 보시오.
- 자신을 뽑아야 하는 이유를 말해 보시오.
- 토목직이 하는 일이 무엇인지 말해 보시오.
- 상수도가 새는 것을 알면 어떻게 할 것인지 말해 보시오.
- 자신을 동물에 빗대어 말해 보시오.

기업별 최신기출문제

1. 의사소통능력

01 다음 중 제시된 글의 문단 순서가 바르게 나열된 것은?

> (가) 애그테크는 농업 산업의 생산성과 효율성을 높이고, 자원 사용을 최적화하며, 작물의 품질과 수량을 향상시키는 것을 목표로 한다. 다양한 기술을 활용하여 농작물 재배, 가축 사육, 작물 보호, 수확 및 포장 등 농업에 관련한 모든 단계에서 다양한 첨단기술이 적용된다.
>
> (나) 애그테크는 농업의 효율화, 자동화 등을 위해 다양한 기술을 활용한다. 첫째, 센서기술을 활용하여 토양 상태, 기후 조건, 작물 성장 등을 모니터링한다. 이를 통해 작물의 생장 상태를 실시간으로 파악하고 작물에 필요한 물과 비료의 양을 조절할 수 있다. 둘째, 드론과 로봇기술을 활용해 농지 상태를 파악하고 작물을 자동으로 식별하여 수확할 수 있다. 이를 통해 농업에 필요한 인력을 절감하고 생산성을 높일 수 있다. 셋째, 센서나 로봇으로 수집한 데이터를 분석하는 빅데이터 분석기술을 활용해 작물의 성장 패턴, 질병 예측, 수확 시기 등 최적의 정보를 얻을 수 있다. 이를 통해 농부는 더 효과적으로 작물을 관리하고 의사결정을 내릴 수 있다. 넷째, 수직 농장, 수경 재배, 조직 배양 등 혁신적인 재배기술을 통해 더 많은 작물을 작은 공간에서 생산하고 최적의 자원을 투입해 낭비를 막을 수 있다. 마지막으로 생명공학 및 유전자기술을 활용해 작물의 생산성, 내구성 등을 개선할 수 있다. 이를 통해 수확량을 증대시키고, 재해에 대한 저항력을 향상시킬 수 있다.
>
> (다) 농협경제연구소는 2023년 주목해야 할 농업·농촌 이슈 중의 하나로 '애그테크(Ag-tech)의 성장'을 선정했다. 애그테크는 농업(Agriculture)과 기술(Technology)의 융합을 뜻하는 것으로 정보기술(ICT), 생명과학, 로봇공학, 센서기술 등 다양한 기술을 농업 분야에 적용하는 기술이다.
>
> (라) UN 식량농업기구(FAO)는 2050년에는 세계 인구가 90억명으로 급증해 식량부족 현상이 일어날 수 있다고 경고한다. 농업에 종사하는 사람은 점점 적어지고 있으므로 애그테크는 자동화, 최적화, 효율화를 통해 급증하는 인구에 식량을 제공하고, 환경문제를 해결하는 등 미래 사회를 위해 반드시 필요한 기술이다.

① (나) - (가) - (다) - (라)   ② (나) - (다) - (가) - (라)   ③ (다) - (가) - (나) - (라)

④ (다) - (나) - (가) - (라)   ⑤ (다) - (라) - (가) - (나)

해설 제시문은 애그테크의 정의와 효과, 적용되는 기술을 설명하는 글이다. 그러므로 애그테크에 대한 정의인 (다) 문단이 가장 앞으로 와야 하고, 이어서 애그테크의 효과에 대한 (가) 문단이 와야 한다. 이후 애그테크에 적용되는 다양한 기술을 설명한 (나) 문단이 배치돼야 하고, 결론인 (라) 문단이 배치돼야 한다. 따라서 문단 순서가 바르게 나열된 것은 (다) - (가) - (나) - (라)이다.

02 다음 글에 나타난 '라이헨바흐의 논증'을 평가·비판한 것으로 적절하지 않은 것은?

> 귀납은 현대 논리학에서 연역이 아닌 모든 추론, 즉 전제가 결론을 개연적으로 뒷받침하는 모든 추론을 가리킨다. 귀납은 기존의 정보나 관찰 증거 등을 근거로 새로운 사실을 추가하는 지식확장적 특성을 지닌다. 이 특성으로 인해 귀납은 근대 과학발전의 방법적 토대가 되었지만, 한편으로 귀납 자체의 논리적 한계를 지적하는 문제들에 부딪히기도 한다.
>
> 먼저 흄은 과거의 경험을 근거로 미래를 예측하는 귀납이 정당한 추론이 되려면 미래의 세계가 과거에 우리가 경험해 온 세계와 동일하다는 자연의 일양성(一樣性), 곧 한결같음이 가정되어야 한다고 보았다. 그런데 자연의 일양성은 선험적으로 알 수 있는 것이 아니라 경험에 기대어야 알 수 있는 것이다. 즉, "귀납이 정당한 추론이다"라는 주장은 "자연은 일양적이다"라는 다른 지식을 전제로 하는데, 그 지식은 다시 귀납에 의해 정당화되어야 하는 경험적 지식이므로 귀납의 정당화는 순환논리에 빠져 버린다는 것이다. 이것이 귀납의 정당화 문제이다.
>
> 귀납의 정당화 문제로부터 과학의 방법인 귀납을 옹호하기 위해 라이헨바흐는 이 문제에 대해 현실적 구제책을 제시한다. 라이헨바흐는 자연이 일양적일 수도 있고 그렇지 않을 수도 있음을 전제한다. 먼저 자연이 일양적일 경우, 그는 지금까지의 우리의 경험에 따라 귀납이 점성술이나 예언 등의 다른 방법보다 성공적인 방법이라고 판단한다. 자연이 일양적이지 않다면, 어떤 방법도 체계적으로 미래 예측에 계속해서 성공할 수 없다는 논리적 판단을 통해 귀납은 최소한 다른 방법보다 나쁘지 않은 추론이라고 확언한다. 결국 자연이 일양적인지 그렇지 않은지 알 수 없는 상황에서는 귀납을 사용하는 것이 옳은 선택이라는 라이헨바흐의 논증은 귀납의 정당화 문제를 현실적 차원에서 해소하려는 시도로 볼 수 있다.

① 귀납이 지닌 논리적 허점을 완전히 극복한 것은 아니라는 비판의 여지가 있다.

② 귀납을 과학의 방법으로 사용할 수 있음을 지지하려는 목적에서 시도했다는 데 의미가 있다.

③ 귀납과 다른 방법을 비교하기 위해 경험적 판단과 논리적 판단을 모두 활용한 것이 특징이다.

④ 귀납과 견주어 미래 예측에 더 성공적인 방법이 없다는 판단을 근거로 귀납의 가치를 보여주고 있다.

⑤ 귀납이 현실적으로 옳은 추론 방법임을 밝히기 위해 자연의 일양성이 선험적 지식임을 증명한 데 의의가 있다.

해설 마지막 문단에 따르면 '라이헨바흐는 자연이 일양적일 수도 있고 그렇지 않을 수도 있음을 전제'하며, '자연이 일양적인지 그렇지 않은지 알 수 없는 상황에서는 귀납을 사용하는 것이 옳은 선택'이라고 한다. 그러나 ⑤와 같이 귀납이 현실적으로 옳은 추론 방법임을 밝히기 위해 자연의 일양성이 선험적 지식임을 증명하고 있는 것은 아니다.

　① 라이헨바흐는 '어떤 방법도 체계적으로 미래 예측에 계속해서 성공할 수 없다는 논리적 판단을 통해 귀납은 최소한 다른 방법보다 나쁘지 않은 추론'이라고 확언한다. 하지만 이것은 귀납의 논리적 허점을 현실적 차원에서 해소하려는 것이며, 논리적 허점을 완전히 극복한 것은 아니라는 점에서 비판의 여지가 있다.

　② 라이헨바흐는 '귀납의 정당화 문제로부터 과학의 방법인 귀납을 옹호하기 위해 현실적 구제책'을 제시한다. 이것은 귀납이 과학의 방법으로 사용될 수 있음을 지지하려는 것이다.

　③ 라이헨바흐는 '자연이 일양적일 경우, 우리의 경험에 따라 귀납이 점성술이나 예언 등의 다른 방법보다 성공적인 방법이라고 판단'하며, '자연이 일양적이지 않다면, 어떤 방법도 체계적으로 미래 예측에 계속해서 성공할 수 없다는 논리적 판단을 통해 귀납은 최소한 다른 방법보다 나쁘지 않은 추론'이라고 확언한다. 따라서 라이헨바흐가 귀납과 다른 방법을 비교하기 위해 경험적 판단과 논리적 판단을 활용했음을 알 수 있다.

　④ 라이헨바흐는 '자연이 일양적인지 그렇지 않은지 알 수 없는 상황에서는 귀납을 사용하는 것이 옳은 선택'이라고 본다. 따라서 라이헨바흐는 귀납과 견주어 미래 예측에 더 성공적인 방법이 없다는 판단을 근거로 귀납의 가치를 보여 주고 있다.

🔒 01 ③ 02 ⑤

※ 다음은 NH농협에서 판매하고 있는 주택화재보험 약관의 일부와 2022년 8월에 내린 폭우로 피해를 입은 농가 A~D의 피해 산정에 대한 자료이다. 글을 읽고 이어지는 질문에 답하시오. [03~04]

특수건물 풍수재위험담보 특별약관

■ 제1조(보상하는 손해)

　회사는 보통약관 제3조(보상하는 손해) 외에 화재로 인한 재해보상과 보험가입에 관한 법률 제2조 제3호와 동법 시행령 제2조 제1항에서 정하는 특수건물(동산은 제외합니다. 이하「특수건물」이라 합니다)에 대하여는 아래의 위험으로 인하여 보험의 목적에 생긴 손해를 보상하여 드립니다.

　－ 태풍, 회오리바람, 폭풍, 폭풍우, 홍수, 해일, 범람 및 이와 비슷한 풍재 또는 수재

■ 제2조(보상하지 않는 손해)

　회사는 아래와 같은 손해는 보상하여 드리지 않습니다.

　❶ 보험의 목적에 생긴 분실 또는 도난 손해

　❷ 지진 또는 분화로 생긴 손해

　❸ 풍재 또는 수재와 관계없이 댐 또는 제방이 터지거나 무너져 생긴 손해

　❹ 바람, 비, 눈, 우박 또는 모래, 먼지가 들어옴으로써 생긴 손해. 그러나 보험의 목적인 건물이 풍재 또는 수재로 직접 파손되어 보험의 목적에 생긴 손해는 보상하여 드립니다.

　❺ 추위, 서리, 얼음, 눈으로 생긴 손해

　❻ 풍재의 직접, 간접에 관계없이 보험의 목적인 네온사인 장치에 전기적 사고로 생긴 손해 및 건식 전구의 필라멘트에(만) 생긴 손해

■ 제3조(지급보험금의 계산)

　회사가 특수건물에 생긴 손해에 대하여 지급할 보험금은 아래에 따라 계산합니다.

　❶ 보험가입금액이 보험가액의 80% 해당액과 같거나 클 때 : 보험가입금액을 한도로 손해액 전액을 지급합니다(단, 보험가입금액이 보험가액보다 많을 때에는 보험가액을 한도로 합니다).

　❷ 보험가입금액이 보험가액의 80% 해당액보다 작을 때 : 보험가입금액을 한도로 아래의 금액을 지급합니다.

$$(\text{손해액}) \times \frac{(\text{보험가입금액})}{(\text{보험가액의 80\% 해당액})}$$

　❸ 동일한 계약의 목적과 동일한 사고에 관하여 보험금을 지급하는 다른 계약(공제계약을 포함합니다)이 있는 경우에는 제1항 내지 제2항에 추가하여 보통약관 제9조(지급보험금의 계산) 제2항의 계산방식을 따릅니다.

■ 제4조(준용규정)

　이 특별약관에 정하지 않은 사항은 보통약관을 따릅니다.

2022년 8월 폭우로 인한 농가 A~D 피해 산정액

(단위 : 백만원)

구분	A	B	C	D
손해액	20	24	5	25
보험가액	500	400	800	300
보험가입금액	450	300	600	500

03 피해농가 A~D 중 지급받는 보험금액이 가장 큰 농가는?

① A

② B

③ C

④ D

해설 각 농가 A~D의 손해액과 보험가액의 80%, 보험가입금액은 다음과 같다.

(단위 : 백만원)

구분	A	B	C	D
손해액	20	24	5	25
보험가액의 80%	400	320	640	240
보험가입금액	450	300	600	500

각 농가 A~D의 보험지급액은 다음과 같다.
- 농가 A : 20백만원
- 농가 B : $24 \times \dfrac{300}{320} = 22.5$백만원
- 농가 C : $5 \times \dfrac{600}{640} = 4.6875$백만원
- 농가 D : 25백만원

따라서 보험지급액이 가장 많은 농가는 D이다.

04 피해농가 A~D 중 보험료율이 가장 큰 농가는?(단, 보험료율은 보험가입금액에 대한 보험지급액의 백분율이다)

① A

② B

③ C

④ D

해설 보험료율은 $\dfrac{(보험지급액)}{(보험가입금액)} \times 100$이므로 각 농가 A~D의 보험료율은 다음과 같다.
- 농가 A : $\dfrac{20}{450} \times 100 ≒ 4.44\%$
- 농가 B : $\dfrac{22.5}{300} \times 100 = 7.5\%$
- 농가 C : $\dfrac{4.6875}{600} \times 100 ≒ 0.78\%$
- 농가 D : $\dfrac{25}{500} \times 100 = 5\%$

따라서 보험료율이 가장 높은 농가는 B이다.

🔒 03 ④ 04 ②

05 어느 회사의 서버 비밀번호는 0에서 9까지 열 개의 숫자를 사용해 4자리로 설정할 수 있다. 동일 숫자를 2번 중복 사용하여 설정할 수 있는 비밀번호는 모두 몇 가지인가?

① 2,260

② 2,680

③ 3,240

④ 3,600

⑤ 3,820

해설 ❶ 동일한 숫자가 2개, 2개 있는 경우

0부터 9까지의 숫자 중에서 동일한 숫자 두 개를 뽑는 경우의 수는 $_9C_2 = 36$가지이다.

뽑은 2개의 수로 4자리를 만드는 경우의 수는 $\dfrac{4!}{2!2!} = 6$가지이다.

따라서 설정할 수 있는 비밀번호의 개수는 $36 \times 6 = 216$가지이다.

❷ 동일한 숫자가 2개만 있는 경우

0부터 9까지의 숫자 중에서 동일한 숫자 한 개를 뽑는 경우의 수는 9가지이다.

나머지 숫자 2개를 뽑는 경우의 수는 $_8C_2 = 28$가지이다.

뽑은 3개의 수로 4자리를 만드는 경우의 수는 $9 \times 28 \times \dfrac{4!}{2!} = 3{,}024$가지이다.

따라서 가능한 모든 경우의 수는 $216 + 3{,}024 = 3{,}240$가지이다.

06 서주임과 김대리는 공동 프로젝트를 끝내고 보고서를 제출하려고 한다. 이 프로젝트를 혼자 할 때 서주임은 24일이 걸리고, 김대리는 16일이 걸린다. 처음 이틀은 같이 하고, 이후엔 김대리 혼자 프로젝트를 하다가 보고서 제출 하루 전날부터 같이 했다고 할 때, 보고서를 제출할 때까지 총 며칠이 걸렸는가?

① 11일

② 12일

③ 13일

④ 14일

⑤ 15일

해설 프로젝트를 끝내는 일의 양을 1이라고 가정한다.

하루에 할 수 있는 일의 양은 혼자 일을 할 경우 서주임은 $\dfrac{1}{24}$, 김대리는 $\dfrac{1}{16}$이며, 함께 할 경우 $\dfrac{1}{24} + \dfrac{1}{16} = \dfrac{5}{48}$이다.

서대리와 김대리는 3간 함께 일을 했으며, 김대리 혼자 한 날을 x일이라 하면 다음과 같은 식이 성립한다.

$$\dfrac{5}{48} \times 3 + \dfrac{1}{16} \times x = 1 \rightarrow \dfrac{5}{16} + \dfrac{1}{16} \times x = 1 \rightarrow \dfrac{1}{16} \times x = \dfrac{11}{16} \rightarrow x = 11$$

따라서 김대리가 혼자 일하는 기간은 11일이고, 보고서를 제출할 때까지 $3 + 11 = 14$일이 걸린다.

1. 의사소통능력

01 다음 글의 내용으로 적절하지 않은 것은?

> 핀테크(FinTech)란 Finance(금융)와 Technology(기술)의 합성어로 금융과 IT의 융합을 통한 금융서비스 제공을 비롯한 산업의 변화를 통칭하는 신조어다. 금융서비스의 변화로는 모바일(Mobile), SNS(Social Network Service), 빅데이터(Big Data) 등 새로운 IT기술을 활용하여 기존의 금융기법과 차별화된 서비스를 제공하는 기술 기반의 혁신이 대표적이다. 최근에 대중이 널리 사용하는 모바일뱅킹(Mobile Banking)과 앱카드(App Card)도 이러한 시대적 흐름 가운데 나타난 핀테크의 한 예라 볼 수 있다.
>
> 이에 따라 금융위원회는 핀테크 산업 발전을 위한 디지털 금융의 종합혁신방안을 발표하였다. 규제 완화와 이용자 보호장치 마련이 주목적이었다. 종합지급결제업과 지급지시전달업의 신설로 핀테크 기업들은 고도화된 디지털 금융서비스 창출과 수익 다각화의 기반을 마련했다. 간편결제에 소액 후불결제 기능을 추가한 것이라든지 선불결제 충전한도 상향 등은 중요한 규제 완화의 예라 볼 수 있다. 전자금융업종의 통합과 간소화를 통해 이제는 자금이체업, 대금결제업, 결제대행업으로 산업이 재편된 셈이다.
>
> 핀테크 산업의 미래는 데이터 기반의 마이데이터 서비스체계를 구축하는 것이다. 개인이 정보이동권에 근거하여 본인의 데이터에 대한 개방을 요청하면 기업이 해당 데이터를 제3자에게 개방하도록 하는 것이 마이데이터의 개념이다. 그동안 폐쇄적으로 운영ㆍ관리되어 왔던 마이데이터를 통한 개인정보의 활용으로 맞춤형 재무서비스나 금융상품 추천 등 다양한 데이터 기반의 금융서비스 활성화가 기대되는 바이다. 또한 마이데이터의 도입으로 고객데이터 독점이 사라지는 상황에서 금융업 간 경쟁심화는 필연적일 것으로 보인다. 마이데이터 사업자와의 협력과 직접진출 등이 활발하게 나타날 것으로 전망되기 때문이다.
>
> 사이버 관련 사고가 지능화되고 고도화되면서 보안기술과 시스템에 대한 수요도 높은 수준을 요구하고 있다. 정부가 D.N.A(Data, Network, AI) 생태계 강화 등을 기반으로 디지털 뉴딜을 추진 중이며, 전 산업의 디지털화가 진행 중이라 대부분의 산업에 있어서도 보안기술의 향상이 요구된다. 특히 최근에는 금융권 클라우드나 바이오 정보에 대한 공격증가에 따른 금융기관 등의 피해가 커질 위험에 노출되어 있어 주의를 요한다.
>
> 개인정보보호법, 신용정보법, 정보통신망법 등 개인정보보호 관련 3개 법률(데이터 3법) 개정안이 발표되었다. 이는 가명정보의 도입, 개인정보의 활용 확대, 마이데이터 산업 도입 등을 주요 내용으로 한다. 데이터 3법 개정으로 마이데이터 사업이 본격화되고 핀테크 기업 중심의 정보공유 활성화, 데이터 기반 신산업 발전 등이 효과를 볼 것으로 전망된다. 반면 개인정보 및 금융정보의 노출 가능성이 높아지게 되고 보안사고의 위험과 개인정보 보호의 이슈가 부각될 수 있는 현실을 맞이하게 된 것이다.

① 빅데이터를 활용한 금융서비스 제공 역시 핀테크의 일종이다.

② 핀테크 산업 활성을 위해서는 기존의 규제를 완화하는 것이 필요하다.

③ 마이데이터 서비스체계에서 기업은 개인의 동의하에 제3자에게 데이터를 제공할 수 있다.

④ 마이데이터 사업자 간의 협력이 활발해진다면 금융업 간 경쟁심화는 완화될 것으로 보인다.

⑤ 데이터 3법 개정과 함께 기업들은 개인정보 보호를 위한 보안기술 구축을 위해 별도로 노력해야 한다.

해설 세 번째 문단에 따르면, 오히려 마이데이터 사업자와의 협력과 직접진출 등이 활발하게 나타남으로써 금융업 간 경쟁심화는 필연적일 것으로 전망된다.

🔒 05 ③ 06 ④ / 01 ④

※ 다음은 N은행 대출상품 이용고객 중 일부 고객에 대한 자료이다. 이 자료를 보고 이어지는 물음에 답하시오. [02~04]

대출고객 정보

대출고객	신용등급	대출상품	대출상환 기간	대출금액
A	5	X	2018.8.~2023.7.	4,000만원
B	4	Y	2020.5.~2023.4.	7,000만원
C	6	Y	2019.12.~2022.11.	3,000만원
D	3	Z	2021.1.~2021.12.	5,000만원
E	6	X	2019.4.~2023.3.	6,000만원

대출상품별 정보

상품 구분	이자율	대출 가능 신용등급	중도상환수수료 유무	중도상환 수수료율	중도상환수수료 면제대상
X상품	5,000만원 이하 12.5% 5,000만원 초과 16.9%	5등급 이상	무	–	–
Y상품	3,000만원 이하 11.8% 3,000만원 초과 19.4%	6등급 이상	유	15.8%	총 대출기간 1년 미만 또는 남은 대출기간 1년 미만
Z상품	8,000만원 이하 8.8% 8,000만원 초과 14.4%	4등급 이상	유	12.2%	없음

※ 고객 A, B, C, D, E 모두 원리금균등상환 방식이다.
※ 중도상환수수료율은 남은 대출원금에 대해서만 부과한다.

02 신입직원이 실수로 대출고객 정보를 잘못 기입했다. 어느 고객의 정보인가?

① 고객 A
② 고객 B
③ 고객 C
④ 고객 D
⑤ 고객 E

> **해설** X상품은 신용등급 5등급 이상(1~5등급)일 경우 대출 가능한 상품이다. 따라서 고객 E의 신용등급 또는 대출상품 정보가 잘못 입력되었다.

03 2021년 9월 기준, 총 대출기간 중 절반 이상 지난 고객은 같은 해 10월에 중도상환을 하기로 하였다. 다음 중 해당하지 않는 고객은?(단, 고객 E의 신용등급은 5등급이다)

① 고객 A

② 고객 B

③ 고객 C

④ 고객 D

⑤ 고객 E

> **해설** 고객별 대출기간이 $\frac{1}{2}$이 지났을 때 날짜는 다음과 같다.
> - 고객 A : 2018년 8월부터 5년 대출이므로 2년 6개월 경과 후 날짜는 2021년 2월이다.
> - 고객 B : 2020년 5월부터 3년 대출이므로 1년 6개월 경과 후 날짜는 2021년 11월이다.
> - 고객 C : 2019년 12월부터 3년 대출이므로 1년 6개월 경과 후 날짜는 2021년 6월이다.
> - 고객 D : 2021년 1월부터 1년 대출이므로 6개월 경과 후 날짜는 2021년 7월이다.
> - 고객 E : 2019년 4월부터 4년 대출이므로 2년 경과 후 날짜는 2021년 4월이다.
>
> 따라서 대출기간 중 $\frac{1}{2}$ 이상이 지나지 않은 고객은 B이다.

04 2021년 9월 기준, 모든 고객이 중도상환을 신청하였다. 예상되는 중도상환수수료는 총 얼마인가?(단, 고객마다 중도상환수수료 계산 시 천의 자리에서 버림한다)

① 748만원

② 891만원

③ 993만원

④ 1,014만원

⑤ 1,102만원

> **해설** X상품의 경우 중도상환수수료가 없으므로 고객 A, E는 중도상환수수료가 없다.
> Y상품의 경우 총 대출기간이 1년 미만이거나 남은 대출기간이 1년 미만일 경우 중도상환수수료를 면제받는다.
> 고객 B는 2021년 4월에 최종 대출상환월로 남은 기간이 1년 이상이고, 고객 C도 2020년 11월에 최종 대출상환월로 남은 기간이 1년 이상이므로 중도상환수수료를 내야 한다.
> 고객 B, C의 중도상환수수료를 계산하면 다음과 같다.
> - 고객 B : $7,000 \times \frac{20}{36} \times 0.158 ≒ 614$만원
> - 고객 C : $3,000 \times \frac{15}{36} \times 0.158 ≒ 197$만원
>
> Z상품의 경우 중도상환수수료 면제대상이 없으므로 고객 D의 중도상환수수료를 계산하면 다음과 같다.
> - 고객 D : $5,000 \times \frac{4}{12} \times 0.122 ≒ 203$만원
>
> 따라서 모든 고객의 중도상환수수료는 총 1,014만원이다.

※ N은행은 2022년 상반기 승진후보자 중 승진자를 선발하고자 한다. 다음은 2022년 상반기 승진자 선발 방식 등에 대한 자료이다. 자료를 읽고 이어지는 질문에 답하시오. [05~06]

2022년 상반기 승진자 선발

■ 승진자 선발 방식
 – 승진후보자 중 승진점수가 가장 높은 순서대로 승진한다.
 – 승진점수는 100점 만점으로 평가한다. 단, 가점을 합산하여 100점을 초과할 수 있다.
 – 승진점수는 분기실적(40), 부서동화(30), 성실고과(20), 혁신기여점(10) 항목별 점수의 총합에 연수에 따른 가점을 합산하여 산정한다.
 – 각 연수 이수자에게는 다음 표에 따라 가점을 부여하되, 한 승진후보자가 받을 수 있는 가점은 5점을 초과할 수 없다.
 – 동점자가 발생한 경우, 분기실적 점수와 성실고과 점수의 합이 높은 직원이 우선한다.

연수별 가점

(단위 : 점)

연수	혁신선도	조직융화	자동화적응	대외협력
가점	2	1	4	3

승진후보자 항목별 평가점수

(단위 : 점)

승진후보자	분기실적	부서동화	성실고과	혁신기여	이수한 연수
A주임	29	28	12	4	조직융화
B주임	32	29	12	5	혁신선도
C주임	35	21	14	3	자동화적응, 대외협력
D주임	30	23	16	7	자동화적응

05 승진자 선발 방식에 따라 승진후보자 A~D주임 중 1명을 승진시키고자 할 때, 승진할 직원은?

① A주임　　　　　② B주임　　　　　③ C주임　　　　　④ D주임

해설 승진자 선발 방식에 따라 승진후보자별 승진점수를 계산하면 다음과 같다.

(단위 : 점)

승진후보자	가점을 제외한 총점	가점	승진점수
A주임	29+28+12+4=73	1	74
B주임	32+29+12+5=78	2	80
C주임	35+21+14+3=73	5(가점상한 적용)	78
D주임	30+23+16+7=76	4	80

승진점수가 80점으로 가장 높은 승진후보자는 B주임과 D주임인데, 이 중 분기실적 점수와 성실고과 점수의 합이 D주임은 30＋16＝46점, B주임은 32＋12＝44점이다. 따라서 D주임이 승진한다.

06 승진자가 배치될 부서의 상황이 변경됨에 따라 승진자 선발 방식이 다음과 같이 변경되었다. 변경된 승진자 선발 방식을 따를 때, 승진할 직원을 모두 고르면?

승진자 선발 방식 변경

변경 전

❶ 승진점수(100) 총점 및 배점
 – 분기실적(40), 부서동화(30), 성실고과(20), 혁신기여(10)
❷ 가점상한 : 5점
❸ 승진인원 : 1명

⬇

변경 후

❶ 승진점수(100) 총점 및 배점
 – 분기실적(40), 부서동화(30), 성실고과(30)
 ※ 혁신기여 점수를 삭제하고 성실고과 점수를 기존의 성실고과 점수에 50%를 가산하여 산출한다.
❷ 가점상한 : 10점
❸ 승진인원 : 2명

---

① A주임, B주임
② A주임, C주임
③ B주임, C주임
④ C주임, D주임

해설 변경된 승진자 선발 방식에 따라 승진후보자별 승진점수를 계산하면 다음과 같다.
가점상한이 10점으로 상승하여 C주임은 종전에 비해 가점을 2점 더 받게 되었으며, 혁신기여 점수가 삭제되고, 성실고과 점수의 비중이 50% 증가했다.

(단위 : 점)

승진후보자	가점을 제외한 총점	가점	승진점수
A주임	29+28+12×1.5=75	1	76
B주임	32+29+12×1.5=79	2	81
C주임	35+21+14×1.5=77	7	84
D주임	30+23+16×1.5=77	4	81

승진점수가 가장 높은 후보자는 C주임이며, 그다음으로 높은 후보자는 동점인 B주임과 D주임이다. 이 중 동점자 처리 기준에 따라 분기실적 점수와 성실고과 점수의 합이 더 높은 D주임이 C주임과 함께 승진한다.

한국사능력검정시험

01 다음 가상 인터뷰에 등장하는 왕의 업적으로 옳은 것은? [2점]

> 즉위하신 이후에 어떤 일을 하셨 나요?

> 한강유역을 차지한 뒤, 이를 기 념해 북한산에 순수비를 세웠습 니다. 그리고 화랑도를 국가적인 조직으로 개편했습니다.

① 국학을 설립했다.
② 병부를 설치했다.
③ 대가야를 정복했다.
④ 독서삼품과를 실시했다.

기출 태그 #신라 진흥왕 #대가야 정복 #화랑도 정비
#한강유역 차지 #북한산순수비

해설

신라 진흥왕은 화랑도를 국가적인 조직으로 정비했으며, 백제 성왕과 함께 고구려를 공격해 한강유역까지 진출했 다. 이후 나제 동맹을 깨고 백제를 기습공격해 한강 이남 지역을 장악한 뒤 이를 기념하기 위해 북한산순수비를 세 웠다.
③ 신라 진흥왕은 대가야를 정복해 영토를 확장했다.

02 학생들이 공통으로 이야기하는 문화유산으로 옳은 것은? [3점]

주제: 통일신라의 석탑

> 경주 불국사 대웅전 앞에 있어.

> 2층 기단 위에 3층의 탑신을 세웠어.

> 탑을 보수하던 중 무구정광대다라니 경이 발견됐지.

① ② ③ ④

기출 태그 #경주 불국사 삼층석탑 #석가탑 #국보 제21호
#무구정광대다라니경

해설

① 경주 불국사 삼층석탑(석가탑)은 경주 불국사 대웅전 앞에 있는 석탑으로 통일신라 경덕왕 때 조성된 것으로 추측된다. 기단과 탑신이 각각 2층, 3층으로 구성돼 있 으며 기단의 높이와 탑신이 서로 조화를 이루면서 안정 된 느낌을 준다. 현재 국보 제21호로 지정돼 있으며 해 체·수리 과정에서 사리 장엄구와 현존하는 세계에서 가장 오래된 목판인쇄물인 〈무구정광대다라니경〉이 발 견됐다.

03 (가)~(다)를 일어난 순서대로 바르게 나열한 것은? [2점]

고려의 후삼국 통일과정

공산에서 당한 패배를 드디어 이곳 고창에서 설욕했노라.
(가)

국호를 고려라 하고 연호를 천수로 할 것이다.
(나)

이곳 일리천에서 신검의 군대를 격파했도다.
(다)

① (가) – (나) – (다)
② (가) – (다) – (나)
③ (나) – (가) – (다)
④ (다) – (가) – (나)

해설

(나) 고려 건국(918): 후고구려의 궁예를 몰아내고 왕위에 오른 왕건은 고구려를 계승한다는 의미로 고려를 세운 뒤, 연호를 천수라 했다.

(가) 고창전투(930): 후백제의 견훤은 교통의 요충지였던 고창(안동)을 포위해 고려를 공격했으나 8,000여 명의 사상자를 내며 왕건에게 크게 패했다. 그 결과 왕건은 경상도 일대에서 견훤 세력을 몰아내고 후삼국 통일의 기반을 마련하게 됐다.

(다) 일리천전투(936): 왕건은 귀순한 견훤과 함께 군사를 이끌고 경북 선산의 일리천에서 신검이 이끄는 후백제군과 격돌했고 고려군이 승리하면서 후삼국을 통일하게 됐다.

04 (가) 인물의 활동으로 옳은 것은? [1점]

고려는 우리 거란과 국경을 접하고 있는데 왜 바다 건너 송을 섬기는가?

여진이 압록강 안팎을 막고 있기 때문에 귀국과 왕래하지 못하는 것이다. 여진을 내쫓고 우리 옛 땅을 돌려준다면 어찌 교류하지 않겠는가?

소손녕

(가)

① 강동6주를 확보했다.
② 동북9성을 축조했다.
③ 화통도감을 설치했다.
④ 4군과 6진을 개척했다.

해설

거란(요)은 송과의 대결에서 유리한 위치를 차지하기 위해 여러 차례 고려를 침략했다. 고려 성종 때 80만 대군을 이끌고 1차 침입한 거란은 고려가 차지하고 있는 옛 고구려 땅을 내놓고 송과 교류를 끊을 것을 요구했다. 서희는 소손녕과의 외교 담판을 통해 거란과 교류할 것을 약속하는 대신, 고려가 고구려를 계승했음을 인정받고 압록강 동쪽의 강동6주를 획득하는 성과를 거두었다.

① 서희는 거란의 1차 침입 당시 소손녕과의 외교 담판을 통해 강동6주를 획득했다.

05 (가)에 들어갈 문화유산으로 옳은 것은? [2점]

□□ 신문

제△△호   2021년 ○○월 ○○일

151년 만에 옮겨지는 조선의 신주

▲ 신주를 옮기는 모습

　(가)　에 모셔진 조선 역대 왕과 왕비의 신주를 창덕궁 옛 선원전으로 옮기는 행사가 지난 6월 5일 열렸다. 이 행사는 정전(正殿)의 내부 수리로 인해 1870년(고종 7년) 이후 151년 만에 거행된 것이다.

① 종묘
② 사직단
③ 성균관
④ 도산서원

06 다음 직업이 등장한 시기의 사회 모습으로 옳은 것은? [2점]

우리 역사 속 직업의 세계

나의 직업은 무엇일까요?

(앞면)

■ 직업 소개
주로 심청전, 춘향전 등의 한글소설을 전문적으로 읽어주고 상평통보 등을 받았음

■ 요구 능력
인물과 장면, 분위기에 어울리는 목소리로 실감나게 이야기하는 솜씨가 요구됨

정답 전기수

(뒷면)

① 변발과 호복이 유행했다.
② 판소리와 탈춤이 성행했다.
③ 골품에 따라 일상생활을 규제했다.
④ 특수행정구역인 향과 부곡이 있었다.

기출태그 #종묘 #조선 왕과 왕비 신주 봉인 #조선왕실의 상징성과 정통성

해설
문화재청은 2021년 6월 종묘 정전 수리를 위해 이곳에 봉안된 조선 역대 왕과 왕비의 신주(죽은 사람의 이름을 적은 나무)를 창덕궁 옛 선원전으로 옮기는 이안제를 진행했다. 이는 1870년 종묘정전과 영녕전 건물 수리로 대규모 이안을 한 이후 151년 만의 일이다.
① 종묘는 조선시대 역대 왕과 왕비의 신주를 봉안한 사당이다. 왕이 국가와 백성의 안위를 기원하기 위해 문무백관과 함께 정기적으로 제사에 참여한 공간이며 왕실의 상징성과 정통성을 보여준다.

기출태그 #조선 후기 사회 #전기수 #탈춤 #서민문화 발달 #보부상 #상공업 발달

해설
조선 후기에는 상공업이 발달해 전국의 장시를 돌아다니며 판매활동을 하는 보부상이 등장했다. 또한, 서민문화가 발전해 한글소설 〈심청전〉, 〈춘향전〉, 〈홍길동전〉 등이 대중화됨에 따라 직업적으로 소설을 낭독하고 돈을 받는 이야기꾼인 전기수가 등장했다.
② 조선 후기에는 서민문화가 발달해 판소리, 탈춤, 산대놀이 등이 성행했다. 특히 탈춤은 지방의 정기시장인 장시에서 자주 공연됐다.

07 (가)에 해당하는 인물로 옳은 것은? [3점]

이 작품은 (가) 이 여성의 의병 참여를 독려하기 위해 만든 노래입니다. 그녀는 이 외에도 의병을 주제로 여러 편의 가사를 지어 의병들의 사기를 높이려 했습니다. 일제에 나라를 빼앗긴 이후에는 만주로 망명해 항일투쟁을 이어갔습니다.

안사람 의병가

아무리 왜놈들이 강성한들
우리들도 뭉쳐지면 왜놈 잡기 쉬울세라
아무리 여자인들 나라사랑 모를쏘냐
남녀가 유별한들 나라 없이 소용있나
우리도 의병하러 나가보세
의병대를 도와주세
…

① 권기옥

② 남자현

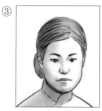

③ 박차정

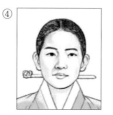

④ 윤희순

기출 태그 #윤희순 #조선 최초 여성 의병 지도자 #유홍석 #을미의병

해설

고종 때 을미사변이 일어나고 단발령이 시행되자 유홍석이 을미의병을 주도했다. 이때 며느리 윤희순은 〈안사람의병가〉, 〈병정의 노래〉 등을 지어 여성의 의병운동 참여를 독려하고 의병의 사기를 진작시켰다. 한일병합 이후에는 만주로 망명해 항일의병운동을 도모했다.
④ 윤희순은 조선 최초의 여성 의병 지도자로, 여성들의 항일투쟁활동을 장려하며 독립운동을 전개했다.

08 다음 중 교사의 질문에 대한 학생의 답변으로 옳은 것은? [2점]

이것은 중일전쟁 발발 이후 일제가 본격적인 전시체제 구축을 위해 제정한 법령입니다. 이 법령이 시행된 시기에 있었던 사실에 대해 말해 볼까요?

제1조 본 법에서 국가총동원이란 전시에 국방 목적달성을 위해 국가의 전력을 가장 유효하게 발휘하도록 인적·물적자원을 통제 운용하는 것을 가리킨다.
⋮
제8조 정부는 전시에 국가총동원상 필요한 경우에는 칙령이 정하는 바에 따라 물자의 생산, 수리, 배급, 양도 기타 처분, 사용, 소비, 소지 및 이동에 관해 필요한 명령을 할 수 있다.

① 헌병경찰제가 실시됐어요.
② 경성제국대학이 설립됐어요.
③ 국채보상운동이 전개됐어요.
④ 황국신민서사의 암송이 강요됐어요.

기출 태그 #국가총동원법 #중일전쟁 #한반도 병참기지화 #황국신민화 정책

해설

일제는 1930년대 이후 민족말살통치기에 대륙침략을 위해 한반도를 병참기지화하고 중일전쟁과 태평양전쟁을 일으켰다. 1938년에는 국가총동원법을 시행해 전쟁 수행을 위한 한국의 인적·물적자원을 통제하고 동원했다.
④ 일제는 민족의 정체성을 말살하기 위해 황국신민화 정책을 시행해 내선일체의 구호를 내세워 한글을 사용하지 못하게 하고 황국신민서사의 암송을 강요했다 (1937).

09 (가)에 들어갈 단체로 옳은 것은? [1점]

① 중광단
② 흥사단
③ 한인애국단
④ 대조선 국민군단

해설

③ 김구는 상하이에서 한인애국단을 결성해 적극적인 항일투쟁활동을 전개했다. 단원 이봉창은 1932년 1월 도쿄에서 일본 국왕이 탄 마차의 행렬에 수류탄을 투척했고, 윤봉길은 1932년 4월 상하이 훙커우공원에서 열린 일왕 생일 및 일본군 전승축하기념식에 폭탄을 던져 일제 요인들에게 큰 타격을 줬다.

10 다음 발표에 해당하는 정부 시기에 있었던 사실로 옳은 것은? [2점]

① 개성공단이 조성됐다.
② 서울올림픽대회가 개최됐다.
③ 베트남전쟁에 국군이 파병됐다.
④ 국민기초생활보장법이 제정됐다.

해설

노태우정부 때 북방외교를 바탕으로 남북한의 유엔 동시 가입이 이루어졌다. 또한, 남북한 화해 및 불가침, 교류·협력 등에 관한 공동합의서인 남북기본합의서를 채택하고 한반도 비핵화 공동선언이 이루어졌다.
② 노태우정부 시기인 1988년 제24회 서울올림픽대회를 개최했다.

01 (가) 시대의 생활모습으로 옳은 것은? [1점]

> **국가문화유산포털**
>
> 종목별 전체 국보 시대 명승
>
> 문화유산 검색 공주 석장리 유적   검색 초기화   결과 내 재검색
>
> 주먹도끼, 찍개 등 (가) 시대의 대표적 유물이 한반도 남부에서 최초로 출토된 곳이다. 또한 집자리 유적도 발굴돼 (가) 시대에 사람들이 이곳에서 생활했음을 알 수 있다.
>
> ▲ 유물 출토 상태   ◀ [   ] [   ] ▶

① 명도전, 반량전 등의 화폐가 유통됐다.
② 반달돌칼을 이용해 곡식을 수확했다.
③ 거푸집을 이용해 세형동검을 만들었다.
④ 주로 동굴이나 강가의 막집에 거주했다.
⑤ 빗살무늬토기를 만들어 식량을 저장했다.

기출 태그 #구석기시대 #공주 석장리 유적 #막집 거주
#이동생활 #주먹도끼 · 찍개

[해설]

공주 석장리 유적은 국내 최초의 구석기시대 유적지로, 1964년부터 1974년까지 10차례에 걸쳐 발굴조사가 실시됐다. 이 과정에서 5개의 기둥자리와 불을 땐 흔적이 남아 있는 집자리가 발견됐고, 주먹도끼, 찍개 등의 유물이 출토됐다.
④ 구석기시대에는 동굴이나 강가에 막집을 짓고 거주하며 계절에 따라 이동생활을 했다.

02 (가) 인물에 대한 설명으로 옳은 것은? [1점]

> **다큐멘터리 공모 신청서**
>
> ■ **공모분야:** 역사–인물 탐사 다큐멘터리
> ■ **작품명:** (가) 의 저서, 위대한 역사기록이 되다
> ■ **기획의도:** 8세기 인도와 중앙아시아의 실상을 전해주는 중요한 기록을 남긴 신라 승려가 있다. 글로벌 시대를 맞아 (가) 의 기록이 우리에게 남긴 의미를 재조명한다.
> ■ **차별화전략:** 기존에 간과해 왔던 이슬람세계와 비잔틴제국에 대한 기록까지도 현지답사를 통해 고증하고자 한다.
> ■ **주요촬영국:** 중국, 인도, 이란, 아프가니스탄, 우즈베키스탄 등

① 향가 모음집인 삼대목을 편찬했다.
② 화랑도의 규범인 세속5계를 제시했다.
③ 무애가를 지어 불교대중화에 기여했다.
④ 구법순례기인 왕오천축국전을 저술했다.
⑤ 화엄일승법계도를 지어 화엄사상을 정리했다.

기출 태그 #혜초 #인도 순례 #왕오천축국전
#고대 인도여행기 #구법순례기

[해설]

④ 통일신라 성덕왕 때 중국으로 유학을 간 승려 혜초는 불법을 연구하기 위해 부처의 나라인 인도로 순례를 떠났다. 인도를 비롯해 현재의 카슈미르 지역, 파키스탄, 아프가니스탄 등 중앙아시아 지역을 답사한 뒤 순례기인 〈왕오천축국전〉을 지었다. 이는 1908년 중국 간쑤성에서 프랑스의 동양학자 펠리오에 의해 발견됐으며, 마르코폴로의 〈동방견문록〉보다 500여 년이나 앞선 고대 인도여행기임이 밝혀졌다.

03 (가)~(다)를 일어난 순서대로 바르게 나열한 것은? [3점]

(가) 왕규가 광주원군을 옹립하려 도모했다. 왕이 깊이 잠든 틈을 타서 그의 무리로 하여금 침실에 잠입시켜 왕을 해하려 했다.

(나) 왕이 교서를 내려 말하기를, "경전에 통하고 전적(典籍)을 널리 읽은 자들을 선발해 경학박사와 의학박사로 삼아, 12목에 각각 1명씩 파견해 돈독하게 가르치고 깨우치게 하라"라고 했다.

(다) 왕이 한림학사 쌍기를 지공거로 임명하고, 시(詩)·부(賦)·송(頌)과 시무책을 시험해 진사를 뽑게 했다. 위봉루에 친히 나가 급제자를 발표해, 갑과에 최섬 등 2명, 명경에 3명, 복업에 2명을 합격시켰다.

① (가) − (나) − (다)
② (가) − (다) − (나)
③ (나) − (가) − (다)
④ (나) − (다) − (가)
⑤ (다) − (나) − (가)

기출 태그 #고려 전기 정치 #왕규의 난 #광종의 개혁 #과거제 #시무28조 #경학박사·의학박사

해설

(가) 왕규의 난(945): 왕규는 두 딸을 고려 태조의 비로 들여 왕실의 외척으로서 권력을 행사했다. 왕규는 태조가 죽고 혜종이 왕위에 오르자 외손자 광주원군을 왕위에 세우기 위해 반란을 도모했으나 왕식렴의 군대에 의해 실패했다.

(다) 과거제도 실시(958): 고려 광종은 후주 출신 쌍기의 건의에 따라 과거제도를 시행해 신진세력을 등용했다. 첫 과거시험이 치러졌을 때에 광종은 위봉루라는 누각에서 과거 급제자를 발표하기도 했다.

(나) 경학박사·의학박사 파견(986): 고려 성종은 최승로의 시무28조를 받아들여 통치체제를 정비하고 다양한 제도를 시행했다. 전국의 주요 지역에 12목을 설치하고 지방관인 목사를 파견했으며, 경학박사와 의학박사를 파견해 유학교육을 활성화하고자 했다.

04 다음 상황 이후에 전개된 사실로 옳은 것은? [2점]

왕이 이분희 등에게 변발을 하지 않았다고 책망했더니 그들이 대답하기를 "신 등이 변발하는 것을 싫어해서가 아니라 오직 뭇 사람들이 그렇게 해 상례(常例)가 되기를 기다렸을 뿐입니다"라고 했다. …… 왕은 입조(入朝)했을 때에 이미 변발했지만, 나라사람들이 아직 하지 않았기 때문에 이를 책망한 것이다.

① 만적이 개경에서 반란을 모의했다.
② 왕실의 외척인 이자겸이 권력을 독점했다.
③ 유인우, 이인임 등이 쌍성총관부를 수복했다.
④ 최충이 9재학당을 설립해 유학을 교육했다.
⑤ 국정 총괄 기구로 교정도감이 설치됐다.

기출 태그 #고려 원 간섭기 #변발·호복 #반원자주정책 #쌍성총관부 #공민왕

해설

고려 원 간섭기에는 고려 세자가 왕위를 계승할 때까지 원에 머무는 것이 상례가 됐으며, 지배층을 중심으로 몽골의 풍습인 변발과 호복 등이 유행했다. 충렬왕은 세자 시절 스스로 변발과 호복을 입고 고려로 귀국했으며, 즉위 후에는 호복을 입고 관을 쓰도록 명을 내렸다.

③ 고려 공민왕은 반원자주정책을 실시해 유인우, 이자춘, 이인임 등으로 하여금 동계 지역의 쌍성총관부를 공격해 원에 빼앗긴 철령 이북의 땅을 수복했다(1356).

05 다음 검색창에 들어갈 왕이 추진한 정책으로 옳은 것은? [2점]

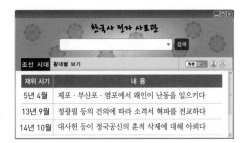

① 조총부대를 나선정벌에 파견했다.

② 4군 6진을 설치해 북방영토를 개척했다.

③ 단종 복위운동을 계기로 집현전을 폐지했다.

④ 국가의례를 정비한 국조오례의를 편찬했다.

⑤ 신진인사인 사림을 등용하기 위한 현량과를 실시했다.

해설

· 조선은 건국 초기부터 제포 · 부산포 · 염포 3곳의 포구를 개항하고 일본 무역선의 왕래를 허용했다. 그러나 이곳에 거주하는 왜인들이 점차 늘어나면서 조선 관원들과의 충돌이 빈번해졌고, 중종 때 왜인들이 이곳을 공격하며 삼포왜란을 일으켰다.

· 중종은 반정으로 왕위에 오른 후 사림파를 중용해 훈구세력을 견제하고 유교정치를 강화하고자 했다. 이에 따라 등용된 조광조와 정광필 등은 도교의 초제를 주관하는 소격서 폐지를 건의했고, 중종이 이를 받아들여 소격서를 혁파했다.

· 중종 때 홍문관의 장관인 부제학을 거쳐 대사헌에 오른 조광조는 새로운 개혁정치를 위해 훈구세력을 견제했다. 그는 정국공신의 수가 너무 많으며 그중 50여 명의 훈적을 삭제해야 한다는 위훈삭제를 주장해 훈구파의 강력한 반발을 사게 됐다.

⑤ 중종 때 조광조는 과거제도의 폐단을 지적하며 천거제의 일종인 현량과를 실시해 사림이 대거 등용될 수 있는 발판을 마련했다.

06 아래 밑줄 그은 '이 왕'에 대한 설명으로 옳은 것은? [1점]

이것은 이 왕이 농경을 장려하기 위해 세손과 더불어 친경(親耕)과 친잠(親蠶)을 거행하고 그 기쁨을 표현한 경잠기의입니다. 그는 균역법을 제정해 백성의 군역부담을 줄여주는 등 민생안정에 많은 노력을 기울였습니다.

① 조선의 기본법전인 경국대전을 완성했다.

② 붕당의 폐해를 경계하기 위한 탕평비를 건립했다.

③ 시전상인의 특권을 축소하는 신해통공을 실시했다.

④ 전세를 1결당 4~6두로 고정하는 영정법을 제정했다.

⑤ 각 궁방과 중앙관서의 공노비 6만여 명을 해방했다.

해설

조선 후기 영조는 민생안정을 위해 농본정책을 실시했고, 농경과 양잠을 장려하기 위해 직접 농사를 짓는 친경(親耕)과 직접 누에를 치는 친잠(親蠶)을 거행하기도 했다. 또한, 백성들의 군역부담을 덜어주기 위해 균역법을 실시해 기존 1년에 2필씩 납부하던 군포를 1필로 줄였다.

② 영조는 붕당정치의 폐해를 막고 능력에 따라 인재를 등용하기 위해 탕평책을 실시했고, 성균관에 탕평비를 건립했다.

🔒 03 ② 04 ③ 05 ⑤ 06 ②

07 (가) 시기에 있었던 사실로 옳은 것은? [3점]

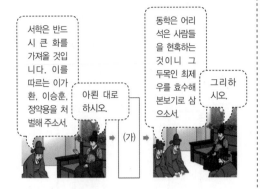

① 왕이 도성을 떠나 공산성으로 피란했다.

② 오페르트가 남연군묘 도굴을 시도했다.

③ 홍경래 등이 난을 일으켜 정주성을 점령했다.

④ 교조신원을 요구하는 삼례집회가 개최됐다.

⑤ 이인좌를 중심으로 한 소론세력이 난을 일으켰다.

해설

- 조선 후기에 어린 나이로 순조가 즉위하자 정순왕후의 수렴청정이 시작되고 사교와 서교를 근절하라는 금압령이 내려졌다. 또한, 천주교도에 대한 탄압이 심화돼 이승훈, 이가환, 주문모, 정약종 등 300여 명의 천주교 신자들이 처형되고 정약전, 정약용 등이 유배를 가는 등 천주교 전파에 앞장섰던 실학자들과 많은 천주교 신자들이 피해를 입었다(신유박해, 1801).
- 세도정치기인 철종 때 최제우는 천주교의 확산에 대해 동학을 창시하고 마음 속에 한울님을 모시는 시천주와 사람이 곧 하늘이라는 인내천사상을 강조했다. 이후 일반 백성들로부터 큰 지지를 받고 교세가 확장되자 이를 경계한 조정은 최제우를 체포해 세상을 어지럽히고 백성을 속인다는 혹세무민의 죄목으로 처형했다(1864).
③ 순조 때 세도정치로 인한 삼정의 문란과 서북 지역 차별대우에 불만을 품은 평안도 지방 사람들이 몰락양반 출신 홍경래를 중심으로 봉기를 일으켰다(1811). 이들은 평안북도 가산에서 우군칙, 이희저 등과 함께 정주성을 점령하고 청천강 이북 지역을 장악하기도 했으나 관군에 의해 진압됐다.

08 다음 가상 대화의 상황이 나타난 시기를 연표에서 옳게 고른 것은? [2점]

1871	1876	1884	1895	1904	1909
(가)	(나)	(다)	(라)	(마)	
신미양요	조일 수호 조규	갑신정변	삼국 간섭	한일 의정서	기유각서

① (가)

② (나)

③ (다)

④ (라)

⑤ (마)

해설

③ 거문도 사건(1885~1887): 갑신정변 이후 청의 내정 간섭이 심화되자 조선은 이를 견제하기 위해 러시아를 끌어들였다. 이에 영국은 3척의 함대를 파견해 러시아의 남하를 막는다는 구실로 거문도를 불법점령했다. 이후 거문도에 포대와 병영을 건설하고 섬 전체를 요새화했으며, 이 사실을 조선정부에 일방적으로 통고했다. 조선은 영국공사관에 공식항의했고 영국은 결국 점령 2년 만에 청의 중재로 거문도에서 철수했다.

09 다음 자료를 활용한 탐구활동으로 가장 적절한 것은? [2점]

> • 내지(內地)는 심각한 식량부족을 보여 매년 300만석에서 500만석의 외국 쌀을 수입했다. …… 내지에서는 쌀의 증산에 많은 기대를 걸 수 없었다. 반면 조선은 관개설비가 잘 갖춰지지 않아서 대부분의 논이 빗물에 의존하는 상태였기에, 토지개량사업을 시작한다면 천혜의 쌀 생산지가 될 수 있었다.
> • 대개 조선인들이 생산한 쌀을 내지로 반출할 때, 결코 자신들이 충분히 소비하고 남은 것을 수출하는 것이 아니다. 생계가 곤란해 먹을 것을 먹지 못하고 파는 것이다. …… 만주산 잡곡의 수입이 증가하는 사실은 조선인의 생활난이 점점 심각해지고 있음을 실증하는 것이다.

① 산미증식계획의 실상을 파악한다.
② 화폐정리사업의 결과를 분석한다.
③ 보안회의 경제적 구국운동을 조사한다.
④ 방곡령이 선포된 지역의 분포를 알아본다.
⑤ 동양척식주식회사의 설립과정을 살펴본다.

10 다음 자료에 나타난 민주화 운동에 대한 설명으로 옳은 것은? [1점]

> **껍데기 정부와 계엄당국을 규탄한다**
>
> 껍데기 과도정부와 계엄당국은 민주의 피맺힌 소리를 들으라! …… 모든 시민과 학생들은 처음부터 평화적이고 질서정연한 투쟁을 전개하려고 노력해 왔다. 그러나 계엄당국이 진지하고도 순수한 데모 대열에 무차별한 사격을 가해 남녀노소를 불문하고 수많은 사상자가 발생했고, 부상자 및 연행자는 추계가 불가능한 실정이다. …… 계엄당국과 정부는 광주시민과 전 국민의 민주 염원을 묵살함은 물론 민주투사들을 난동자·폭도로 몰아 무력으로 진압하려고 하고 있다.

① 호헌철폐와 독재타도 등의 구호를 내세웠다.
② 야당총재의 국회의원직 제명으로 촉발됐다.
③ 시위과정에서 시민군이 자발적으로 조직됐다.
④ 경무대로 향하던 시위대가 경찰의 총격을 받았다.
⑤ 박종철 고문치사사건의 진상규명을 요구했다.

기출태그 #산미증식계획 #일제의 쌀 수탈 #쌀 증산 계획 #조선 농민 경제상황 악화

해설
① 1920년대 일본 본토에서는 자본주의가 발전하면서 인구가 급증하고 도시화가 진행돼 쌀값이 폭등하는 등 식량부족 문제가 발생하자 일제는 부족한 쌀을 조선에서 수탈하기 위해 산미증식계획을 실시했다(1920). 이를 위해 품종개량, 수리시설 구축, 개간 등을 통해 쌀 생산을 대폭 늘리려 했으나 증산량은 계획에 미치지 못했다. 그럼에도 증산량보다 많은 양의 쌀을 일본으로 보내면서 조선 농민들의 경제상황은 더욱 악화됐다.

기출태그 #5·18 민주화 운동 #전두환 #신군부 #12·12 쿠데타 #비상계엄 #시민 무력진압

해설
③ 전두환을 비롯한 신군부세력의 12·12 쿠데타에 저항해 '서울의 봄'이라는 대규모 민주화운동이 일어나자 5월 17일 신군부는 비상계엄조치를 전국적으로 확대했다. 5월 18일, 비상계엄해제와 신군부 퇴진, 김대중 석방 등을 요구하는 광주시민들의 항거가 이어지자 신군부는 공수부대를 동원한 무력진압을 강행했고, 학생과 시민들이 자발적으로 시민군을 조직해 이에 대항하면서 시위가 격화됐다(1980).

면접에서 '라포(Rapport)'와
관련된 질문을 받는다면?

최근 많은 기업의 면접에서 지원자의 인성이나 기본적인 심성을 알기 위한 질문을 많이 합니다. 물론 채용현장에서 많이 활용되는 NCS가 직업인으로서 직무기술을 중점으로 질문하고 평가하기 위한 수단임은 여전히 변함이 없지만, 그만큼 지원자의 인성도 중요하게 여기기 때문입니다. 따라서 이번 칼럼에서는 면접현장에서 자주 등장하는 인성 평가 질문 중 '라포(Rapport)'와 관련된 질문과 그 의미를 알아보고, 어떤 방식으로 답변해야 할지 살펴보겠습니다.

본론에 들어가기에 앞서 '라포(Rapport)'라는 단어가 생소하게 느껴질 수 있으리라 생각합니다. 라포는 원래는 심리학이나 교육학, 상담학 등에서 자주 사용되는 단어인데, 최근에는 사회 여러 분야에서 통용되고 있습니다. 라포의 일반적인 의미는 아래와 같습니다.

> 라포란 사람과 사람 사이에서 상호 이해와 공감을 통해 형성되는 신뢰관계와 유대감, 환자와 의사 또는 영업자와 고객 사이에 형성되는 심리적인 신뢰감을 의미한다. 상호 관심사의 공유와 공감, 상대방에 대한 존중과 이해, 경험을 통한 공감대의 형성 등을 통해 만들어진다. 라포가 형성된 후에는 보다 장기적인 신뢰관계로 발전할 수 있다.

다소 딱딱한 느낌이 드는 서술이지만 여기서 우리가 집중해야 할 단어는 '공감'과 '존중', '이해' 그리고 '신뢰'입니다. 만약 면접위원이 이런 핵심단어와 관련된 질문을 한다면 대부분 해당 자질이 지원자에게 있는지 묻는 것이기 때문입니다. 물론 이러한 질문을 받았을 때 '라포'란 단어의 의미를 모른다고 해도 감점이나 손해는 없을 것입니다. 단어 자체의 의미를 묻기 위해 질문한 것은 아니기 때문입니다. 하지만 해당 단어가 포함된 질문을 받았을 때 그 단어의 의미를 알고 있다면, 면접위원이 질문한 의도에 맞춰 답변에 핵심키워드를 반영할 수 있을 것입니다.

> **Q. 만약 귀하가 처음 만나는 사람과 지내게 될 때 라포 형성은 어떻게 하시겠습니까?**

비교적 간단한 질문이지만 이를 달리 바꾸어 풀어본다면, '만약 처음 만나는 사람과 잘 지내기 위해 노력해야 하는 경우 그 사람과의 관계가 돈독해지고 친해지기 위해서 어떻게 행동을 하시겠습니까?'와 같은 질문이 될 것입니다. 이러한 질문에 답변할 때 상대방에 대한 공감이나 공유, 또는 존중과 이해 등의 키워드가 포함되면 더욱 바람직한 답변이 되리라 생각합니다.

> **지원자 A**
>
> 저는 모든 사람과 잘 지내고, 또 새로운 사람을 사귀는 것을 좋아합니다. 그래서 다른 사람에 비해 사람들과 친해지는 시간이 빠릅니다. 저는 동아리 활동도 많이 했고, 학창시절부터 친구들이 많은 편입니다. 그 친구들로부터의 저에 대한 평판도 좋은 편입니다. 그 이유는 저는 사람들과 이야기를 나누는 것을 좋아하고, 성격이 밝은 편이기 때문입니다.

저는 새로운 사람을 알아가는 것에 무척 좋은 감정을 가지고 있습니다. 그 이유는 제가 이전까지 알지 못하는 새로운 생각이나 관점을 접할 수 있기 때문입니다. 그래서 저는 새로운 사람을 만날 때마다 그 사람의 언행이나 대화가 무엇을 의미하는지 공감하려고 노력합니다. 또 무엇보다 저는 좋은 관계를 장기적으로 유지하기 위해 상대방을 이해하고 교감하려는 노력을 많이 합니다. 그런 점 때문에 지인들에게 저의 평판은 좋은 편입니다.

두 지원자의 답변 중 지원자A의 답변이 특별히 잘 못됐다기보다는 상대적으로 지원자B의 답변이 더 낫다고 볼 수 있을 것 같습니다. 지원자A는 단지 자신을 중심으로 대인관계가 좋다는 것을 표현한 반면, 지원자B는 문맥상으로는 지원자A와 유사한 의미로 답했지만 새로운 사람과 관계를 맺는 것에 대한 의미와 본인의 행동, 의지가 적절하게 반영됐기 때문입니다. 특히 답변의 중간에 '공감', '이해', '교감' 등의 단어를 넣은 것은 적절한 판단이라 생각됩니다.

또 라포 형성은 비단 처음 만나는 사람에게만 통용되는 것은 아닙니다. 직장생활을 하다 보면 많은 사람을 만나게 되는데, 직장 내에서 동료들과의 관계에 대한 질문도 있을 수 있습니다. 최근 면접에서 자주 나오는 질문은 아래와 같습니다.

Q. 직장생활을 하면서 관계가 서먹한 동료가 있다면 귀하는 관계개선을 위해 어떤 노력을 하시겠습니까?

정해진 정답이 없는 전형적인 개방형 질문이지만, 위와 같은 질문이 나오는 경우 직장 내에서 서먹한 관계가 왜 좋지 않은지 제시하는 것이 좋습니다. 직장은 단순히 좋은 사람들과 친목을 도모하기 위해 만나는 장소가 아니라 주어진 직무를 성실하게 수행하고 성과를 만들어야 하는 장소이기 때문입니다.

만약 사이가 서먹한 동료가 있다면, 먼저 제가 말을 걸고 대화를 시도하겠습니다. 때로는 친구처럼, 때로는 친한 후배처럼 행동하겠습니다. 늘 웃는 얼굴로 대하고, 상대방에게 관심을 가지겠습니다. 저는 누구와도 잘 지낼 자신이 있다고 자부하고 있습니다. 지금까지 제가 속한 모임에서 저는 늘 적응을 잘했기 때문입니다.

지원자C의 답변은 가장 보편적인 답변이라고 할 수 있습니다. 실제 면접현장에서 많은 지원자가 먼저 대화를 하거나 이야기를 걸어보겠다고 하며, 그래도 서먹하다면 업무시간 이후에 따로 만나서 친교를 다지겠다는 취지로 답변합니다. 사실 위 답변에서 어느 부분이 특별히 잘못되었다는 것은 아닙니다. 다만 다소 구체성이 떨어지며, 직장인이라는 특수성을 언급하지 않고 단지 개인적인 관계로서의 친분을 중심으로 자신의 성향을 표현했다는 것이 아쉬운 대목입니다. 다른 답변을 살펴보겠습니다.

직장동료와 관계가 서먹하다는 것은 단지 개인의 문제가 아니라 부서, 또는 회사 전체의 문제라고 생각합니다. 그런 측면에서 제가 먼저 능동적으로 관계를 개선하기 위해 노력하겠습니다. 예전에 ○○에 있었을 때도 비슷한 경험이 있었습니다. 제가 신입사원이라면 회사에 대해 질문하거나 그분과 같은 공유점이 있는지를 파악하려고 노력하겠습니다. 또는 업무상 서로 연결된 부분이 있다면 그 점에 대해 집중적으로 도움을 주는 방법 등도 생각해보았습니다. 그런 시간을 통해 서먹한 관계가 점점 나아지리라 생각합니다.

물론 이런 유형의 질문에는 사람마다 모두 다른 답변이 있을 수밖에 없습니다. 하지만 지원자D의 답변이 지원자C보다 질문의 요지에 더 근접했다고 볼 수 있습니다. 질문의 전제가 '직장생활을 하면서'이기 때문입니다. 즉, 직장 내에서의 인간관계나 특정 상황에서의 처신을 묻기 위한 것입니다. 따라서 지원자D처럼 직장 내에서 본인이 취할 수 있는 행동이나 생각을 표현하는 것이 더 낫다고 볼 수 있습니다. 직장 내에서의 인간관계는 직장 밖에서의 개인적인 친분관계와 당연히 구별해야 하고, 면접위원이 기대하는 질문의 방향도 이와 같기 때문입니다.

또한 면접위원이 가점을 줄 수 있는 표현이 지원자D의 답변 마지막에 제시됐습니다. '그런 시간을 통해 서먹한 관계가 점점 나아지리라 생각합니다'란 문장인데, 실제로 사람 간 관계가 좋아지는 것은 하루아침에 갑자기 바뀌는 것이 아니라 꾸준한 노력과 시간이 필요한 것입니다. 그런 의미에서 지원자D가 답변한 내용은 현실적이고 진정성이 있게 느껴집니다. 반면 지원자C의 답변은 다소 단정적인 측면이 있습니다. 자신에 대해 어필하는 것은 좋지만, 너무 단정적인 표현보다는 시간을 두면서 꾸준하게 노력한다는 표현이 더 나은 방향의 답변이라고 생각됩니다.

위 두 지원자의 답변이 후배직원(또는 신입직원)의 입장에서 답변한 것이라면, 반대로 아래와 같은 질문이 있을 수도 있습니다.

> **Q. 만약 귀하가 입사한 지 3년차인 선배직원이라고 할 때, 새로 입사한 후배직원이 회사생활에 적응을 잘하지 못한다면 귀하는 그 후배직원에게 어떻게 대응하시겠습니까?**

위 질문의 요지도 사실상 앞의 질문과 거의 유사하지만, 입장이 선배직원으로 바뀌었습니다. 역시 두 사람의 답변을 예시로 살펴보겠습니다.

지원자 E

적응을 잘하지 못하는 후배직원이 있다면 따로 대화하며 힘든 점은 없는지, 무엇이 가장 힘든지 물어보겠습니다. 만약 힘든 점이 있다면 제가 가진 경험을 바탕으로 조언해줄 것입니다. 그리고 회사생활에 적응을 잘할 수 있도록 먼저 다가서서 이야기를 이끌고, 사소한 것이라도 도움을 주기 위해 노력하겠습니다.

지원자 F

새로 입사한 후배직원이 신입사원이라면 대부분 처음 맡는 직무 때문에 적응이 힘든 것이라고 생각해봤습니다. 새로운 사람과 만나 새로운 환경에서 일하며 업무에 단시간에 적응하는 일은 쉽지 않습니다. 스스로도 많은 노력이 필요하지만, 이때 도움을 주는 조력자가 있으면 더 빨리 적응하고 자신감을 얻을 것이라 생각합니다. 저는 후배직원에게 그런 선배직원이 되겠습니다. 3년간 근무하면서 익힌 경험을 바탕으로 조언을 해주고, 그가 맡은 직무에 대해 도움줄 수 있는 부분이 있다면 조력하겠습니다. 직장은 혼자서 일하거나 생활하는 것이 아니라 서로 돕고 협업해야 한다는 전제하에 후배직원에게 도움을 주는 사람이 되기 위해 노력하겠습니다.

이제 라포와 관련된 마지막 유형의 질문으로 관리자(직속상사)와의 관계를 상정한 질문입니다. 앞선 질문들은 상대방이 동료이거나 선후배직원의 경우였다면, 이번 질문은 지시를 내리는 팀장이나 부서장 등과 같은 직속상사인 경우입니다. 답변하기에 까다로울 수 있는 질문이라 면접에서 관련 질문을 하면 너무 일률적인 답변을 하는 지원자가 많습니다. 그러나 실제 직장생활을 하면서 일어날지도 모르는 상황에 대한 질문이므로 여러 관점을 고려해 답변하는 것이 좋겠습니다.

Q. 만약 귀하가 새로운 부서(또는 지사)로 이동하게 됐는데, 새로 만나게 될 팀장님과의 관계가 서먹하거나 팀장님이 귀하를 멀게 느끼는 것 같다고 생각된다면 어떻게 하시겠습니까?

위와 같은 유형의 질문에 정답이 있는 것은 아닙니다. '팀장님'에 대한 구체적인 설명도 생략돼 있고, 서먹하다는 내용 역시 추상적이기 때문입니다. 만약 이러한 질문이 주어진다면 아래와 같이 조건형 답변을 하는 것이 가장 타당하리라 생각됩니다.

지원자 G

만약 직무의 관점에서 제가 적응을 못해 업무진행에 부족한 점이 있어 팀장님께서 저와의 관계가 서먹하다고 느낀다면, 무엇보다 먼저 제가 맡은 일에 최대한 빨리 적응하고, 수월하게 수행하는 것이 우선적으로 해야 할 행동이라고 생각합니다. 새로운 부서와 업무에 적응하고 습득하는 것에 최선을 다하면서 동시에 개선해야 할 점이나 궁금한 점이 있으면 팀장님께 여쭤보고 도움을 받으며 팀장님의 입장에서 신뢰할 수 있는 직원이 되도록 노력하겠습니다.

지원자G의 답변은 새로운 부서에 새로운 직무를 맡는다는 전제조건을 제시하고, 그에 따르는 답변을 했습니다. 어떤 회사든 상사와 부하직원의 관계가 좋지 않은 것은 매우 경계하고 피해야 할 상황입니다. 실제로 직원이 회사에서 적응을 하지 못하고 이직하는 원인 중 상사와의 갈등이 많은 부분을 차지합니다. 따라서 직장인으로서 기본적인 가치관이 표현된 지원자G의 답변은 무난한 답변 중 하나라고 생각합니다.

지원자 H

만약 새로운 부서로 옮기게 된다면 저의 능동적인 자세를 먼저 팀장님께 보이는 것이 중요하다고 생각합니다. 달리 생각해보면 팀장님이 저를 서먹하다고 생각하는 것이 아니라, 제가 팀장님이 낯설어 팀장님께서 오히려 저에게 친근하게 대하는 것이 어려울지도 모른다는 생각을 했습니다. 저는 새로운 인간관계를 만들기 위해서는 두 사람 모두의 노력이 필요하다고 생각합니다. 먼저 저부터 적극적이고 능동적인 마음으로 팀장님의 입장이나 생각을 헤아려보고, 제가 팀장님께 신뢰를 줄 수 있는 부분이 무엇이 있을까 고민하고 노력하는 모습을 행동으로 보이겠습니다.

지원자H의 답변 역시 아주 구체적인 행동은 표현하지 못했지만, 새로운 환경에서 새로운 상사와의 좋은 관계를 만들기 위한 올바른 직장인의 가치관을 엿볼 수 있는 답변입니다. 라포 형성에서 가장 중요한 것은 상대방에 대한 이해와 공감의 폭을 넓혀가는 것입니다. 즉, 상대방의 입장에서 나를 바라볼 수 있는 관점이 중요하다는 것입니다. 이러한 관점에서 지원자H의 답변은 면접위원이 보기에 공감이 되는 부분이 있는 답변이라 사료됩니다.

지금까지 면접현장에서 쉽게 접할 수 있는 '라포'에 대한 내용을 살펴보았습니다. 이와 같은 질문을 받는 경우 상대방의 입장에서 공감이나 이해를 하려고 노력하는 직장인의 기본적인 자질을 면접위원에게 강조하시길 바랍니다. 직장인은 혼자서 일을 하는 존재가 아니라 주위의 동료나 상사들과 협업하는 존재이기 때문입니다. 이러한 내용을 고려해 각자의 경험이나 성향에 맞는 답변을 미리 구상하는 것도 좋으리라 생각합니다. 시대

필자 소개

안쌤(안성수)
채용컨설팅 및 취업 관련 콘텐츠/과제 개발
NCS 채용 컨설팅, NCS 퍼실리테이터
취업·채용 관련 강의, 코칭, 경력 및 직업상담
공공기업 외부면접관/면접관 교육 등
취업/채용 관련 칼럼니스트, 자유기고가
저서 〈NCS와 창의적 사고기법으로 접근하기〉 外

사회안전 vs 인권침해
사형제도는 존치해야 하는가?

사형 집행중단 26년 … 제도 실효성 논란

범죄가 나날이 흉악하고 잔인해지면서 최근 사형 집행 요청이 더욱 증가하고 있습니다. 사형제도는 과거 헌법재판소에서 두 차례 합헌 결정을 거쳤고 현재 3번째 위헌심판이 진행되고 있는데, 이번 결정에 따라 찬반 대립 양상이 새로운 국면을 보일 것으로 관측됩니다.

국민이 체감하기에 범죄의 흉악성과 비교해 형량이 모자란 판결이 적지 않아 처벌강도를 높여야 한다는 주장이 꾸준히 제기되고 있습니다. 사회안전을 유지하기 위해서는 법률로 범죄를 처벌해야 하는데, 실제로 최근 범죄 발생현황을 비춰보면 최고형벌에 해당하는 사형제도가 존치해야 최소한의 예방이라도 기대할 수 있어 보입니다. 하지만 사형은 법률로 생명을 빼앗는다는 점에서 범죄와 별개로 인권침해에 대한 논란도 있습니다.

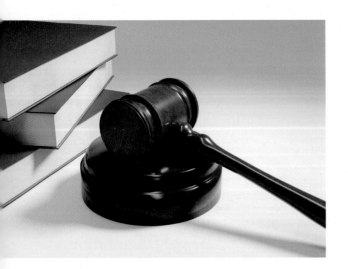

그러나 국내에서는 사형 집행이 중단된 지 26년이 지났고, 여러 사회적 · 정치적 문제가 얽혀 있어 사형 집행에 대한 부담감이 큰 상황입니다. 이로 인해 사형제도의 대안으로서 가석방 없는 무기징역이 논의되고 있습니다. 이러한 추이를 바탕으로 사형제도의 찬반 논거를 활용해 두 가지 사례를 살펴보겠습니다.

예시 답안 1

정부가 사형에 대한 대안으로 절대적 종신형[1]을 제안했다. 무기징역으로 20년을 복역하면 가석방이 가능한데, 절대적 종신형으로 이를 원천 차단해 범죄자의 사회격리를 공고히 하겠다는 취지다. 그러나 무고한 사람들을 살해한 범죄자가 주변에 있다는 사실만으로 불안감이 가중될 수 있다. 절대적 종신형은 범죄자를 사회로부터 확실히 격리하는 효과는 있겠지만, 형벌로서 최고형에 해당하는 사형과 비교해 처벌수위가 낮다. 흉악범죄자가 악행으로 인류을 저버렸어도 목숨이 아닌, 가석방 기회를 박탈하는 게 전부라는 점에서 절대적 종신형과 사형의 간극은 크다.

사형제도를 인권침해로 규정한 시각에서는 이와 같은 간극에도 불구하고 범죄자의 기본권에 초점을 맞춘다. 사형의 형벌수위에 못 미치는 절대적 종신형마저 인권침해가 될 수 있다며 반대하고, 교정 가능성 배제를 이유로 상대적 종신형까지 거론하고 있다. 절대적 종신형으로는 수형자가 교화할 유인이 없고, 기대수명이 늘어나는 시대에 형기까지 함께 늘어나는 것은 사형보다 인권침해 요소가 더욱 많다는 이유다. 반면 상대적 종신형은 가석방이 불가능한 기간을 명시한 무기징역형인데, 범죄자의 사회복귀를 전제하고 있어 대안으로서는 한계가 분명하다. 의견이 다양할수록 사회적 논의가 탄력을 받을 테지만, 타인의 생명권을 박탈한 흉악범죄자의 교화 유인부터 인권 보장까지 고려하는 형국을 보면 피해자는 안중에도 없는 듯하다.

사형은 피해자를 대신해 국가가 공적으로 처벌하는 형벌이다. 죄목과 죄질에 따라 가해자의 교화유인 및 인권보장을 운운해야 하는데, 사형을 선고받을 만큼 흉악한 범죄를 저질렀음에도 사형이 틀렸다는 전제로만 사안을 바라보는 탓에 이와 같은 편중이 일어난 것이다. 공적 처벌의 주체가 사형을 마다할 경우, 무고하게 피해를 입은 사람들은 억울함을 해소할 방법이 없다.

사회격리를 우선시하는 절대적 종신형은 사형제도의 존폐의 기로에서 불가피하게 선택할 수 있는 대안에 해당하지만, 이는 명목상으로만 피해자를 위한 처벌일 뿐 실상은 사회를 구성하는 개개인의 안위를 최우선으로 고려한 방안이다. 피해자 측의 입장에서는 사형제도가 존재하는 사회라면 선고 후 사형을 집행하는 게 가장 바라는 처벌일 것이다. 사회격리는 사형을 통해 당연히 이뤄지는 부분으로서 피해자 측이 고려해야 할 부분이 아니다. 이는 사건과 무관한 사회구성원들이 자신들의 안전을 위한 요구인 것이지 결코 피해자를 위한 범죄자 처벌과는 관계가 없다. 범죄자에게 격리 이상의 엄중한 처벌을 내리는 것이 피해자를 위한 형벌이다. 격리만으로 만족해야 한다면 이는 이기적인 사회의 단면인 것이다.

피해자를 우선으로 고려한다면, 사형제도를 유지하는 것이 온당하다. 미국과 일본에서는 최근까지 사형을 집행하고 있다. 반면 한국은 1997년 이후 줄곧 사형을 집행하지 않고 있다. 사형은 돌이킬 수 없는 형벌이라는 점에서 신중하게 집행해야 한다. 흉악범죄자를 대상으로 면밀한 점검을 거쳐 유죄가 명명백백한 경우에 진행해야 사형제도의 목적을 이룰 수 있다. 법정에 나와 있는 피해자 유족들은 흉악범죄에 공분하는 일반 사람들과 마찬가지로 동일한 감정을 지닌 사회일원이다. 그들이 수긍할 수 있는 처벌인 사형이 존재해야 사회 전체가 국가의 공적 역할을 신뢰할 것이다. 그 신뢰를 지키기 위해서는 어떤 경우라도 신중한 사형 집행이 핵심이어야 한다.

❶ **절대적 종신형 :** 종신형이란 수형자가 사망할 때까지 교도소에 가두는 형벌을 말한다. 가석방이 가능한 일반 종신형과 달리 가석방을 할 수 없는 무기형을 '절대적 종신형' 또는 '절대적 무기형'이라고도 한다. 전 세계 대부분의 국가에서 가석방이 가능한 무기형제도를 운영하고 있으며, 미국과 영국 등에서만 절대적 종신형을 제한적으로 시행하고 있다.

답안 분석

최근 사회 · 정치적으로 절대적 종신형이 화두라 이를 소재로 시작했습니다. 사형제도를 찬성하는 입장이라면 절대적 종신형 역시 사형제도의 대안으로는 미흡한 부분이 있습니다. 사형과 절대적 종신형 중 범죄자가 잃을 게 더 많은 형벌은 아무래도 사형이라고 할 수 있기 때문입니다. 피해자의 안타까운 희생이 있었다는 점을 고려할 때 범죄자의 가석방 기회를 박탈한다는 내용으로 사형제도에 대한 논의에 접근하는 것은 적절하다고 볼 수 없습니다.

가석방제도는 사형제도를 찬성하는 입장이라면 반박하기 쉬운 주장입니다. 가석방을 전제하고 있는 내용이라 사회격리 효과도 기대할 수 없다는 점에서 반박이 가능합니다. 예시에서도 이러한 점을 주장하며 사형제도의 필요성을 강조했습니다. 또 사회격리와 사형은 포함관계로 볼 수 있습니다. 사형을 집행하면 사회격리 문제도 해결됩니다. 하지만 이런 식의 접근으로는 각 제도의 목적과 수단을 망각한다는 인상을 줄 수 있습니다. 사례에서는 피해자를 위한 범죄자 처벌의 당위성을 주장하며 사형제도의 필요성에 초점을 맞췄습니다.

아울러 절대적 종신형이 등장한 배경을 감안하면 사형 집행에 한계가 있음을 알 수 있습니다. 무고한 사람이 처벌받는 경우를 반드시 방지해야 하기 때문입니다. 이 부분에 대해서는 신중한 사형선고와 집행

조건을 제시했습니다. 사형선고가 지극히 드물게 내려지는 상황이라 과도한 우려일 수 있으나 주장에 현실감을 더하기 위한 목적으로 신중한 집행을 언급했습니다.

선고 후 집행하지 않는 사형을 직무유기로 치부할 만큼 사형에 대한 인식이 급변하고 있다. 최근 들어 '묻지마 범죄'로 불리는 이상동기 범죄가 모방을 거듭하며 사회 전반의 안전을 무너뜨리고 있기 때문이다. 실제로 어처구니없는 이유로 살인을 자행하고, 반성은커녕 되레 떳떳한 자세로 포토라인에 서는 범죄자들을 자주 볼 수 있다. 사회라는 공간을 익명의 사람들과 공유하는 국민 개개인 입장에서는 흉악범죄가 결코 타인의 불행으로 보이지 않는다. 자신도 범죄를 당할 수 있다는 우려와 범죄자에 대한 공분이 사형 집행 요구로 이어지고 있다.

하지만, 처벌의 주체인 국가는 현재 사형을 집행하지 않고 있다. 앞서 '국가는 생명을 빼앗을 권리가 없다'라는 논리가 힘을 얻으며 111개 국가가 사형제도를 폐지한 것이 영향을 미친 셈이다. 대세에 가까운 흐름이라 볼 수 있지만, 미국, 일본, 중국 등의 강대국은 여전히 사형을 집행하고 있다. 때문에 사형제도 폐지 국가의 숫자로 사형 집행 여부를 판단할 사안은 아니다. 한국의 사형 집행이 새로운 흐름 창출에 일조할 개연성이 있어야 하고, 설령 집행을 결정한다고 해도 국제사회에서 미국, 일본 등의 사형 집행 국가와 다른 대우를 받을 상황도 아니다. 다만 사회안전이 무엇보다 중요하다는 사실에는 변함이 없다.

사형에 얽힌 해묵은 논쟁은 논거마저 진부하다. 범죄자일지라도 인권을 보장해야 하고, 사형을 통한 범죄예방 효과는 기대하기 어렵다는 내용이 대표적이다. 그러나 이러한 의견은 사형제도를 기능적 시각에서 현실과 괴리해 바라본 것일 뿐 피해자와 유족에 대한 논거는 찾아볼 수 없다. 물론 만인에게 보장된 인권을 법률로 정립하고 실천해 온 민주사회의 노력이 사형 집행과 대치된다고 볼 수는 없다. 다만 범죄행위의 중대성과 동떨어져 인권 우위의 무조건적인 원칙 대응으로 일관하면 오히려 인권이 지닌 의미가

퇴색될 수 있다. 타인의 생명을 고의적으로 빼앗은 범죄자가 교도소에서 인권 보장의 혜택을 누리며 반성 없이 살아가는 모습은 정당한 것과 거리가 지극히 멀다. '묻지마 살인'과 같은 사회안정을 무차별적으로 훼손하는 강력범죄로 국한해 사형을 집행하는 게 민주사회가 지향하는 인권에 부합한다. 인권의 숭고함은 사회일원이 함께 지켜내야 한다. 흉악범죄자에게 상응하는 형벌로 사형을 선고하고 집행하는 것은 오랜 시간 일궈 온 인권의 무게를 유지하기 위한 필수불가결한 행위다. 생과 사가 교차하는 전쟁터에서 인권을 기대할 수 없듯 범죄 피해자만 손해를 보는 현대사회에서는 인권을 운운해도 그저 이상에 그칠 뿐이다.

현실에 이상을 꿰어맞추는 시도로 막아낸 사형 집행은 결국 인권 전반의 하락을 초래할 수 있다. 가해자보다 피해자의 인권을 지키는 방안을 고려하는 게 지극히 상식적이나 실상은 인권보장 원칙에 얽매여 가해자의 인권만 드높인 형국이다. 국가는 피해자와 사회를 대신해 법률로 범죄자를 처벌해야 할 의무가 있지만 실제로는 인권보장 원칙에 가로막혀 사형이 집행되지 않고 있고, 이는 흉악범죄자가 마땅히 받아야 할 처벌을 허술하게 적용한다는 인상을 남긴다. 결국 집행 없는 사형선고를 받은 범죄자는 피해자의 일생을 빼앗았음에도, 교도소에서 자유만 제약을 당한 채 여생을 살아간다.

하지만 피해자는 온전히 예방할 수 없는 자연재해, 확률적으로 발생하는 사고 등으로 생명을 잃은 것이 아니다. 범죄자의 고의에 따른 희생이다. 고의 행위에 대해서는 적극적인 대응이 필요하다. 인권을 침해한 살인마저 어쩔 수 없이 발생하는 사고로 치부하는 건 인권 자체를 등한시하는 태도다. 어떤 경우에도 사형 집행으로 인권을 제약할 수 없다는 논리는 결국 흉악범죄를 사고 정도로 여기는 것이나 다름없다. 적극적인 인과응보 체계가 인권을 지킨다. 흉악범죄 피해자의 인권을 최우선으로 고려하고, 국가가 범죄에 상응하는 사형 집행으로 인과응보를 실천해야 한다.

범죄예방 효과를 확신할 수 있는 형벌은 존재하지 않는다. 사형제도의 범죄예방 효과를 확인하기 어렵

다는 이유로 폐지를 주장하는 것은 범죄자에게만 이로울 뿐이다. 게다가 이해할 수 없는 동기로 무고한 시민을 대상으로 저지른 범죄처럼 교화와 갱생을 기대할 필요조차 없는 범죄는 사형으로 대응하는 게 마땅하다. 흉악범죄자에 대한 최고 처벌수위를 사형으로 설정해야 피해자가 상실한 생애가치를 최소한이라도 존중하는 사회구도를 만들 수 있다.

우리는 범죄를 저지른 가해자가 아니라 억울하게 잃은 피해자의 삶에 주목해야 한다. 사형으로 강력범죄 예방이 여의치 않더라도 범죄자가 선택한 결과에 따라 처벌을 내리는 게 상식이다. 개인과 사회안전을 보장하는 것이 국가의 의무다. 흉악범죄만큼은 사형제도를 둘러싼 범죄자 인권과 범죄예방 효과라는 고루한 관점에서 벗어나 마땅히 강력한 집행으로 다스려야 한다.

다는 내용을 소개하며 의미 부여를 막았습니다. 대세를 반드시 정답으로 볼 수는 없기 때문입니다. 인권보장과 침해 관점에서는 이상과 현실의 괴리를 지목했습니다. 예외 없는 원칙 적용으로 인해 범죄자가 받아야 할 처벌수위가 낮아지는 것을 언급하며 피해자 인권을 우선시해야 한다고 주장했습니다.

사형제도의 범죄예방 효과를 거론할 때는 자칫 처벌 만능주의로 논점이 분산될 수 있습니다. 이에 범죄예방 효과보다는 피해자가 잃은 가치에 대한 응당한 처벌로서 사형이 필요하다고 주장하며 일관성을 유지했습니다. 시대

답안 분석

사형제도를 강력하게 지지하는 내용입니다. 존치를 전제하고 폐지 논거를 반박하는 문단으로 사례를 구성했습니다.

사형제도 폐지 국가가 늘어나는 추세는 미국과 일본처럼 민주사회를 형성한 국가가 사형을 집행하고 있

자기소개서 작성 팁을 유튜브로 만나자!

필자 소개

정승재(peoy19@gmail.com)
[홈페이지] 오로지첨삭(www.오로지첨삭.한국)
오로지면접(fabinterview.com)
유튜브 채널 : 오로지첨삭
[저서] <합격하는 편입자소서 & 학업계획서>
<합격하는 취업, 자소서로 스펙 뛰어넘기>

변리사에 대한 이모저모!

Q1 변리사란?

특허와 관련된 사항들을 대리해주고 문제점이 발생하는 경우 법률적인 문제를 해결해주는 법률전문직이라고 보시면 됩니다. 또 특허뿐만 아니라 상표, 그리고 디자인 등에 대해서도 대리를 하고 있습니다.

Q2 특허, 상표, 디자인은 뭔가요?

제가 스마트폰을 예로 들어서 쉽게 설명을 해볼게요. 일반적으로 스마트폰을 구매할 때 스마트폰에 있는 기능이나 성능 등을 고려해 구매를 결정합니다. 이때 스마트폰 내 탑재된 기술을 보호하는 것이 바로 특허입니다. 그래서 기본적으로 그런 기술들을 보호하기 위해 저희가 있는 것이고요. 삼성이나 애플처럼 브랜드를 보고 구매하기도 하는데, 그런 경우에는 상표권으로써 브랜드명이나 상표 모양을 보호하고 있습니다. 또 어떤 분들은 디자인을 보고 물건을 구매하시는 분들도 있죠. 그래서 그런 디자인을 보호하는 것도 변리사들의 업무입니다.

Q3 근무지와 주요 업무는 어떻게 되나요?

보통 서울이나 수도권에 많이 분포하고 있는 특허법인이나 특허사무소에서 일을 하게 됩니다. 사무소에서 기본적인 역량을 갖춘 이후에는 경력직으로 다양한 회사에 취업할 수 있는데, 대기업이나 공공기관에서도 일할 수 있습니다. 그리고 주요 업무는 변리사의 업무인 지식재산권과 관련된 고객들의 문제를 해결해드리고 출원이나 등록 업무를 대리하고 있습니다.

Q4 변리사 시험을 준비할 때 어떻게 공부하셨나요?

오랜 시간 집중해서 공부하는 게 가장 핵심이긴 한데, 사실 출제가능성이 높은 부분은 거의 정해져 있습니다. 그래서 교재나 강사들이 강조하는 부분들을 반복해서 공부하고 핵심내용에 대한 학습이 완벽하게 된 이후에 다른 지엽적인 부분을 확인해 나가는 방식으로 하면 보다 효율적으로 공부할 수 있습니다.

Q5 자격 취득 후 연수기간은 얼마나 되나요?

법이 개정돼서 시험에 합격한 후 교육을 받고 6개월간 수습기간과 현장연수를 거쳐야 자격증이 발급되고 있습니다. 연수기간은 7~8주인데 합숙 후 200명 정도가 모여서 연수를 받습니다. 시험준비 할 땐 국내법에 대해서만 배웠지만, 연수 프로그램에서는 다양한 해외법도 같이 배우고 있습니다.

저의 수험생 시절을 떠올려 보면 굉장히 힘들었던 기억이 납니다. 1차 때는 열심히 공부해서 기출문제집 풀고 채점하고, 2차 때는 정말 사력을 다해 답안지를 썼던 기억이 나는데 시기가 여름이어서 그렇게 힘들 수가 없었어요. 그리고 아무래도 상대평가이다 보니까 남들보다 잘해야 한다는 압박감이 굉장히 심합니다. 하지만 스스로 만족할 수 있고 납득할 수 있을 만큼 열심히 공부하겠다는 마음을 갖고 조금 힘들더라도 계속 노력해서 열심히 하시면 분명 좋은 결과가 있을 거라고 생각합니다. **시대**

변리사 시험정보

구분	과목	문항수	시험출제 형태	시험시간
1차	산업재산권법 민법개론 자연과학개론	과목당 40문항	객관식 5지 택일형	200분
2차	• 필수 : 특허법, 상표법, 민사소송법 • 선택 : 19개 중 택1	과목당 4문항	주관식 (논술형)	과목당 120분

변리사 유시훈

- **학력** 연세대학교 건설환경공학과 학사
  KAIST MIP 경영학 석사
- **경력** 제55기 변리사
- **경력** ○○○ 특허법인
- **경력** 공군 지식재산제안실 변리장교
- **현** SD에듀 디자인보호법 대표 강사

SD에듀 유튜브 채널 토크레인
인터뷰 영상 보러가기

03:47 / 10:00

변리사 한권으로 끝내기 시리즈

'변리사 한권으로 끝내기' 시리즈는 최신 개정법령 및 기출문제의 출제경향을 반영해 출제가능성이 높은 테마를 빠짐없이 학습할 수 있도록 구성했다. 또한 과목별 전문 교수진의 전략적인 강의(유료)를 통해 체계적이고 효율적인 시험 맞춤 학습서비스를 제공함으로써 수험생들에게 합격으로 가는 지름길을 열어주고자 한다.

상식 더하기 +

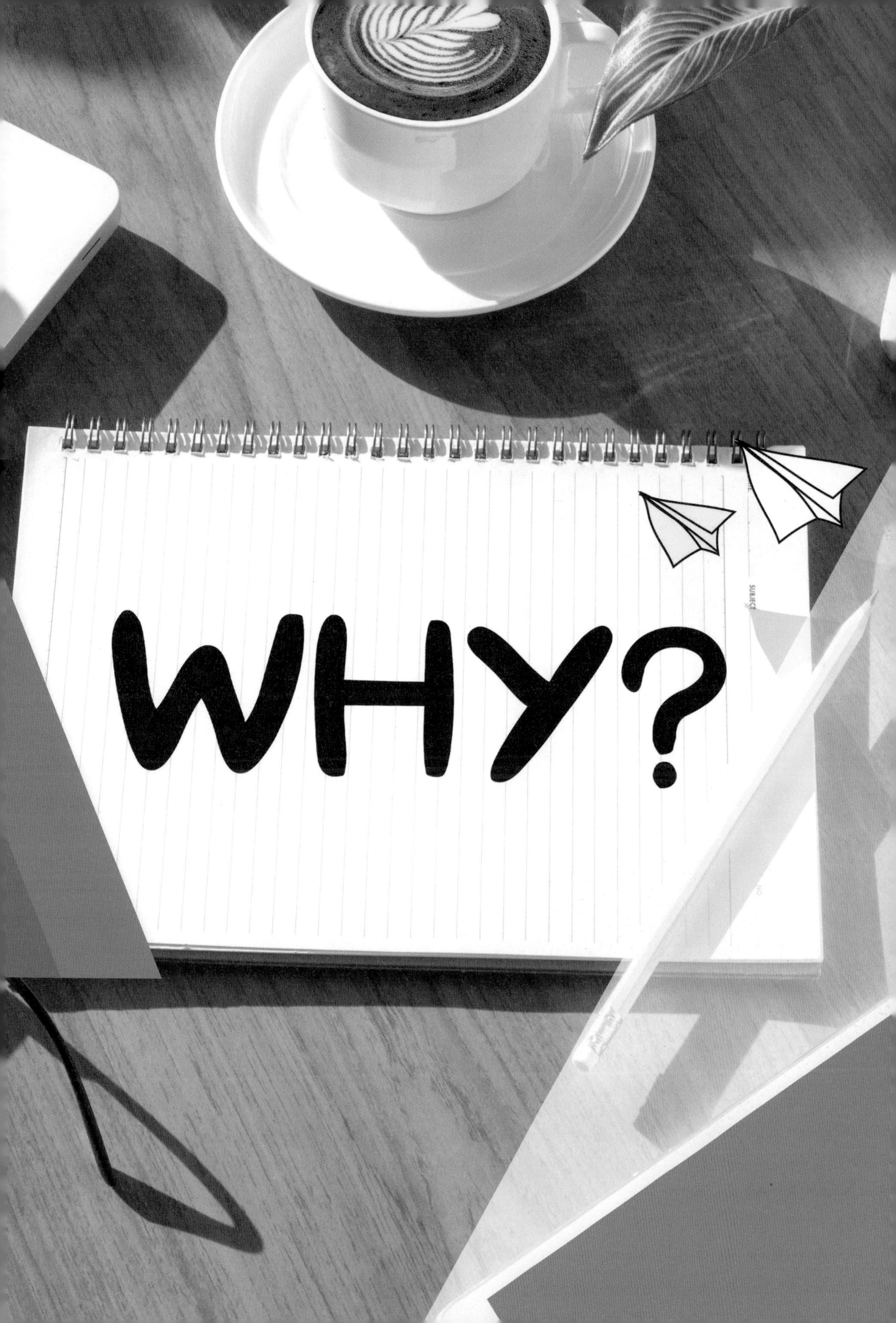
WHY?
SUBJECT

즐겁고 기쁘게 건강관리!
헬시플레저 열풍

즐거운 건강관리, '헬시플레저'!

최근 MZ세대 사이에서 '헬시플레저(Healthy Pleasure)'라 불리는 라이프스타일이 유행하고 있는데요. '헬시플레저'는 '건강한'을 의미하는 'healthy'와 '기쁨'을 뜻하는 'pleasure'가 합쳐진 신조어로 '즐겁게 건강을 관리한다'는 의미입니다. 과거엔 주로 쾌락을 절제하거나 힘겹게 운동하며 건강을 관리했다면, 이제는 건강관리에 즐거움을 접목해 '지속가능한 건강관리'를 추구하는 것이죠.

건강도 가꾸고 재미도 챙기는 다양한 방식

헬시플레저에는 인증과 재미에 이끌리는 MZ세대의 특성이 잘 반영됐다는 분석이 있습니다. 이은희 인하대 소비자학과 교수는 "MZ세대는 자기에 대한 사랑과 관심이 굉장히 큰 세대"라며 "외모지상주의로 빠져선 곤란하겠지만, 운동 후 몸의 외형을 보여주

기 위해 헬시플레저의 차원에서 식단을 챙기고 운동을 한다고 볼 수 있을 것 같다"고 설명했습니다. 이어 "건강한 정신과 육체를 갖고 일상생활을 영위한다는 것은 바람직하기 때문에 앞으로도 지속될 것으로 생각한다"고 말했습니다.

헬시플레저의 방식은 다양한데요. 헬스장이나 필라테스 학원에 등록하거나 테니스, 클라이밍 등 취미 활동을 하기도 하고, 사람들끼리 '크루(집단)'를 형성해 게임을 하듯 단체운동을 하기도 합니다. 운동 후 SNS에 '#오운완(오늘 운동 완료)' 등의 해시태그를 단 사진을 올리기도 하고, 최근엔 탄탄한 몸매를 만들어 바디프로필을 촬영하는 이들을 어렵지 않게 볼 수 있죠.

제로슈거, 이너뷰티 등 음식에도 헬시플레저

헬시플레저 열풍은 음식문화에도 불고 있는데요. 일례로 건강에 나쁘다고 알려진 성분을 뺀 '제로 식품'을 들 수 있습니다. 설탕을 넣지 않은 '제로슈거'부터 '제로칼로리', '제로글루텐' 등의 식품이 인기를 얻고 있죠. 과거엔 먹고 싶은 것을 무조건 절제하는 방향으로 건강관리를 했다면, 지금은 곤약떡볶이나 두부면 파스타 같이 맛은 그대로이면서도 열량은 낮춘 음식을 즐기는 겁니다. 또 효소나 콤부차, 영양제를 챙겨 먹기도 하는데요. 그런데 이런 식이요법이 건강에 정말 도움이 될까요?

박민선 서울대병원 가정의학과 교수는 "어떤 성분이든 아예 안 먹으려고 하는 건 좋지 않다. 또 영양제 하나쯤은 문제없지만 여럿 챙겨 먹다보면 식사를 제대로 안 하게 된다"고 설명했습니다. 그러면서 "일부 비타민은 쌓여도 소변으로 나가니 괜찮다고 생각하지만, 소변으로 내보내는 데도 결국 몸에서 힘을 쓴다. 그러므로 무엇이든 지나치면 좋지 않다"고 덧붙였습니다. ⓢⓓ

발암물질 지정된 아스파탐 …
'제로슈거' 정말 괜찮을까?

아스파탐은 단맛을 내는 인공감미료로 설탕보다 200배나 더 단데요. 거기다 칼로리도 거의 없어 주로 무설탕 식품에 들어가고 있죠. 그런데 최근 국제암연구소(IARC)가 아스파탐을 발암가능물질 2B군으로 분류해, '제로슈거' 제품을 애용하던 이들과 식품업계에게 충격을 줬습니다. 때문에 다시금 인공감미료에 대한 불안감도 확산됐는데요.

그러나 전문가들은 2B군 정도면 일상적으로 섭취해도 크게 위험하지는 않다고 합니다. 박민선 서울대병원 가정의학과 교수는 "2B군은 사람과 동물에서 발암가능성이 있다는 연구가 나오기 시작하는 단계에 해당한다고 볼 수 있다"며 "당장 아스파탐을 먹으면 안 된다는 수준은 아니"라고 말했죠.

또 식품첨가물전문가위원회(JECFA)에선 아스파탐의 일일섭취허용량을 40mg으로 지정했는데 우리나라 사람은 허용량의 1%도 먹지 못하는 수준이라며 같은 2B군인 김치와 젓갈처럼 먹어도 무방하다고 했죠. 식품의약품안전처 역시 국내 아스파탐 섭취 수준은 해외에 비해 상당히 낮다며 35kg인 어린이가 다이어트 콜라(250mL·아스파탐 함유량 43mg 기준)를 하루에 33캔 이상 마셔야 허용치를 초과한다고도 말했습니다. 그러나 이러한 위해 수준과는 관계없이 식품업계는 아스파탐의 대체재를 찾는 등 대책마련을 두고 분주한 모습입니다.

여덟 번째 수업
더블 레그 킥

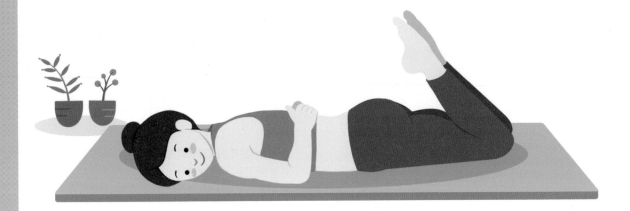

필라테스 강사들 사이에서 의견이 분분한 동작이 몇 가지 있는데, '더블 레그 킥'도 그중 하나입니다. 물론 어떤 동작이든 '이렇게 해야만 한다'는 법칙은 결코 없습니다. 수강생들의 몸과 운동 목적에 따라 같은 동작도 전혀 다른 근육을 강화 혹은 이완시킬 수 있습니다. 다만 이 동작에서는 '골반의 모양을 어떻게 두어야 하는지'를 두고 다양한 의견이 존재합니다. 더블 레그 킥 동작을 할 때 엎드린 상태가 되면 골반뼈 중 하나인 치골이 매트를 누르고 있는 힘을 정확하게 느낄 수 있는데요. 바로 이 힘이 동작을 수행할 때 올바른 자세의 기준점이 됩니다. 치골이 매트를 누르는 압력을 유지하면서 무릎을 조금만 들어 올리려고 시도해도 곧바로 뒷벅지 쪽의 근육인 햄스트링을 사용하게 되기 때문입니다.

햄스트링(Hamstring)은 넓적다리 쪽에 있는 대퇴사두근('앞벅지' 근육)처럼 비슷한 기능을 하는 여러 근육을 묶어서 부르는 명칭입니다. 이때 'ham'은 좁게는 '오금(무릎 뒤)', 넓게는 '동물의 넓적다리'를 칭하는데요. 참고로 우리가 아는 '햄'은 돼지의 넓적다리로 만들기 때문에 햄이라고 불리기 시작했다고 합니다. 또 'string'은 햄스트링을 이루는 근육들이 하나의 결합조직(건)으로 이어지는 부분을 뜻한다고 해요. 햄스트링은 대퇴이두근, 반건양근, 반막양근 세 가지 근육으로 이루어져 있지만 서로 분리해서 사용할 수 없기 때문에 세 근육을 하나로 이해해도 무방합니다.

대퇴이두근은 넓적다리 뒷부분에 위치한 근육으로 무릎을 굽히게 해줍니다. 용어를 직역하면 '머리가 두 개인 허벅지 근육'이라는 뜻으로 근육의 형태가 긴 갈래와 짧은 갈래로 나눠져 있어 붙은 이름이죠. 대퇴이두근을 포함한 햄스트링 근육들은 모두 골반 가장 아래에 있는 좌골조면에 부착점을 갖고 있습니다. 우리가 앉아 있을 때 엉덩이 부분에 뾰족한 뼈가 좌우로 하나씩 느껴지는데, 그게 바로 좌골조면입니다. 다른 부착점은 무릎의 바깥쪽을 지나 종아리의 바깥쪽에 있는데요. 대퇴이두근이 활성화되어 수축하면 멀리에 있는 두 부착점이 서로 가까워집니다. 이때 좌골조면 쪽의 부착점이 고정된 상태라면 엎드린 상태에서는 무릎이 살짝 뜨게 됩니다.

반건양근(반힘줄근)은 '절반은 건인 근육'이라는 뜻으로 넓적다리 뒤안쪽에 위치한 근육입니다. 다른 햄스트링 근육처럼 좌골조면에 부착점을 가지며 다른 한쪽은 무릎의 안쪽으로 내려와 종아리 옆에 부착점을 가집니다. 또 반막양근은 햄스트링 근육 중 가장 깊은 쪽에 있는 근육으로 절반에 가까운 면적이 얇은 막으로 이루어져 있다고 해서 붙여진 이름

입니다. 반막양근 역시 좌골조면과 무릎 안쪽 종아리 부분에 부착점이 위치해 있습니다. 두 근육 모두 대퇴이두근처럼 수축하면 무릎이 구부러지는데요. 만약 지금 엎드려 있고 골반이 후반경사(골반이 뒤로 회전하여 허리가 뒤로 둥글게 말림)로 고정되어 치골이 매트를 누르고 있다면 햄스트링 근육들이 모두 수축하면서 무릎을 강하게 뒤쪽으로 당길 수 있게 됩니다.

⌂OME PILATES

더블 레그 킥(Double Leg Kick)

❶ 매트 위에 엎드려 두 무릎을 구부리고 양쪽 뒤꿈치를 붙여주세요.

❷ 이마를 바닥에 내려두거나 고개를 한쪽으로 돌려 뺨을 매트 위에 내려두고, 양손은 허리 뒤에서 맞잡거나 가볍게 포개어주세요.

❸ 무릎을 바닥에서 아주 조금만 띄운 다음 뒤꿈치를 엉덩이 쪽으로 강하게 당겨 리듬에 맞춰 세 번 찹니다.

❹ 호흡을 마시면서 상체를 들어 올리며 무릎을 펴서 다리를 뻗어주세요. 이때 양팔은 뒤로 모은 채로 발끝 방향으로 길게 스트레칭합니다.

❺ 고개를 반대쪽으로 내려놓으며 다시 세 번의 킥을 이어가고 호흡은 내쉽니다.

❻ 다시 호흡을 마시면서 몸통을 들어올리면 왕복 1회가 됩니다. 동작을 3회 정도 반복해주세요.

필라테스로 배우는 근육의 세계

쉽게 배우는 필라테스! 강사의 지도 없이 혼자서도 따라 할 수 있는 필라테스 동작들과 우리 몸에서 중요한 근육들을 소개한다.

저자 김다은
필라테스 강사이자 아들러를 전공한 상담 전문가. 새로운 프로그램을 만들어 제공하는 콘텐츠 크리에이터로도 활동하고 있다.

자랑스러운 우리글
한글의 탄생

"나라의 말이 중국의 말과 달라
한자와 잘 통하지 아니하여
어리석은 백성이 자신의 뜻을
제대로 펴지 못하는 이가 많으니라.
내 이를 불쌍히 여겨
새로 스물여덟 자를 만드니
사람마다 쉽게 익혀
늘 씀에 편안하게 하고자 함이라"

– 훈민정음 어제서문

언어(言語)란 '말과 글'이라는 뜻으로 대체로 말을 배운 다음 글을 익히는 과정을 거친다. 아기 때부터 듣고 말하는 방식으로 단어를 먼저 익힌 후 초등학교 입학 전후로 한글을 배우면서 발음과 글자를 연결시킬 수 있게 된다. 언어의 탄생과정 역시 이와 비슷한데, 우리말인 '한국어'가 먼저 사용돼왔고, 이를 표현할 수단으로 우리글인 '한글'이 만들어졌다.

우리글의 탄생

한글은 창제원리와 연도가 명확하게 밝혀진 세계 유일한 문자다. 또한 현재까지도 국가 표준문자로 당당히 사용되고 있는 자랑스러운 우리글이다. 한글이 만들어지기 전까지는 우리말을 사용하면서도 공식문서 등에는 중국의 한자를 사용하는 이중 언어생활을 했으나, 1446년 세종대왕이 '훈민정음(訓民正音)'을 반포하면서 비로소 우리글이 사용되기 시작했다.

한자 그대로 '백성을 가르치는 바른 소리'라는 뜻을 가진 훈민정음은 우리말을 정확히 표현할 수 있는 28개의 글자를 의미한다. 그런데 세종은 1443년 12월 훈민정음을 처음 공개(창제)한 이후 3년 뒤에야 반포했다. 집현전 학자들과 함께 백성들이 실제로 사용할 수 있도록 창제 과정과 원리를 책으로 묶은 해설집 '훈민정음 해례본'과 함께 세상에 내놓기 위해서였다.

훈민정음을 처음 언문이라고 부른 사람은?

세종을 비롯한 여러 사람의 노력과 오랜 시간 끝에 한글이 반포됐지만 이후 활용과정은 순탄치 않았다. 양반층이 과거시험에 한글을 사용하는 것을 두고 강하게 반발하면서 한자는 '진서(眞書)'라 부른 반면, 훈민정음은 '언문(諺文)', '언서(諺書)', '아햇글' 등으로 폄하해 불렀다. 당대 기득권층이었던 양반들의 입장에서는 한자를 통해 유학을 배운 자신들의 권력을 유지하는 것이 중요했고, 일반 백성은 교화되지 않는 무지렁이로 있는 편이 나았기 때문이다. 실제로 중종 반정 이후 실세가 된 사림파가 정권을 장악하면서 한글 활용은 더 위축됐고, 결국 한글은 여인들과 백성들만 주로 사용하게 됐다.

그래서인지 많은 사람이 양반들이 기득권을 지키기 위해 한글을 언문이라는 멸칭으로 부른 것이라 알고 있다. 하지만 당황스럽게도 한글을 처음 언문이라고 부른 인물은 한글을 창제한 세종 본인이었다. 게다가 한글을 이용한 책자 제작 및 배포 등을 담당한 기관의 이름 역시 세종의 지시로 '언문청(諺文廳)'이라

지어졌다. 왜 세종은 본인이 만든 한글을 굳이 언문이라고 부른 것일까 싶겠지만, 사실 당시 세종이 말한 언문은 일상생활 속 대화를 그대로 적은 구어체 문장을 의미하는 것이었다. 이는 현재 우리가 공식문서에서 사용하는 표현과 일상생활에서 사용하는 표현이 다른 것처럼 구어체와 문어체를 구분한 것으로 볼 수 있다. 즉, 당시에는 한문이 학술용어로 더 유용했기 때문에 한글은 '말하는 대로 기록할 수 있는 문자'라는 의미로 언문이라고 부른 것인데, 후대에 '한글을 속되게 이르던 말'이라며 악의적으로 변질된 것이다.

백성들이 글을 읽고 쓸 수 있게 되면서 다수의 한글로 쓴 편지와 소설들이 후대에도 전해졌고, 덕분에 우리말의 시기별 발음과 단어의 변화를 구체적으로 알 수 있게 됐다. 지금도 한글과 관련된 자료가 계속해서 새롭게 발견되고 있어 추가 연구가 진행되고 있다. 또 조선 후기에는 민간시장이 활성화되면서 책 대여점이 인기를 끌었고, 한글소설 작가들이 돈을 벌었다. 글을 모르는 사람들을 대신해 한글소설을 맛깔나게 읽어주는 '전기수(傳奇叟)'라는 직업이 생겨나기도 했다. 특히 전기수는 한글소설의 발달에 큰 역할을 했는데, 무려 1960년대까지 시골 장마당에서 명맥을 유지했다고 한다. 시대

알아두면 쓸데 있는 유쾌한 상식사전 -우리말·우리글편-

내가 알고 있는 상식은 과연 진짜일까?
단순한 호기심에서 출발할 수 있는 많은 의문들을
수많은 책과 연구 자료를 바탕으로 파헤친다!

저자 조홍석
아폴로 11호가 달에 도착하던 해에 태어났다.
유쾌한 지식 큐레이터로서
'한국의 빌 브라이슨'이라 불리길 원하고 있다.

너무 사랑해서!
일회용반창고

1920년 미국 뉴저지주에 평범한 사내가 있었다. 그는 외과치료용 테이프를 제조하여 판매하는 존슨앤존슨(Johnson & Johnson)의 말단사원이었고, 성실하기로 소문난 모범사원이었다. 그는 평소 자신이 생각했던 이상형의 여인 조세핀을 만나 3년 전에 결혼한 신혼의 남편이기도 했다. 얼 딕슨(Earle Dickson, 1892~1961)이다.

딕슨은 성실했고, 가정은 더없이 평온했다. 그들 부부는 서로를 사랑했고, 행복한 신혼을 즐겼다. 그런데 딕슨에게는 한 가지 걱정거리가 있었다. 아내가 덜렁거리는 성격에 능숙치 못한 부엌일로 음식을 만들 때마다 자주 화상을 입거나 칼과 가위에 상처를 입는다는 것이었다.

젊은 시절의 얼 딕슨(왼쪽)과 노년의 딕슨부부

조세핀의 손은 성한 날이 없었다. 하루라도 상처를 입지 않으면 그게 더 이상할 정도였다. 그때마다 딕슨은 정성스레 치료했다. 상처라고 해도 병원에 갈 정도는 아니었기 때문에 상처부위에 약을 바르고, 균이 들어가지 않도록 상처부위를 거즈로 덮은 다음 테이프로 감싸주는 것이 전부였다. 또 자신의 회사에서 만드는 제품이다 보니 별도로 거즈와 테이프를 구입하는 데 비용이 드는 것도 아니어서 그나마 다행이었다.

하지만 그렇다고 문제가 다 해결된 것은 아니었다. 부엌일을 일을 하다 보면 거즈가 처음의 형태를 유지하기 어려울 뿐만 아니라 더러는 떨어져 나가버리곤 했기 때문이다. 그렇다고 그때마다 딕슨이 새로이 처치해줄 수도 없었다. 매번 곁에서 지켜볼 수는 없었으니까. 그러다 보니 출장이라도 가야 하는 날이면 고민이 깊어질 수밖에 없었다.

"집에 있으면야 내가 처치라도 할 수 있지만, 상처를 입었다고 바로 달려올 수도 없고 …. 혼자서도 처치할 수 있으면 좋을 텐데 …."

한참을 고민하던 그의 머릿속에 번뜩 아이디어가 떠올랐다. 그는 곧바로 외과의료용 테이프를 조각조각 잘랐고, 거즈 조각을 잘 포개어 접은 후 테이프의 중간에 얹었다. 그러고는 뻣뻣한 천 조각을 테이프 전체에 붙였다. 일회용반창고가 탄생한 순간이었다.

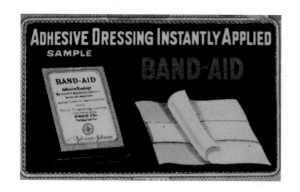

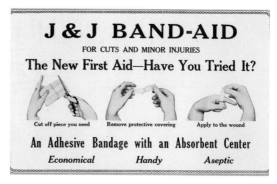

그날 이후 딕슨은 출장을 갈 때마다 자신이 고안해낸 것을 모자라지 않도록 넉넉하게 만들어두었고, 조세핀은 그 덕분에 혼자서도 간단하게 처치를 할 수 있었다. 효과를 확인한 딕슨은 회사에서 모집한 직무발명에 자신의 아이디어를 제출했고, 당당하게 선정됐다.

이미 병원과 군인을 위한 대형 면 및 거즈 붕대의 인기 제조업체였던 회사는 정체된 매출을 타개할 수단으로 딕슨의 아이디어를 주목했다. 회사는 딕슨의 상사인 제임스 우드 존슨(James Wood Johnson)의 주도 아래 딕슨의 아이디어를 제품화하기로 결정했다. 그리고 '밴드(Band)'와 응급처치(First-Aid)에서 '에이드(Aid)'를 따와 '밴드에이드(Band Aid, 테이프 조각)'라는 이름을 붙이고 특허·상표등록 후 1921년 제품을 출시·판매했다. 1924년에는 대량생산을 위한 기계도 도입했다.

밴드에이드는 출시와 동시에 날개 돋친 듯 팔려나갔고, 전 세계적으로 인기를 끌었다. 필요한 길이만큼 잘라서 쓰는 형태로 출발한 밴드에이드는 일상생활에서뿐만 아니라 두 차례에 걸친 세계대전으로 수요가 급증하면서 존슨앤존슨을 돈방석에 앉게 했고, 큰 기업으로 단숨에 도약시켰다. 그 영광은 딕슨에게도 돌아갔다. 그는 회사로부터 어마어마한 보상을 받고 부회장으로까지 승진한 것이다.

딕슨은 말했다.

**"나는 성공을 위해 발명을 하지 않았다.
사랑하는 아내를 행복하게 해주고 싶었을 뿐이었다."**

1999년, AP통신은 '20세기 10대 히트상품'을 선정해 발표했다. 그리고 우리가 일회용반창고로 부르는 밴드에이드가 6위를 차지했다. 시대

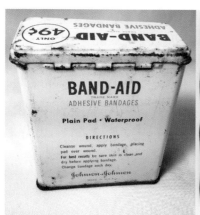

꿈에서나 그리던 여행
우주관광

지금 현재, 우주여행은 더 이상 꿈이 아니다. 물론 아주 비싼 값을 치러야 하고, 한 번에 많은 사람이 떠날 수도 없다. 게다가 지구를 벗어나더라도 지구 상공을 떠다니며 지구를 내려다 볼 수 있을 뿐이다. 그러나 우주여행은 듣기만 해도 여전히 매력적이다. 평생 살면서 한번 가볼 수 있을까 막연한 상상에만 머무른다. 꿈이 아니지만 여전히 우리 같은 일반인들에게는 꿈의 영역에 있는 셈이다. 그럼에도 불구하고 인공위성부터 관광, 자원 탐색까지 우주를 이용하려는 인류의 계획과 시도는 계속되고 있으며, 그 성과는 우주관광이라는 이름으로 실제 표면화되고 있다.

인류가 우주로 진출한 지가 벌써 70년이 다 돼간다. 1957년 10월 4일 소련이 세계 최초의 인공위성 스푸트니크 1호를 쏘아 올리면서, 인류는 비로소 지구를 벗어나는 데 성공했다. 1969년에는 미국 항공우주국(NASA)의 유인 달탐사선 아폴로 11호가 성공적으로 임무를 완수하면서, 인류는 최초로 달을 밟았다. 이후로 인류의 우주진출사는 화려하게 맥을 이어왔다. 1977년 발사해 여전히 날아가고 있는 탐사선 보이저 1호는 이제 태양계를 벗어나 끝 모를 우주로 나아가고 있다. 1998년부터는 지구궤도상에 우주정거장 건설이 시작됐고, 무인 화성탐사도 성공적으로 이어지고 있다.

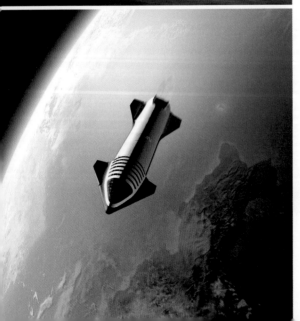

이렇듯 우주개발이 지속되면서 우주로 나간 사람들도 제법 많이 생겼다. 그러나 이들은 대개 과학자나 군인 신분으로 우주에 자신의 임무를 수행하러 간 것이지, 여행을 갔다고는 할 수 없다. 진짜 '우주여행'이 이뤄진 것은 2001년이었는데, 미국인 사업가 '데니스 티토'가 러시아의 소유즈 우주선에 탑승해 민간인으로서는 처음으로 우주로 나가게 됐다. 그는 2,000만달러, 우리 돈으로 약 340억원에 달하는 거금을 내고 6일간 국제우주정거장에 머무르다 귀환했다. 티토뿐 아니라 남아프리카공화국 출신의 사업가 한 명도 같은 금액을 내고 우주에 다녀왔는데, 당시 재정난에 시달리던 러시아의 입장에선 꽤 쏠쏠한 장사였을 것이다. 어쨌든 민간인이 우주에 체류하다 무사귀환하는 사례가 나오고 우주여행이 더 이상 꿈이 아니라는 인식이 생기면서 우주관광에 대한 이야기가 본격적으로 나오기 시작했다.

민간인들끼리 우주에 가는 시대

현재의 우주관광산업은 아마존의 CEO 제프 베조스의 '블루오리진', 일론 머스크의 '스페이스X', 리처드 브랜슨 버진 그룹 회장이 설립한 '버진갤럭틱'이 삼파전을 벌이고 있다. 이 셋은 모두 민간기업으로 모국의 항공우주기관과 협업하기는 하지만, 기본적으로는 자력으로 위성과 발사체 발사에 일찍이 성공했다. 국가 주체가 아닌 민간기업이 발사에 성공하면서 전문 우주비행사가 아니어도 우주선을 타고 우주에 다녀올 수 있는 우주관광 시대가 열렸다. 지난 2021년 9월에는 스페이스X가 전원 민간인으로만 구성된 승무원 4명을 유인우주선 '크루드래곤'에 태워 궤도에 올리는 데 성공했다. 이들은 약 3일간 지구궤도를 돌다가 대서양에 무사 착륙했다. 올해 8월에는 경쟁에서 다소 뒤쳐져 있던 버진갤럭틱 또한 민간인 3명을 태워 우주 끝자락인 88km 상공으로 보내는 데 성공했다.

로켓 머리에 실린 스페이스X의 유인우주선 크루드래곤

이러한 우주관광은 현재 비행고도에 따라 3가지로 분류된다. 지상 50km인 성층권 높이까지 올라가는 상품, 고도 100km의 지구 대기와 우주의 경계면을 체험하는 상품, 고도 400km 이상의 지구궤도를 여행하는 상품이다. 실제로 이런 상품들이 시판되고 있으며, 기업가나 연예인 등 억만장자들이 몇 억원에 달하는 거액의 티켓을 구매하여 우주선에 오르고 있다.

아직은 너무 비싼 우주여행

이처럼 우주관광이 현실화되고는 있지만 아직은 부자들의 값비싼 취미활동으로 여겨지긴 한다. 버진갤럭틱의 서비스 중 지상 80km의 대기-우주 경계면을 다녀오는 데 드는 비용은 인당 45만달러(약 6억원)다. 그런가하면 스페이스X는 궁극적으로 2026년 화성 개척을 목표로 하고 있는데, 창업자 일론 머스크는 화성여행을 하는 데 현재로서 계산해보면 하루 5억쯤 들 것이라고 말하기도 했다. 물론 이런 비용은 항공기술이 점차 발달해 언젠가 우리가 해외여행을 위해 여객기를 타듯 우주선을 타는 시대가 오면 저렴해지긴 할 것이다.

지금도 민간우주기업들은 우주선 발사에 드는 비용을 줄이기 위한 노력을 지속하고 있다. 그런 노력들은 우주선 티켓 값을 내려주기도 하겠지만, 현실적으로 보면 회사 수익에도 도움이 되는데다가 새로운 우주영역 개척에 도전할 원동력이 된다. 스페이스X가 공개한 화성탐사선을 실은 '팰컨9(Falcon 9)'의 이착륙 시뮬레이션 영상을 보면 마치 SF영화의 한 장면을 보는 듯 입이 다물어지지 않는다. 지구 상공에서 우주선을 화성으로 날려 보내고 다시 지상에 떨어져 수직 착륙하는 모습은 아름답기까지 하다. 재활용 가능한 로켓과 이를 활용한 수직이착륙 기술 개발에 힘입어 스페이스X는 NASA가 주도하는 유인 달탐사 프로젝트 '아르테미스 계획'의 유인우주선 개발을 전담하게 됐다. 이렇듯 우주를 넘어 사람을 행성에 보내는 계획은 착착 진행되고 있다. 현실적으로 보면 우리는 살면서 남이 우주에 가는 모습만 많이 보겠지만, 정말 달과 화성으로 여행을 떠나는 시대가 온다니 생각해보면 신기하기도 하다. 🔲

우리를 지켜야 내가 산다
계봉우 지사

일본정부가 독도는 일본땅이라는 영상을 방송하고 있다. 일본 지리교과서 자국 지도에는 독도가 떡하니 표기되어 있다. 일본 역사교과서에는 '조선인들이 자원해서 일본군에 입대했다'고 쓰여 있다. 일본 관방장관은 간토대지진 때 조선인 학살을 부인했다. 게다가 미국 국방부는 동해를 보고 '일본해'가 공식표기란다. 이런 때에 우리 정부는 독립영웅 흉상을 철거하겠다고 하더니 일본의 역사왜곡 대응과 독도주권 수호 관련 예산을 최대 73% 삭감했다.

계봉우 지사
(1880.8.1.~1959.6.5)

일생을 언어와 풍속이 서로 다른 4개의 국가를 넘나들며 살았다. 대한제국 시절에는 국내에서 구국 계몽운동에 참여했고, 스무 해를 넘긴 청년 때는 북간도와 연해주로 망명해 독립운동에 참여했으며, 30~40대에는 블라디보스토크와 하바롭스크, 상하이를 오가며 공산주의 운동과 국학연구에 투신했고, 말년에는 스탈린의 한인 강제이주정책에 따라 옮겨 간 중앙아시아 카자흐스탄 크즐오르다에서 국어와 역사를 연구하고 글을 가르쳤다. 국가가 없던 시절 우리말, 우리역사, 우리 영토를 지키려 맨몸으로 저항하고 싸웠던 분, 계봉우 지사다.

1916년 11월, 북간도 왕청현(러시아 연해주 라즈돌노예 강가)에 형성된 한인마을에 일본경찰들이 급작스레 들이닥쳤다. 동지들과의 해후를 위해 모였던 독립운동가들을 잡기 위한 급습이었다. 이 과정에서 서른여섯 살 계봉우 지사가 체포돼 국내로 압송됐다. 경술국치(1910) 후 이동휘 선생과 함께 북간도

로 망명한 지 6년여 만의 서글픈 귀환이었다. 망명한 이래 조선역사와 조선지지를 가르쳤고, 월간잡지 '대진'의 책임 주필로 활동하며 '조선역사', '신한독립사' 등을 저술했으며, 대한광복군 정부의 책임비서로 일하며 안중근 의사의 동생 안정근 선생이 가져다준 자료를 바탕으로 '만고의사 안중근전'을 신문에 연재했던 그에게 일본재판정은 치안유지법 위반이라는 혐의로 영종도 유배 1년과 영흥 위리안치 3년을 판결했다.

계봉우 지사의 상하이 시절(뒷줄 가운데)

일본경찰에 의해 체포된 당시(1916.11.28)

그러나 그는 일제의 감시를 받는 와중에도 평양신학교 입학수속을 밟는다는 핑계로 서울로 와 1919년 2월 27일 세브란스 병원 밀실에서 '선언서' 초안을 작성했다. 3·1만세운동의 그날 울려 퍼졌던 '독립선언서'였다. 그해 8월, 블라디보스토크 신한촌으로 다시 망명한 계 지사는 철혈광복단 단장 자격으로 상하이에 입성, 임시정부 의정원 의원, 독립운동사 재료수집원으로 활약했을 뿐만 아니라 '독립신문'에 연해주 지역 한인들의 이주개척과 항일민족독립운동 연구에 있어 매우 중요한 사료가 된 '북간도 그 과거와 현재', 초기 공산주의운동의 핵심인물인 김 알렉산드리아 페트로브나의 생애와 활동으로 볼셰비키 혁명 전후의 연해주 한인사회의 정치적 동향을 파악할 수 있게 해준 '김알렉산드라 소전'. 일제에 의한 민족수난을 극복하기 위한 반세기에 걸친 항일민족운동을 선도한 한말 의병의 희귀한 활동기인 '의병전' 등의 글을 기고했다.

그런 그가 사회주의와 연을 맺은 것은 1920년 일본인 아나키스트(무정부주의자) 고토쿠 슈이즈가 쓴 '사회주의 신수'를 읽으면서다. 레닌의 공산당이 반제국주의 선봉에 섰던 것을 고려했을 때 제국주의 일본에 저항하는 독립운동가로서는 당연한 선택이었다. 이를 계기로 한인사회당에 입당해 한인사회당을 한인공산당으로 확대·개편하는 데 역할을 다했

고, 러시아로 파견할 대표로도 선출됐다. 시베리아 내전으로 반대파에 의해 옥고를 치르기도 했으나, 이동휘의 고려공산당 대표단의 외교활동으로 석방된 1922년 말부터는 러시아 원동지역의 많은 단체로부터 요청을 받아 한인 아동들을 위한 조선어 교과서 집필과 소학교에서의 조선어 교육에 힘썼다.

만주사변 후 나이 쉰을 넘긴 계 지사는 공적활동을 자제하고 그간의 저술들을 체계적으로 정리하는 작업에 집중했다. 그 노력의 결과로 탄생된 것이 '동학당 폭동(1932)'이고, '조선역사(1936)'이며, '고려어교과서(1937)'다. 계 지사의 국학연구와 저술은 1937년 스탈린의 억압으로 중앙아시아 카자흐스탄 크즐오르다로 강제이주된 이후 그의 삶이 다하는 날까지 이어졌다. 그러나 계봉우 지사는 공산주의를 받아들이고 한인사회당 활동을 했다는 이유로 국가와 사회로부터 오랫동안 외면받아왔다. 그러다 2019년 대통령전용기를 타고 봉환돼 100년의 길고 길었던 망명생활을 마침내 끝낼 수 있었다.

대한민국정부는 1995년에서야 공훈을 기려 건국훈장 독립장을 추서했다. 시대

계봉우 지사 부부 유해 봉환식(2019.4.22)

내 편이 아니면 다 공산주의자
매카시즘

McCarthyism

1950년대 미국을 휩쓴 극단적·조작적 공산주의 색출열풍

#매카시 #블랙리스트 #공산주의 색출 #마녀사냥

비미활동위원회 공개 청문회

1950년 미국 사회 각계의 내로라하는 인물들이 한자리에 모였다. 그러나 번드르르한 연미복도 설레는 표정도 없다. 무거운 소근거림이 공간을 짓누르고 있다. 상원의 비미활동위원회(House Un-American Activities Committee, HUAC) 공개 청문회장이었다. 그 발단은 1950년 2월 9일, 조지프 매카시 상원의원이 공화당 당원의회에서 한 발언 때문이었다.

> "지금 나는
> 미국에서 활동하는 205명의
> 공산주의자들 명단을 가지고 있습니다.
> …
> 미국 국무부에도
> 57명의 공산당원이 활동하고 있습니다"

"You Mean I'm Supposed To Stand On That?"

매카시즘을 비판하는 풍자만화

조사보고서를 발표하는 조지프 매카시 상원의원

당시는 1948년 소련의 베를린 봉쇄, 1949년 소련의 핵실험 성공과 루스벨트의 측근이었던 앨저 히스의 간첩사건, 1949년 중국 국민당의 국공내전으로 대만 패퇴 등과 같은 일련의 사건으로 공산주의의 위협에 대한 공포와 위기감이 극도로 커진 때였다. 결국 매카시의 발언에 미국 전체가 발칵 뒤집혔다.

언론을 이용해 여론을 자신의 편으로 만드는 데에 재주가 있었던 매카시가 명예훼손, 경력위조, 음주 문제 등으로 인해 겪고 있던 정치적 어려움은 그날 이후 공산주의에 대한 광적인 공포에 묻혔다. 그리고 그 공포를 잠재울 칼자루가 반공의 아이콘으로 부상한 매카시 손에 쥐어졌다.

상원에서는 즉각 조사위원회를 구성했다. 매카시는 국무부의 진보적 성향을 띤 100여 명의 추방을 요구한 것에 멈추지 않고 마이크를 잡을 때마다 폭로를 계속했으며, 그때마다 그 숫자도 늘어났다. 당시 워싱턴 기자였던 리처드 로비어가 "기자들은 매카시의 든든한 후원자였다. 왜냐하면 기자들은 매카시가 만든 가짜사건의 공동연출자였기 때문이다. 이렇게 기자들은 매카시가 연출한 놀음의 거미줄에 스스로 걸려들었다"고 회고한 것처럼 신문들은 매카시의 폭로를 사실 여부를 따지지 않고 헤드라인으로 삼았고, 매카시의 폭로를 다룬 신문은 불티나게 팔려나가며 여론을 형성했다.

매카시의 폭로에 따른 대중의 관심에 고무된 공화당은 적극적으로 동조했다. 또한 초기 매카시 주장의 오류를 짚으며 반박했던 민주당도 청문회장을 능숙하게 심판장으로 만들어 대중을 현혹하고, '공산주의자에 대해 우호적인 모습을 보인다'는 이유를 들어 반발하는 이들에게 기소를 이어가는 매카시와 그에 열광하는 여론에 밀리기 시작했다.

이는 곧 매카시발 공산주의자를 대상으로 하는 현대판 마녀사냥으로 전개됐다.

"트루먼의 보안프로그램으로 약 660만명이 조사를 받았다. 이 모든 과정이 재판관이나 배심원도 없이, 비밀 증거와 비밀스러운 정보제공자의 증언에 의존했다. 정부전복의 증거를 찾지 못했음에도 광범위하게 수행된 빨갱이 사냥은 정부에 스파이들이 침투해 있다는 관념에 대중적인 믿음을 갖게 했다. 보수적 두려움에 가득 찬 반응이 이 나라를 휩쓸고 지나갔다."

더글러스 밀러와 매리언 노왁이 함께 저술한 '1950년대'는 당시 상황을 이렇게 기술했다. 매카시가 이끈 비미활동위원회가 소환한 증인만 공개 청문회에 첫 1년간 214명, 비공개 청문회에 395명이었다. 공산주의와 무관한 사람들이 조사를 받기도 했고, 혐의가 확정되지 않거나 의심스러운 증거도 확증으로 둔갑했다. 공산주의 사상을 갖고 있거나 관련되어 있어서 위협이 되는지에 대해서도 과장되는 경우가 많았다. 그 과정에서 1만명 이상이 직장을 잃고 경력을 망쳤으며, 수백명이 투옥됐다. 또 추방됐고, 사형당했다.

매카시의 칼춤은 문화계에까지 미쳤다. 히틀러를 풍자한 영화 '위대한 독재자(1940)'를 만들었던 찰리 채플린은 공산주의 사상에 동의했다는 의심을 받아 1952년에 연방수사국(FBI)으로부터 입국을 거부당했고, '세일즈맨의 죽음'의 극작가 아서 밀러는 젊은 시절 공산당에 가입했던 전력을 동료가 고발함으로써 청문회에 소환됐다가 '반체제 작가 조직'의 명단을 자백하라는 종용에 진술거부로 맞서면서 국가모독죄로 기소당했다. 그들 외에도 300여 명이 넘는 배우 및 작가, 감독들이 비공식적인 할리우드 블랙리스트에 오르며 해고당했다.

매카시즘의 피해자 / 아서 밀러, 찰리 채플린, 레너드 번스타인(왼쪽부터)

매카시즘에 적극 동조했던 로널드 레이건, 월트 디즈니, 엘리아 카잔(왼쪽부터)

더러는 적극적으로 반공작품을 제작했고 출연했다. 또 더러는 동료를 공산주의자로 몰아 살아남았다. 지목하지 않으면 지목당하는 시대였다. 정부도 적극적이었다. 매카시 광풍 속에서 공산주의자로 몰려 지탄받아야 했던 대부분이 미국정부가 작성한 블랙리스트에 이름을 올린 이들이었던 것이다. 내 편이 아니면, 나를 비판하면 공산주의자, 우리식의 빨갱이 낙인을 찍는 시대였다.

그러나 미국 공무원 중 '충성이 의심스럽다'는 모호한 이유로 해고된 500명 중 단 한 명에게서도 간첩행위를 적발하지 못했다. 수많은 해고·투옥·추방 등에도 확실한 간첩행위를 증명해낸 것도 없다. 결국 매카시즘은 미국의 흑역사로 남았다.

조작반공을 이끈 매카시, 칼 먼트, 제임스 이스틀랜드

그런데 2023년, 우리 대통령은 야당을 겨냥해 "우리 사회를 자유민주국가가 아닌 사회주의 국가로 탈바꿈시키려는, 몽상가인 좌파혁명이론에 빠져 있는 이 소수에게 대한민국 정치와 미래를 맡겨서 되겠냐"며 "이들과는 협치가 불가능하다"고 한다. 국가정보원은 "북한은 현재 국내 공조세력이나 지하망에 반대 활동을 하도록 하는 지령을 지속적으로 내리고 있는 것으로 파악하고 있다"고 하고, 여당은 후쿠시마원전 오염수 반대집회를 놓고 "우리사회 얼마나 깊은 곳까지 북한의 사주에 따라 (간첩 등이) 반국가활동을 하고 있는 것인가"라며 성토한다. 여기에 언론은 비판 없이 그대로를 앞다투어 사실인 양 보도한다. 정부는 정부를 비판하는 이들을 빨갱이로 낙인 찍고, 언론은 무차별적으로 퍼다 나르면서 대중의 공포심을 자극하고 있는 듯하다. 마치 1950년대 미국처럼 ….

찰리 채플린이 '위대한 독재자'를 제작한 후 "독재자들은 그들 자신을 자유롭게 하지만, 국민을 노예로 만든다"고 했다. 통일부 장관이 "국민 모두 주권행사 땐 무정부"라고 국회에서 당당히 말하는 것을 보고 있자니 노예가 되지 않기 위한 나의 노력이 무엇인지 자꾸 생각하게 된다. 신대

영화와 책으로 보는 따끈따끈한
문화가 소식

콘서트

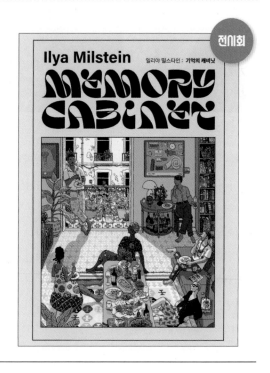

전시회

찰리 푸스 내한공연

팝스타 찰리 푸스가 올해 3일간의 내한공연을 연다. 이번이 세 번째인 그의 내한공연은 당초 10월 20일과 21일로 예정돼 있었으나, 국내 팬들의 뜨거운 성원에 보답하는 의미에서 하루 더 공연을 이어가기로 결정해 화제가 됐다. 2015년 싱글인 '마빈 가이(Marvin Gaye)'로 데뷔한 찰리 푸스는 '시 유 어게인(See You Again)', '위 돈 토크 애니모어(We Don't Talk Anymore)' 등의 곡을 연이어 히트시키며 팝스타의 반열에 올랐다. 그는 가성과 진성을 넘나드는 감미로운 음색뿐 아니라 작곡과 프로듀싱에도 능한 싱어송라이터로 평가받고 있다.

장소 올림픽공원 KSPO DOME
날짜 2023.10.20~2023.10.22

일리야 밀스타인 : 기억의 캐비닛

세계적 사랑을 받고 있는 일러스트레이터 일리야 밀스타인의 국내 첫 대규모 특별전시회가 내년 3월 3일까지 열린다. 구글, 페이스북, 구찌 등 세계적 기업들이 협업을 요청한다는 그의 작품은 놀랍도록 디테일한 표현으로 유명하다. 그는 우리의 일상을 소재로 한 삽화를 주로 그리는데, 그의 작품을 세세히 들여다보면 그가 표현한 세계가 아주 사소한 것도 놓치지 않고 포착하고 있다는 것을 알게 된다. 가령, 길거리의 보도블록 틈에서 피어난 꽃이라든가, 먹고 버려진 생선가시에 남은 살점, 여성의 스커트에 그려진 패턴 등 감상하는 이로 하여금 그림을 보지 않고 '읽게'하는 것으로도 유명하다.

장소 마이아트뮤지엄
날짜 2023.09.20~2024.03.03

라이프 사진전 : 더 라스트 프린트

사진을 중심으로 저널리즘을 이룩했던 시사지 〈라이프〉의 사진전이 열린다. 지난 2013년과 2017년에 이어 라이프 사진전 시리즈의 마지막을 완성하는 전시다. 이번 전시는 방대한 〈라이프〉의 아카이브에서 20세기에 촬영됐던 101장의 사진을 엄선해 열리게 됐다. 대미를 장식하는 이번 전시에서는 사람들의 일상을 포착한 사진들을 주로 관람할 수 있다. 일상의 면면에서 만날 수 있는 사소하거나 거대한 사건들, 행복과 슬픔, 기쁨과 분노 등의 다단한 감정들과 직면할 수 있다. 이를 통해 관람객들은 〈라이프〉가 지향했던 이른바 '포토 저널리즘'의 근간에서 '인간의 가치'를 발견할 수 있음을 깨닫게 될 것이다.

장소 과천시민회관   **날짜** 2023.08.01~2023.10.10

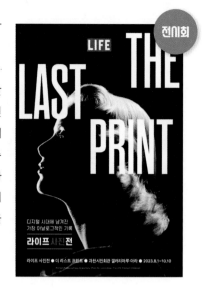

일론 머스크

일론 머스크 본인이 인정한 일론 머스크의 자서전이 전 세계 32개국에서 동시 출간됐다. 혁신가이자 괴짜, 억만장자, 허풍쟁이, 냉혈한 등 가지각색의 평가를 받는 테슬라의 CEO 일론 머스크의 모든 것을 담았다. 앞서 스티브 잡스의 전기를 집필했던 전기 전문작가 월터 아이작슨은 머스크의 이번 전기를 집필하기 위해 무려 2년의 시간 동안 머스크의 뒤를 밟아왔다. 그는 혁신가, 괴짜처럼 대중에게 알려진 이미지의 표면을 뚫고 들어가 머스크의 진면목을 이해하고자 한다. 그리하여 그가 그토록 도전하고 혁신하는 원동력은 무엇인지, 영감의 원천은 어디인지 머스크의 진솔한 인터뷰를 곁들이며 소개한다.

저자 월터 아이작슨   **출판사** 21세기북스

도시와 그 불확실한 벽

일본을 대표하는 작가 무라카미 하루키의 신작 장편소설이 우리말로 출간됐다. 이번 신작은 그가 발표한 작품 중 유일하게 단행본으로 출간되지 않다가, 작가가 발표한지 40여 년이 흘러서야 비로소 책으로 낼 마음을 먹었다고 한다. 하루키가 청년 시절에 그렸던 세상이 거의 반세기에 이르러 완성돼 어엿하게 세상에 나오게 된 것이다. 이 소설은 그가 청년 시절에 창조한 세계였으나, 오랜 시간을 살아온 그가 다시 다듬어 빛을 보게 된 만큼 이른바 '하루키의 세계'를 완성한 작품이라고 평가받는다. 또한 하루키를 접하지 못한 독자들에게는 그의 세계에 첫걸음을 딛을 수 있는 좋은 작품일 것으로 기대된다.

저자 무라카미 하루키   **출판사** 문학동네

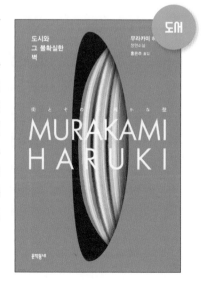

내 인생을 바꾸는 모멘텀

박재희 교수의
마음을 다스리는 고전이야기

공격을 결정함에 명예를 구하지 마라!

진불구명(進不求名) - 〈손자병법(孫子兵法)〉

세상을 살다 보면 앞으로 나아가야 할 결정을 내릴 때도 있고, 뒤로 물러나야 할 결정을 할 때도 있습니다. 때로는 개인의 안위와 보신을 위해서 진퇴를 결정하기도 하고, 윗사람의 명령이나 눈치 때문에 진퇴를 결정하기도 합니다. 이때 중요한 것은 무엇을 기준으로 진퇴를 판단하느냐, 하는 것입니다. '손자병법'에는 전장에서 진격과 후퇴를 명령하는 판단 기준을 다음과 같이 이야기합니다.

참된 리더는 칭찬과 비난에 연연하지 않고 오로지 조직의 생존과 나와 조직원들의 생존을 기준으로 진퇴를 결정합니다. 특히 현장을 책임진 사람이라면 타인의 문책이나 칭찬을 의식하지 않고, 자신을 보낸 국가와 국민을 대신해 책임 있고 적절한 판단을 내려야 합니다. 칭찬받으려고 무리한 진격명령을 내리고 문책을 받을까 두려워 후퇴를 결정하지 못한다면 리더로서의 자격이 없다는 의미이기도 합니다. 국가적 재난상황이 연이어 국민들을 힘들게 하고 있습니다. 그런데 책임을 지려는 리더는 없고 남 탓에 회피, 핑계만 난무합니다. 진불구명의 자세를 지닌 참된 리더가 너무도 아쉽습니다.

進不求名 退不避罪
진불구명 퇴불피죄
利合於主 國之寶也
이합어주 국지보야

진격함에 칭찬과 명예를 구하지 마라!
후퇴함에 훗날 문책과 죄를 피하려 하지 마라!
진퇴의 기준은 오로지 병사들의 목숨이며
그 결과가 국익에 얼마나 부합되느냐.

진정한 국보(國寶)는
국가와 국민을 걱정하는 지도자입니다.

進	不	求	名
나아갈 진	아니 불	구할 구	이름 명

이야기로 읽는 고사성어

여호모피(與狐謀皮)

중국 춘추시대(春秋時代, BC.770~BC.403), 노(魯)나라의 왕 정공(定公)은 공자(孔子)를 관직에 앉히고 싶었습니다. 그래서 당시 실권을 잡고 있던 세 대신에게 동의를 구했지만, 반대에 부딪히고 말았습니다.

"그는 과거 제나라로 도망쳐 제나라의 왕 경공(景公)과 신하들로부터 신뢰를 받았습니다. 그러다 견제를 받아 또다시 도망쳐 노나라로 돌아왔으니, 어찌 이런 자를 신뢰할 수 있겠습니까?"

공자는 전대 왕인 소공(昭公)이 '삼환(三桓, 맹손·숙손·계손 등 당시 노나라의 권세가)의 난'으로 쫓겨나 제나라로 도망치는 과정에서 그의 뒤를 따라 제나라로 갔습니다. 그리고 그곳에서 정명주의(正名主義)에 입각한 정치이상을 펼쳤는데, 이를 흠모하게 된 경공이 공자를 자신의 정치적 고문으로 기용하려 했습니다. 그러자 공자로 인해 자신의 지위가 위태로워지는 것을 꺼린 제나라 재상 안영(晏嬰)이 적극적으로 반대에 나서면서 설 자리를 잃고 다시 고국인 노나라로 돌아온 일이 있었습니다. 대신들은 앞뒤 맥락을 다 잘라버리고 공자가 제나라 왕실에서 일했다는 것만 가지고 그의 등용을 반대한 것입니다. 물론 속내는 돌아온 공자가 제자들을 가르치며 쌓은 명성을 두려워한 것이었지만요.

이렇듯 반대에 부딪혀 고민하고 있던 차에 정공은 대신인 좌구명(左丘明)을 불러 물었습니다.

"공구(孔丘, 공자의 이름)를 관직에 앉히려고 하는데, 그대가 대신들과 상의해보겠나?"

좌구명에게 도움을 요청한 것이었습니다. 그러나 좌구명이 말했습니다.

"구는 지금 공인된 성인이니 관직에 올라도 능히 제 일을 할 것입니다. 그러나 그를 관직에 앉히려면 다른 누군가는 관직을 떠나야 합니다. 그런데 폐하께서는 공자 때문에 관직을 떠날 수도 있는 사람들과 이 일을 논의하라고 하시는 것인데 무슨 결과를 얻을 수 있겠습니까?"

이어서 이렇게 말했습니다.

"과거 주(周)나라 때 가죽옷을 즐겨 입고, 맛있는 음식을 즐기는 자가 있었습니다. 그는 귀한 여우가죽으로 옷을 짓기 위해 숲으로 가 여우들에게 가죽 몇 장만 달라고 했습니다. 이 말을 들은 여우들은 모두 깊은 숲속으로 도망쳐버렸습니다. 또 하루는 제사를 위한 양고기가 필요하자 들로 가서 양들에게 고기 몇 덩어리를 달라고 했습니다. 그러자 양들은 그의 말이 끝나기도 전에 소리를 지르며 모두 도망을 쳐버렸습니다. 결국 그는 그 후로 10년 동안 여우가죽옷을 입지 못했고, 5년 동안 제사를 지내지 못했습니다.

이는 바로 논의할 상대를 잘못 찾았기 때문입니다. 지금 구로 인해 관직에서 쫓겨날지도 모르는 사람들에게 그의 등용을 논의하는 것은 여우에게 가죽을, 양에게 고기를 달라고 하는 것과 다르지 않습니다."

이 말을 들은 정공은 더는 대신들과 논의하지 않고, 제 뜻대로 그냥 공자를 관직에 앉혔습니다.

여호모피는 여우에게 여우가죽을 벗기는 일을 상의한다는 말로 요구하는 일이 상대방의 이해와 상충하여 근본적으로 이루어질 수 없다는 뜻입니다. 양평에 놓일 새 고속도로 변경안으로 시끌시끌합니다. 그런데 공무원들이 변경안이 지나는 지역주민들에게 '기존안에 대한 찬반'을 묻는 설문조사를 하고, 지역주민들이 변경안에 더 찬성한다고 발표했습니다. 기존안으로 돌아갔을 때 재산의 불이익이 있을 수도 있는 사람들에게 찬성하느냐, 반대하느냐고 묻고, 이를 여론전에 이용한 것입니다. 가죽을 달라고 해서 선선히 내주는 여우가 없다는 것을 우리 모두 다 알고 있는데 말이지요. 🌿

與	狐	謀	皮
줄 여	여우 호	꾀 모	가죽 피

완전 재미있는
낱말퀴즈

가로

❶ 시각장애인을 위한 한글 점자
❸ 마땅히 그렇게 하거나 되어야 할 성질
❺ 개인의 감정이나 정서를 주관적으로 표현한 시
❼ 외국에서 들어온 말로 국어에서 널리 쓰이는 단어
❽ 목적을 이루기 위하여 몸과 마음을 다해 애를 씀

세로

❷ 사리에 맞아 옳고 정의로운 성질
❹ 관등이나 직책의 상하관계에서 마땅히 있어야 하는 차례와 순서
❻ 상관하지 아니하거나 무시함
❽ 고향을 몹시 그리워하는 마음. 또는 지난 시절에 대한 그리움
❾ 글을 쓰는 능력

<이슈&시사상식> 197호 정답

	¹광	복				
²사	고			⁷유	희	
춘				언		
³기	성	세	⁴대	비		
			⁶동	의	어	
		⁵입	법			
		시				

참여해주신 모든 분들께 감사드립니다. 당첨되신 분께는 개별적으로 연락드립니다.

〈이슈&시사상식〉에 대한 믿음

 이 * 훈 (서울시 강동구)

개인적으로 취업을 준비하던 당시 많은 도움을 받았던 책인데, 분야별 시사상식뿐만 아니라 알아두면 도움되는 생활상식이나 재밌는 읽을거리도 수록돼 있어 지금도 생각나면 한번씩 찾아보는 편이다. 항상 독자들에게 꼭 필요하고 유익한 정보를 위주로 제공하고 있어 이 책을 읽는 것만으로도 새로운 이슈들을 정리해볼 수 있다는 점이 가장 큰 장점이 아닐까 싶다. 올해 하반기부터 격월간으로 바뀌었다는 소식에 아쉬운 마음이 들었는데, 한편으론 이전보다 더 알찬 내용으로 돌아올 것이라는 믿음이 있어 새로운 〈이슈&시사상식〉도 응원하려고 한다.

다양한 이슈를 심도 있게!

 정 * 철 (화성시 반송동)

매 호 우리나라를 비롯해 세계 각지에서 발생한 다양한 사건사고와 시사를 다루는 〈이슈&시사상식〉. 특히 우리 사회에서 발생하고 있는 사건 중에서도 꼭 알고 넘어가야 할 이슈와 논의점이 있는 내용들을 핵심으로 다루고 있어서 이 책을 읽다 보면 자연스럽게 각각의 기사와 관련된 나의 견해도 정리하면서 읽게 되는 것 같다. 분야별 이슈를 심도 있게 다루고 있고, 취준생을 위해 출간되는 책인 만큼 채용과 관련된 다양한 소식과 더불어 취업 기출문제를 비롯해 면접·논술 시험 대비를 위한 전문가들의 칼럼과 직무 관련 정보가 담겨 있어 유용한 도서라는 생각이 든다.

고급 정보가 가득한 시사지

 박 * 수 (안동시 율세동)

〈이슈&시사상식〉은 꼭 알아야 하는 이슈와 상식에 대해 다룬 도서로 취준생이라면 한 번쯤 들어봤을 시대고시기획에서 출간한 시사잡지다. 단순히 시사에 대한 정보만 제공하는 것이 아니라 다양한 이슈와 시사상식, 기출문제 등 취업을 준비하는 사람들이 그에 맞는 역량을 기를 수 있도록 활용도 높은 내용으로 구성되어 있다. 또한 각종 취업 관련 정보를 비롯해 면접위원들이 지원자들에게 기대하는 답변을 소개한 칼럼이나 최근 논쟁이 된 주제를 기반으로 작성된 논술 예시답안 등 고급 정보들이 함께 수록되어 있어 취업준비생들에게 꼭 추천하고 싶다.

누구나 읽기 좋은 시사잡지

 김 * 훈 (성남시 수정구)

시대고시기획에서 정기적으로 출간하고 있는 〈이슈&시사상식〉은 취준생을 위해 출간된 도서이지만 시사에 관심이 많은 직장인이나 주부, 학생 등도 읽기 좋은 시사잡지다. 특히 최신 시사상식뿐만 아니라 찬반토론, 취업 필기시험 및 논술·면접 준비, 직무 소개 등 취업에 도움이 될 만한 콘텐츠를 총망라한 도서라 취업을 준비하는 사람들은 꼭 읽어야 할 도서이기도 하다. 최근 화제가 된 이슈들이 이해하기 쉽게 정리되어 있고, 관련된 시사용어도 함께 수록되어 있어서 시사에 대해 잘 모르는 사람들도 어렵지 않게 읽을 수 있다는 점이 이 책의 가장 큰 매력인 것 같다.

독자 여러분 함께해요!

〈이슈&시사상식〉은 독자 여러분의 리뷰를 기다리고 있습니다. 분야·주제 모두 묻지도 따지지도 않습니다. 보내주신 리뷰 중 채택된 리뷰는 다음 호에 수록됩니다.

참여방법 이메일 issue@sdedu.co.kr
당첨선물 정답을 맞힌 독자분들 중 가장 인상적인 감상평을 남기신 분께는 〈발칙하고 유쾌한 별별 지식백과〉, 〈소워니놀이터의 띠부띠부 직업놀이〉, 〈지금 내게 필요한 멜로디〉, 〈미국에서 기죽지 않는 쓸만한 영어 : 일상생활 필수 생존회화〉 등 푸짐한 선물을 드립니다!
❖ 참여하실 때는 반드시 희망 도서를 하나 골라 기입해주세요.

나눔시대

함께 배우고 성장하는 배움터! ㈜시대고시기획 시대교육㈜ 입니다.
앞으로도 희망을 나누는 기업으로서 더 큰 나눔을 실천하겠습니다.
나눔은 행복입니다.

재외동포재단, 경인교육대학교
한국어능력시험 관련 교재 기증

장병 1인 1자격,
학점 취득 지원

전국 야학 지원
청소년, 어린이 장학금 지원

> **숨은 독자를 찾아라!**
>
> 〈이슈&시사상식〉을 함께 나누세요.
>
> 대학 후배들이 하루의 대부분을 보내고 있을
> 동아리 사무실에 〈이슈&시사상식〉을 선물하고
> 싶다는 선배의 사연
>
> 마을 도서관에 시사잡지가 비치된다면 그동안
> 아이들과 주부들이 주로 찾던 도서관을
> 온 가족이 함께 이용하게 될 것으로
> 기대한다는 희망까지…

〈이슈&시사상식〉, 전국 도서관
및 희망자 나눔 기증

양서가 주는 감동은 나눌수록 더욱 커집니다. 저희 〈이슈&시사상식〉도 힘을 보태겠습니다.
기증 신청 및 추천 사연을 보내주세요. 사연 심사 후 희망 기증처로 선정된 곳에 1년간 〈이슈&시사상식〉을 무료로 보내드립니다.

* 보내주실 곳 : 이메일(issue@sdedu.co.kr)
* 희망 기증처 최종 선정은 2023 나눔시대 선정위원이 맡게 됩니다. 선정 여부는 개별적으로 알려드립니다.

SD에듀
㈜시대고시기획

나는 이렇게 합격했다

여러분의 힘든 노력이 기억될 수 있도록
당신의 합격 스토리를 들려주세요.

합격생 인터뷰
상품권 증정

추첨을 통해
선물 증정

베스트 리뷰자 1등
갤럭시탭 S8 증정

베스트 리뷰자 2등
갤럭시 버즈2 증정

SD에듀 합격생이 전하는 합격 노하우

"기초 없는 저도 합격했어요
여러분도 가능해요."

검정고시 합격생 이*주

"불안하시다고요?
시대에듀와 나 자신을 믿으세요."

소방직 합격생 이*화

"강의를 듣다 보니
자연스럽게 합격했어요."

사회복지직 합격생 곽*수

"선생님 감사합니다.
제 인생의 최고의 선생님입니다."

G-TELP 합격생 김*진

"시험에 꼭 필요한 것만 딱딱!
시대에듀 인강 추천합니다."

물류관리사 합격생 이*환

"시작과 끝은 시대에듀와 함께!
시대에듀를 선택한 건 최고의 선택"

경비지도사 합격생 박*익

합격을 진심으로 축하드립니다!

합격수기 작성 / 인터뷰 신청

QR코드 스캔하고 ▷ ▷ ▶
이벤트 참여하여 푸짐한 경품받자!

합격의 공식
SD에듀

"취득"보장! 각종 '자격증' 취득 대비 도서

각 분야의 전문가들과 집필! 각종 기능사/기사/산업기사 및 국가자격/기술자격, 경제/금융/회계 분야 자격증 등
각종 자격증 '취득'을 보장하는 도서!

직업상담사 2급

사회조사분석사 2급

스포츠지도사 2급

사회복지사 1급

영양사

소방안전관리자 1급

화학분석기능사

전기기능사

드론 무인비행장치

운전면허

유통관리사 2급

텔레마케팅관리사

"합격" 보장! 각종 '시험' 합격 대비 도서

각 분야의 1등 강사진과 집필! 공무원 시험부터 NCS 및 각종 기업체 취업 시험, 중졸/고졸 검정고시와 같은 학습 관련 시험 및 매경테스트, 그리고 IT 관련 시험 및 TOPIK, G-TELP, ITT 등의 어학 시험 등 각종 시험에서의 '합격'을 보장하는 도서!

9급 공무원

경찰공무원

군무원

PSAT

지텔프(G-TELP)

NCS 기출문제

SOC 공기업

대기업·공기업 고졸채용

ROTC 학사장교

육군 부사관

한국사능력검정시험

영재성 검사

일본어 한자

토픽(TOPIK)

영어회화

엑셀